Michael Stegmann und Jürgen E. Schwab

Evaluieren und Forschen für die Soziale Arbeit

Ein Arbeits- und Studienbuch

Vollständig überarbeitete und erweiterte Neuausgabe des unter dem Titel „Statistik und Datenauswertung in der sozialen Arbeit" (2001) erschienenen Bandes

Eigenverlag des Deutschen Vereins
für öffentliche und private Fürsorge e.V.
Berlin

Hand- und Arbeitsbücher (H 4)

Eigenverlag des Deutschen Vereins
für öffentliche und private Fürsorge e.V.
Michaelkirchstraße 17/18, 10179 Berlin
www.deutscher-verein.de

Druck:
altmann-druck GmbH
Mahlsdorfer Straße 13-14, 12555 Berlin

Printed in Germany 2012
ISBN 978-3-7841-2113-0

Veröffentlicht mit Förderung durch das Bundesministerium
für Familie, Senioren, Frauen und Jugend (BMFSFJ)

Inhaltsverzeichnis

A. Einführung
1. Evaluation und Forschung ... 9
    1.1 Empirische Forschung ... 11
        1.1.1 Modelle qualitativer und quantitativer Forschung ... 14
        1.1.2 Angewandte Forschung, Design und Ziele ... 19
        1.1.3 Sozialwissenschaftliche Studien ... 20
        1.1.4 Selbstevaluation und Lernen in (Lehr-)Forschungsprojekten ... 22
    1.2 Konzepte angewandter Forschung und Evaluation ... 25
        1.2.1 Aktions- oder Handlungsforschung ... 25
        1.2.2 Ansätze von Evaluation ... 27
        1.2.3 Ansatz von Wirksamkeitsstudien ... 31
        1.2.4 Interesse, Forschungsfrage und Hypothesen ... 33
        1.2.5 Forschungsprozess als Phasenmodell ... 38
    1.3 Fragen zur Selbstkontrolle ... 41

B. Quantitativ orientierte Datenerhebung und -auswertung
2. Umgang mit Daten in der sozialpädagogischen Praxis ... 47
    2.1 Amtliche Statistiken ... 48
    2.2 Das Datenangebot der Forschungsdatenzentren ... 52
    2.3 Berichtswesen, Fallerfassung und prozessproduzierte Daten ... 52
    2.4 Durchführung von Erhebungen und Sekundäranalysen ... 53

3. Die repräsentative Befragung ... 55
    3.1 Zentrale Befragungsformen ... 56
        3.1.1 Die persönlich-mündliche Befragung ... 56
        3.1.2 Die telefonische Befragung ... 57
        3.1.3 Die schriftliche Befragung ... 58
        3.1.4 Die Online-Befragung ... 59
    3.2 Eckpunkte der Entwicklung des Erhebungsinstrumentes ... 60
    3.3 Fragetypen ... 60
    3.4 Stichprobe, Repräsentativität und Ausschöpfung ... 65
        3.4.1 Verfahren zur Ermittlung von Zufallsstichproben ... 67
        3.4.2 Repräsentativität ... 68
    3.5 Fragen zur Selbstkontrolle ... 69

4. Messung sozialwissenschaftlicher Merkmale ... 70
    4.1 Statistische Merkmale und Variablentypen ... 70
    4.2 Skalentypen und Messniveau ... 71
    4.3 Skalierung, Index und Indikatoren ... 73

5. Vom Fragebogen zum Datensatz — 76
   5.1 Die Vercodung des Fragebogens — 76
   5.2 Vom Codeplan zum Datensatz — 81
   5.2.1 Variablentyp definieren — 82
   5.2.2 Fehlende Werte — 83
   5.2.3 Labels der Variablenwerte — 83

6. Univariate Datenanalyse — 86
   6.1 Absolute und relative Häufigkeiten — 86
   6.1.1 Tabellarische Darstellung — 86
   6.1.2 Grafische Darstellung der Häufigkeiten — 90
   6.2 Zusammenfassen von Variablenwerten — 93
   6.3 Statistische Kennwerte einer univariaten Verteilung — 95
   6.3.1 Maße der zentralen Tendenz — 96
   6.3.2 Der arithmetische Mittelwert — 103
   6.3.3 Streuungsmaße — 106
   6.3.4 Darstellung der einzelnen Verteilungsmaße mit SPSS — 109
   6.4 Fragen zur Selbstkontrolle — 110

7. Grundlagen statistischer Tests — 111
   7.1 Die Normalverteilung als Verteilungsmodell — 111
   7.2 Die Normalverteilung als statistische Prüfverteilung — 115
   7.3 Z-Transformation — 118
   7.4 Statistische Signifikanz — 120
   7.5 Fragen zur Selbstkontrolle — 122

8. Kreuztabellenanalyse — 123
   8.1 Kreuztabellen mit zwei Merkmalen — 123
   8.2 Die Auswertung mit Kontrollvariablen — 129
   8.3 Statistische Beziehungen nominal- und ordinalskalierter Variablen — 132
   8.3.1 Chi-Quadrat-Test auf statistische Unabhängigkeit — 134
   8.3.2 Das PRE-Modell — 138
   8.3.3 Maßzahlen für nominalskalierte Variablen — 141
   8.3.4 Beziehungen zwischen ordinalskalierten Daten — 149
   8.4 Fragen zur Selbstkontrolle — 156

9. Korrelation und einfache lineare Regression — 157
   9.1 Das Streudiagramm — 158
   9.2 Pearsons R (Produkt-Moment-Korrelation) — 160
   9.3 Einfache lineare Regression — 162
   9.3.1 Bestimmung der Regressionsgeraden — 163
   9.3.2 Ermittlung der linearen Regression mit SPSS — 165
   9.4 Fragen zur Selbstkontrolle — 171

C. Ansätze qualitativer Sozialforschung

10. Methoden – halbstrukturierte Formen (Autor: J.E. Schwab) — 175
   10.1 Halboffene strukturierte Befragungen — 176
      10.1.1 Das offene, leitfadengestützte Interview und die Konstruktion eines Leitfadens — 177
      10.1.2 Das problemzentrierte Interview — 179
      10.1.3 Das Experteninterview — 180
      10.1.4 Das fokussierte Interview — 181
      10.1.5 Die Gruppendiskussion — 183
      10.1.6 Fragen zur Selbstkontrolle — 188
   10.2 Die Datenerhebung – Vorbereitung und Durchführung — 188
      10.2.1 Das Interview – soziale Situation, Ort und Kontaktaufnahme — 189
      10.2.2 Rollen, Gesprächsführung, Fragen und Leitfaden — 191
      10.2.3 Fragen zur Selbstkontrolle — 196
   10.3 Dokumentation des Materials — 197
      10.3.1 Das Postskript — 197
      10.3.2 Transkription und Transkriptionsregeln — 198
      10.3.3 Transkription und Auswertung von Gruppendiskussionen — 202
      10.3.4 Fragen zur Selbstkontrolle — 204
   10.4 Datenverarbeitung und Auswertungsverfahren — 204
      10.4.1 Datenformat und sprechende Bezeichnungen — 205
      10.4.2 Kategoriensystem und Codierung — 206
      10.4.3 Qualitative Inhaltsanalyse nach Mayring — 211
      10.4.4 Ein inhaltsanalytisches Verfahren – Ergebnisthesen, Ankerzitate und Kommentar — 212
   10.5 Ergebnisse und Berichtserstellung — 217
      10.5.1 Interpretation und Bedeutung qualitativer Erkenntnisse — 219
      10.5.2 Auswertung in Interpretationsgruppen — 222
      10.5.3 Fragen zur Selbstkontrolle — 224

D. Evaluationsdesign und Anlagen

11. Designentwicklung und Projekte (Autor: J.E. Schwab) — 227
   11.1 Modell zur Entwicklung eines Designs — 227
   11.2 Projektdesign: Netzwerk Frühe Hilfen – Selbstevaluation und Wirkungsorientierung — 228
   11.3 Projektdesign: Olympiastützpunkt – eine Konzepteevaluation (Autoren: J.E. Schwab/W. Nickolai) — 230

12. Anlagen und Materialien	232
12.1 Information für zu Interviewende – Projekt, Vertraulichkeit und Datenschutz	232
12.2 Kurzfragebogen – Angaben zur Person	233
12.3 Kurzfragebogen Athletenbefragung	235
12.4 Leitfaden: Interview mit Sportler/innen im Olympia-Zentrum Freiburg (Autoren: J.E. Schwab/W. Nickolai)	237
12.5 Auswertung mit Thesen, Ankersätzen und Zusammenfassung	239
12.6 Dokumentation im Lehrforschungsprojekt (Autor: J.E. Schwab)	242
12.7 Repräsentative Befragungsformen im Vergleich	243

Literaturverzeichnis   **245**

Sachregister   **250**

Die Autoren   **256**

A. Einführung

1. Evaluation und Forschung

Bekanntermaßen ist nichts so kontinuierlich wie der Wandel. Das gilt in besonderer Weise für die plurale, globalisierte, postmoderne Gesellschaft, in der wir leben. Der Wandlungsprozess, der Menschen, Institutionen und Organisationen erfasst hat und herausfordert, gilt als der Normalfall, der zu bewältigen ist. Die traditionellen sozialen und institutionellen Strukturen des privaten und öffentlichen Aufwachsens, wie die Familie, der Kindergarten, die Schule und Angebote der Jugendarbeit und der Vereine verändern sich. Klassische soziale Milieus von Kirchen und Arbeiterschaft, die Orientierungen für Lebensplanungen boten, erodieren. Sie sind seit den 1990er-Jahren verstärkt unter globalen ökonomischen und politischen Veränderungsdruck geraten und immer mehr aufgebrochen worden. Wissensbestände und Orientierungen, welche private wie berufliche Kontexte sozialer Gruppen prägen, sind von den Veränderungen erfasst worden. Sie werden infrage gestellt und müssen in Teilen neu bewertet werden. Neue Technologien und Mobilitätsmuster, wie etwa das Internet und der Flugverkehr, bilden neue Möglichkeiten und Risiken. Dies führt zu veränderten Bedarfen an Handlungs- und Orientierungswissen bei Individuen ebenso wie bei öffentlichen Institutionen und privaten Organisationen. Die Anforderungen bringen einen erhöhten Bedarf an gesellschaftlichem Orientierungswissen hervor, der ein Interesse an differenzierten Daten und Analysen als Grundlage für Entscheidungen mit sich bringt.

Soziale Arbeit und Pädagogik als handlungsorientierte Sozialwissenschaften sind vielfach von gesellschaftlichen Wandlungs- und strukturellen Umbauprozessen betroffen. Die Träger der Sozialen Arbeit müssen gemäß ihrer Mandate mit Handlungskonzepten in den Feldern passgenaue Hilfen anbieten und Dienste entwickeln. Die Unterstützung passend zu gesellschaftlichen Bedarfen und sozialen Problemen macht eine Neuorientierung zu den inhaltlichen und strukturellen Umbauprozessen notwendig. Es gilt für unterstützende Dienstleistungen, Beratungen und Bildungsprozesse, von einem Ko-Produktionsverhältnis der beteiligten Akteure auszugehen. Dies bedeutet für Beratungen etwa, dass häufig erst in einer Klärung zwischen den beteiligten Akteuren eine gemeinsame Problemdefinition als Arbeitshypothese ausgehandelt werden muss. Flexibles Reagieren in der Hilfegestaltung wird zum festen Bestandteil der Tätigkeit in Unterstützungs- und Hilfeprozessen. Merchel schreibt dazu: „die Struktur der Anforderungen mit denen Organisationen und Fachkräfte konfrontiert werden, ist elementar durch das Merkmal Unsicherheit geprägt".[1] Handlungsroutinen können da nur sehr

---
1   Merchel 2010, 36.

bedingt Umgangsweisen und Reaktionen darstellen, um diese Unsicherheiten zu reduzieren, wenn gleichzeitig Individualität, Flexibilität und Partizipation in der Gestaltung von Hilfen immanent erforderlich sind.

Eine forschende Haltung, die einerseits diese Unsicherheiten und Fragen thematisiert und andererseits scheinbare Gewissheiten in Routinen kritisch beleuchten kann, ist unter den Bedingungen des Wandels und veränderter Ansprüche notwendig. In vielen Feldern der Sozialen Arbeit und der Pädagogik wird in den letzten Jahren zunehmend zu Strukturen, Maßnahmen und Programmen empirisch evaluiert. Weitere Gründe dafür sind interne und externe Fragen nach der Effizienz, ein wachsender politischer Legitimationsdruck und professionelle Standards, an denen die Maßnahmen gemessen werden. Viele Mitarbeiter/innen in der Sozialen Arbeit und Pädagogik sind dabei zu lernen, professionell mit diesen Ansprüchen umzugehen. Ängste, Überlastung und Unwissenheit lösen bei Mitarbeiter/innen zum Teil zwar unberechtigte, aber ernst zu nehmende Abwehrreflexe gegenüber angewandter Forschung aus. Allerdings ist der Vorrang des guten Handelns und der Tat gegenüber dem Aufwand, der für (Selbst-)Evaluation entsteht, eher eine Scheinalternative als ein gutes Argument im professionellen Sinn.

Ob und wie die Daten und Ergebnisse als Entscheidungshilfen argumentativ im Feld tatsächlich genutzt werden, um Entscheidungen zu treffen, bleibt der Organisation und dem jeweiligen Auftraggeber sowie den Mitarbeiter/innen in internen Prozessen der Organisationen vorbehalten. Aus wissenschaftlicher Sicht ist zumindest im gelingenden Fall mit validen Daten eine solide Basis für bessere Entscheidungen geschaffen. Dies ist im Sinne von: „Wie funktioniert es, wie geht es besser oder anders?" mit relevanten Indikatoren abgesichert und darstellbar.

Evaluation und sozialwissenschaftliche Forschung hat die Aufgabe, alltäglich-populäre und althergebrachte Annahmen und Theorien zu prüfen, sowie geeignetes Wissen neu zu organisieren. Dazu gilt es, fachliches Wissen und Instrumente zur Verfügung zu haben, bearbeitbare Fragen zu formulieren und ihnen mit passenden Forschungs- und Evaluationsdesigns nachzugehen. Evaluation beschreibt praxisbezogen Zustände und empirische Forschung sondert Themen, exploriert Felder und untersucht Probleme, um Wissen in einem wissenschaftlichen Sinn zu generieren und zu überprüfen.

Die empirische Sozialforschung bietet für Sozialwissenschaften, Soziale Arbeit und Pädagogik lebens- und alltagsnahe (Feld-)Zugänge und Methoden als Arbeitsweisen, um Erkenntnisse über Adressat/innen, ihre Haltungen, ihre Lebenswelten, ihre sozialen Milieus und Sozialstrukturen zu gewinnen. Empirisch sind subjektive und gruppenbezogene Sichtweisen zu erheben und zu differenzieren. Sozialarbeiter/innen und Sozialpädagog/innen können ihre Handlungsroutinen und Methoden im Spiegel unterschiedlicher Perspektiven von Nutzer/innen und Anwender/innen auf ihre Bedeutungen und Wirksamkeiten hin untersuchen und fremd evaluieren lassen. Modelle werden auf diesem Weg thematisiert, neue Erkenntnisse gewonnen und Deutungen von Praktiker/innen kritisch geprüft.

Allerdings gibt es Bereiche und Aspekte, die sich einer direkten Prüfung entziehen. Sie sind nur indirekt erfassbar und beschreibbar. Unter anderem betrifft dies Ziele und Konstrukte wie soziale Gerechtigkeit, Autonomie, Mündigkeit, Selbstwirksamkeit und Emanzipation, die als sozialpädagogische Leitvorstellungen empirisch weder beobachtbar noch direkt ermittelbar sind. Über sog. Indikatoren(-systeme) oder „smarte"[2] Zielbeschreibungen können Versuche unternommen werden, sich dieser komplexen Konstrukte zu nähern. Solche Fragen und Themen der (Praxis-)Evaluation mit empirischen Methoden und Forschungsdesigns müssen fachlich qualifiziert, transparent und plausibel sein, damit sie einer kritischen Diskussion standhalten.

Mit quantitativen Verfahren analysier- und modellierbar sind beispielsweise Einstellungen, Orientierungen, Verhalten und soziale Tatbestände. Um tiefer gehende Sinnstrukturen und Motive zu erschließen, kann mit den verstehenden, qualitativen Verfahren und hermeneutischen Zugängen gearbeitet werden. Grundlagenwissen und wissenschaftliche Kompetenz mit einem zeitlichen, finanziellen wie kognitiven Aufwand sind zu investieren, will man seriös und handlungsorientiert Fragestellungen und Sichtweisen von Adressat/innen und soziale Probleme erforschen.

1.1 Empirische Forschung

> „Wissenschaft macht keine Augen, sondern Brillen."
> (Friedrich Georg Jünger)

In der Sozialwissenschaft wird unter Empirie, abgeleitet vom griechischen Wort *empeiria*: „Erfahrung, Erfahrungswissen", eine systematische Sammlung von In-

---

2 „Smart" bedeutet hier ein „smartes" Ziel zu verfolgen, das, wenn nicht quantitativ messbar, so doch „intersubjektiv valide" eingeschätzt werden kann. „Smart" sind Ziele, wenn sie spezifisch (=eindeutig), mess- bzw. einschätzbar, akzeptiert (oder attraktiv) vom Adressatensystem, prinzipiell realisierbar und zeitlich terminierbar sind (engl. „specific, measurable, acceptable, reliable and terminated").

1. Evaluation und Forschung

formationen verstanden, die auf gezielt organisierten Erhebungen beruht. Empirisch zu forschen bedeutet sinnlich erfahrbare Informationen, die durch Erfahrungen nachgeprüft werden können, zur alleinigen Grundlage zu machen, um Erkenntnisse zu gewinnen. Dies ist bekannt als das sog. Abgrenzungskriterium gegenüber etwa alltäglichen Erfahrungen, der Geisteswissenschaft oder auch der Mathematik. Empirische Forschung braucht demnach direkt oder indirekt beobachtbare Erfahrungen, die messbar sind. Sinneserfahrungen bedürfen der Interpretation, damit sie wissenschaftlich relevant werden können. Wissenschaftlich relevante Erfahrungen sind sprachlich bereits formuliert.[3] Um empirisch arbeiten zu können, ist es notwendig, komplexe Konstrukte, wie das soziale Lernen, zu operationalisieren, d.h. in beobachtbare oder messbare Teile analytisch zu zerlegen. Konstrukte wie prosoziales Gruppenklima, ein individuelles Aggressionspotenzial, die Selbsteinschätzung oder das Selbstwertgefühl von Personen müssen in geeignete Indikatoren zerlegt werden. Im Verlauf sozialwissenschaftlicher Forschung werden mithilfe von Methoden, wie Experiment, Beobachtung, Befragung oder Inhaltsanalyse, Informationen nachvollziehbar erhoben, systematisch untersucht und aufbereitet. Das Produkt solcher Forschungen sind empirische Daten und Ergebnisse.

Der englische (Rechts-)Gelehrte Francis Bacon (1561–1626) gilt als historischer Vorläufer der empirischen Methode und Forschungslogik. Er verstand vom Experiment ausgehend das induktive Vorgehen als eigenständigen Forschungsansatz. Bacon setzte auf intensive Naturbeobachtungen und das Experiment als den angemessenen naturwissenschaftlichen Weg, um neue Erkenntnisse zu gewinnen. Als überzeugter Gegner scholastischer Spitzfindigkeiten und Diskussionen kritisierte er die deduktive scholastische Methode. Er sah ihre Schwäche vor allem darin, dass die zu erwartenden Ergebnisse nicht besser sein konnten als ihre Prämissen, d.h. die Quellen, in diesem Fall die biblischen Texte, von denen sie ausgingen. Umgekehrt wird allerdings von geisteswissenschaftlicher Seite argumentiert. Demnach habe der Empirismus selbst ein Methodenproblem, wenn er der Wissenschaft ihre Erkenntnisweise aufdränge und nichts akzeptiere, was außerhalb des Beobachtbaren liege, eben weil es nicht beobachtbar ist.[4] An dieser Debatte, in der es um keine geringere Frage als die der Wahrheitsfindung ging, wird allerdings Grundlegendes deutlich: Die Wahl jeglicher Methode, Daten zu sammeln, auch in der hier angedeuteten empirischen Vielfalt, wirkt sich auf das Ergebnis und die möglichen zu erzielenden Erkenntnisse aus.

---

3   Vgl. Bohnsack 2008, 13.
4   Vgl. Bordat 2008.

1.1 Empirische Forschung

Die soziale Wirklichkeit wird durch die Brille empirischer Sozialforschung und ihrer Methoden unter Beachtung von Regeln interpretiert und abgebildet. Indem Kriterien, wie Validität und Reliabilität angelegt und beachtet werden, können die erhobenen Daten und die daraus abgeleiteten Ergebnisse als intersubjektiv nachvollziehbar gelten. Dies ist schon mehr, als unsystematische, subjektive Beschreibungen, individuelle Erlebnisberichte und das Alltagswissen überhaupt bieten können. Auch wenn sich in vielen Lebensbereichen Alltagswissen und wissenschaftliches Wissen zunehmend mehr durchdringen, ist es hilfreich, sich der Differenzen von Wissensbeständen bewusst zu sein. Alltagswissen in plausible Argumentationen verpackt, suggestiv medial und journalistisch aufbereitet, kann logisch anmuten und dennoch empirischen Daten der sozialen Wirklichkeit widersprechen. Umgekehrt bestätigen empirische Studien mitunter das bisher im Alltagswissen bereits Angenommene. Es ist festzuhalten, dass dem empirisch erhobenen und geprüften Wissen damit eine andere Güte und Gültigkeit zukommt. Wesentliche Unterschiede der beiden Wissensarten lassen sich in einer Gegenüberstellung markant darstellen und vergleichen (s. Tab. 1).

Kriterien	Alltagswissen	Wissenschaftliches Wissen
Basis	Alltägliche subjektive und selektive Wahrnehmung	Beruht auf zumindest intersubjektiv nachprüfbarer, systematischer Erhebung
Quellen und Produktion	Persönliche Erfahrung sowie Wissenssplitter aus unterschiedlichen Quellen	Einzelne Schritte und Quellen werden systematisch dokumentiert
Prüfung	Verlässt sich auf Intuition und praktische Erfahrung	Kritische Prüfung der Ergebnisse mit anderen empirischen Quellen und im wissenschaftlichen Diskurs
Gültigkeit	Ohne klare Regeln als Maßstab des alltäglichen Handelns	Es gilt, was vorläufig verifiziert oder letztlich falsifiziert werden konnte

(Modell nach Schaffer 2009, modifiziert und erweitert)
Tab. 1: Bedeutungen unterschiedlicher Wissensarten

Empirische Forschung bedeutet, erfahrungsgestützt und transparent unter Einsatz von nachvollziehbaren Verfahren und Instrumenten vorzugehen. Empirisch zu arbeiten erfordert, unter einer Fragestellung Informationen zu sammeln, Daten zu erheben und systematisch zu organisieren. Sozialwissenschaftlich kann dies mit Methoden wie leitfadenzentrierten Interviews oder mit standardisierten, geschlossenen Fragebögen erfolgen. Die Wahl einer geeigneter Methode ist je nach Fragestellung und Feldzugang zu prüfen und fachlich begründet vorzunehmen.

1. Evaluation und Forschung

In den Sozialwissenschaften wurde insbesondere in den 1970er- und 1980er-Jahren eine kontroverse Debatte darüber geführt, ob eher qualitative oder quantitative Methoden in der empirischen Sozialforschung geeignet sind, um bestimmte Fragen zu beantworten und soziale Probleme zu erforschen. Inzwischen hat aber die Einsicht Raum gewonnen, dass beide Ansätze über spezifische Stärken wie auch über Schwächen verfügen, die je nach Untersuchungsinteresse und -gegenstand mehr oder weniger geeignet erscheinen. Der Ansatz der Methodentriangulation berücksichtigt dies. Demnach werden je nach Fragestellung und des zu untersuchenden Problems empirische Methoden im Forschungsansatz und -setting miteinander so kombiniert, dass die Stärken beider Ansätze zum Zug kommen. Bildlich kann man sich diesen Ansatz der Triangulation mit einer GPS-Ortung erklären. Peilt man einen Punkt mit drei Satelliten an (triangulativ) und nicht nur über einen, dann gerät die örtliche Bestimmung genauer.

Empirische Evaluation und Praxisforschung setzt auf systematisch erhobene und geordnete Erfahrungen, die in Form von Modellen oder Thesen soziale Wirklichkeit beschreiben, welche mehr oder weniger transferierbar und in einem unterschiedlichen Grad verallgemeinerbar werden. Empirische Forschung kann demnach einen Beitrag dazu leisten, auf einer gesicherten Wissensbasis verschiedene Antworten zu prüfen, ggf. neue Antworten zu entwickeln und Varianten mit Argumenten diskutieren zu können. Empirie dokumentiert nachvollziehbar die Bedingungen und den Weg, wie von einer Fragestellung ausgehend die Datenlage zustande kommt, wie diese verarbeitet wurde und wie sie interpretiert werden kann.

1.1.1 Modelle qualitativer und quantitativer Forschung

Im empirischen Vorgehen werden Methoden als passende Wege verstanden. Sie sollen mehrfachen Ansprüchen genügen hinsichtlich der Fragestellung, dem Feld und Gegenstand, der Subjekte und der Bedingungen des Forschungs- oder Evaluationsprojekts. Die Wahl der Methode beeinflusst entscheidend die Art und die Güte der sozialen Daten, ihre Dimensionen und damit die spätere Aussagekraft der Ergebnisse (s. Tab. 2). Sie sollte zum Forschungsinteresse passen und hat Auswirkungen auf die Subjekte und sozialen Situationen. Etwa im Fall einer teilnehmenden Beobachtung oder der Aktionsforschung in einem Projekt und auch bei Experteninterviews auf die Mitteilungs- und Erzählbereitschaft der Befragten.[5]

Soziale Daten, die systematisch erhobene Aspekte der sozialen Wirklichkeit repräsentieren, können als Zahlen oder in verbaler Form vorliegen. In der quali-

---
5 Vgl. Schwab/Wegner-Steybe 2012 c.

tativen Forschung, die sich als ein verstehender Zugang zur subjektiven Konstruktion von Wirklichkeit definiert, werden die Originalaussagen aufgezeichnet und als Zitate in der Regel in einem Transkript dokumentiert. Subjektorientiert und gruppenspezifisch werden unterschiedliche Angaben und Erklärungen zu relevanten Fragen und dem Thema wiedergeben. Die empirische qualitative Forschung schaut, salopp gesprochen, „dem Volk" (als Personen oder soziale Gruppe) „aufs Maul", und dokumentiert und analysiert das kommunizierte Material. Die Selbstauskünfte sind die Rohdaten – im Bild gesprochen: gesammelte Früchte – die nach bestimmten transparenten Regeln weiterverarbeitet werden. Sie geben die Sicht- und Erklärungsweisen der befragten Personen möglichst unverfälscht wieder und spiegeln ihre Bedeutungszuschreibungen. Die gesammelten (Selbst-)Erklärungen unterschiedlicher Subjekte werden in der Verarbeitung nach Merkmalen sortiert und gemäß bestimmter Kriterien und Codes aggregiert und ausgewertet. Im besten Fall wissen wir daran differenzierter auszudrücken, was Menschen denken, wieso sie wie handeln, wie sie das mitteilen und erklären.

Der Denkansatz des quantitativen Modells lässt andere Schlüsse zu, etwa von einem repräsentativen Sample auf die Grundgesamtheit der Befragten. Wir wissen dann differenziert und quantitativ bestimmbar, was diese Menschen denken und welche Einstellungen sie haben. Die Stärke dieses Ansatzes liegt in der statistischen Absicherung von Ergebnissen, dem sog. Repräsentationsschluss, und darin, dass mittels statistischer Modelle die Relevanz und Stärke verschiedener sozialer Dimensionen gemessen und miteinander in Beziehung gesetzt werden kann. Schlussendlich können damit auch Projektionen erstellt und Aussagen über wahrscheinliche Entwicklungen getroffen werden.

Hier kommt wissenschaftliche Theorie ins Spiel, etwa im Sinne der Anwendung vorhandener Theoriemodelle oder der Neubildung von Theorie als Modell von sozialer Wirklichkeit. Damit können neue Sichtweisen auf das dokumentierte Material gewonnen werden. Nicht das Material an sich wird verändert, aber interpretative Zugänge dazu werden entwickelt, die zu neuen Erkenntnissen führen können.

In Tabelle 2 werden spezifische Vor- und Nachteile unterschiedlicher Typen empirischer Erhebungen mit ihren Methoden gegenübergestellt und deutlich.

1. Evaluation und Forschung

Typ der empirischen Erhebung	Vorteile	Nachteile
Exploratives Vorgehen (Fallstudien, Aktionsforschung mit Beobachtung und Befragung in Interviews)	Wertungen, Einstellungen, soziale Beziehungen und Befunde über spezielle soziale Kontexte und Prozesse, Alltagsnähe	Keine statistische Repräsentativität, schwierige Übertragbarkeit von Befunden, schwer im Feld kontrollierbar, oft langer persönlicher Einsatz der Forschenden notwendig
Experimentelles Vorgehen (in Labor- oder Feldexperimenten)	Hohe Kontrollierbarkeit, detaillierte Daten, Ermitteln von Kausalbeziehungen, Wiederholbarkeit von Tests	Keine statistische Repräsentativität, komplexe gesellschaftliche Beziehungen und Situationen nicht erfassbar, personalintensiv
Repräsentatives Vorgehen bei Querschnitt	Verwendung einer Vielzahl von Variablen, Repräsentativität, relativ kostengünstig	Geltung der Ergebnisse zeitlich sehr begrenzt, Fragestellung und Formulierung des Instruments spezifisch auf die Gruppe bezogen, begrenzte Detailliertheit
Repräsentatives Vorgehen bei Längsschnitt: • Panel	Verwendung von Kontrollgruppen, erfassen von Wandel	Pflege des Panelbestandes (Kompensieren von Ausfällen und Nacherheben bei Neufällen).
• prozessproduzierte Daten	Große Zeitfenster	Beschränkter Variablenkatalog

(nach Atteslander 2008 modifiziert)
Tab. 2: Empirische Erhebungsformen und ihr Vor- bzw. Nachteile

An alle Schritte im Forschungsprozess sind die Ansprüche einer redlichen Sozialwissenschaft wie Verantwortlichkeit, Angemessenheit sowie Transparenz anzulegen. Je nach den Bedingungen eines Projekts werden sich diese im Feld der angewandten Forschung mehr oder weniger realisieren lassen. Die komplexe Realität ist in der angewandten Sozialforschung ein fester, intervenierender Bestandteil der Projekte, dem angemessen Rechnung zu tragen ist. Entsprechend der wissenschaftlich-empirischen Logik ist das, was bei empirischen Erhebungs- und Verarbeitungsprozess der Daten herauskommt, ein wertvolles Erfahrungsmaterial, das reale Sicht- und Deutungsweisen zur sozialen Wirklichkeit von Individuen und sozialen Gruppen transportiert. Der Anspruch sozialwissenschaftlicher Empirie nimmt eben diese Erfahrungswirklichkeit von Menschen als Bezugspunkt für die Entwicklung wissenschaftlicher Thesen und Modelle. Qualitative Sozialforschung geht induktiv von den Einzelfällen her vor. Sie bleibt nicht im Elfenbeinturm der Wissenschaft, sondern versucht, plausible Annahmen an der sozialen Wirklichkeit empirisch zu entwickeln und zu prüfen.

Der methodische Weg der Gewinnung von (Roh-)Daten ist relevant, um ihre Plausibilität, ihre Tragweite und Aussagekraft und die Belastbarkeit einschätzen zu können. Im Forschungsprozess ist die theoretische Brechung der entwickelten Thesen und Ergebnisse eine weitere Möglichkeit des Erkenntnisgewinns. Der Daten- und Thesenbestand ist interpretativ in Bezug zu den Fragen zu setzen, die beantwortet werden sollen.

Wesentlich für den qualitativen Forschungsprozess ist der Bezug zum Subjekt und seiner Lebenswelt. Das meint, die Sichtweisen der einzelnen Subjekte möglichst vorurteilsfrei kennenzulernen und explorativ zu erforschen. In diesem Sinn ist der qualitative Ansatz besonders gut geeignet, um weniger bekannte Bereiche zu erforschen. Es geht darum, sich auf Seiten der Forschenden möglichst offen, allerdings mit dem Fokus einer Forschungsfrage, an die Person(en) zu wenden und geeignete Formen der Kommunikation dafür zu entwickeln oder einzusetzen. Die Befragten sollen so die Möglichkeit erhalten, ihre Sicht der Welt zum Thema zu machen und zu kommunizieren. Am besten wird dies gelingen, wenn die Forschenden möglichst authentisch vorgehen und lebensnahe Informationen der relevanten Personen oder Gruppen erhalten (vgl. Kapitel 10.2). Subjektive Sicht- und Argumentationsweisen und soziale Einstellungen der Interviewpartner/innen zugänglich zu machen, ist zentrales Anliegen und auch Stärke eines qualitativen Forschungsprozesses. Das bedeutet auch, mögliche Beeinflussungen der Situation und der Gesprächspartner/innen durch die Forschenden möglichst gering zu halten und sie ggf. auch offenzulegen. Um möglichst unverfälschte Sichtweisen der Interviewpartner/innen zu erhalten und abzubilden, bedarf es einer reflektierten Wahrnehmung der Interviewsituation, des Gegenübers und der eigenen Rolle als Forscher/in. Dies erfordert, mögliche Beeinflussungen durch die interviewende Person zu erkennen. Das typische Vorgehen der qualitativen Sozialforschung ist induktiv, d.h. am vorliegenden empirischen Material werden Thesen entwickelt.

Es wird deutlich, dass die beiden empirischen Konzepte und Richtungen unterschiedlichen Logiken folgen. Nach vielen Jahren der gegenseitigen Vorwürfe und nahezu unversöhnlicher Auseinandersetzungen beider Lager überwiegt heute die Erkenntnis der jeweiligen Möglichkeiten und spezifischen Chancen. Tabelle 3 stellt die beiden Forschungsansätze mit ihren markanten Unterschieden als Merkmale einander gegenüber.

Quantitative Sozialforschung	Qualitative Sozialforschung
Quantifizierung von Daten	Verstehen und Rekonstruktion von Einzelfällen
Repräsentative Stichprobe	Kleine Stichproben
Hypothesenentwicklung und -überprüfung	Hypothesensuche, Präzisierung
Weitgehend standardisierte Erhebungsinstrumente	Gering standardisierte Erhebungsinstrumente
Deduktive Forschungslogik	Induktive Forschungslogik

(nach Schaffer 2009, 60 modifiziert)
Tab. 3: Merkmale quantitativer und qualitativer Sozialforschung

Wenn König in seiner Einführung zur Selbstevaluation die Vor- und Nachteile von schriftlichen und mündlichen Befragungen beschreibt, dann hat er die Abwägung von Kriterien im Blick, die Forschende im Projekt in der Entscheidung für eine Methode vornehmen müssen.[6] Jede Methode verfügt über ihre spezifischen Stärken und Schwächen. Wenn zu der Fragestellung und dem Feld die Methode der Wahl unter den konkreten Bedingungen eines Projekts gesucht wird, muss eine qualifizierte Abwägung mehrerer Gesichtspunkte einbezogen werden. Ob eine schriftliche Befragung die angemessene Methode sein kann, wäre an den folgenden Fragen zu prüfen: Geht es um eine relativ große Gruppe von zu befragenden Personen, größer etwa als 50 Personen? Spielt die Anonymität beim Thema eine wesentliche Rolle? Sind für alle etwa gleiche Bedingungen in der Beantwortungssituation anzunehmen? Kann eine soziale Interviewsituation möglicherweise belastend sein oder die Ergebnisse verfälschen? Ist das in großen Teilen gegeben, dann kann eine schriftliche Befragung hier angebracht sein.

Oder treffen eher folgende Aspekte im Projekt zu: Brauchen die Personen besondere Motivation oder Unterstützung bei der Beantwortung von Fragen? Sind Formulierungsschwierigkeiten bei offenen Fragen zu erwarten? Ist die Beantwortungssituation eher als unkontrolliert zu erwarten? Sind die Personen sehr weit verstreut? Kann eine mangelnde Ernsthaftigkeit beim Ausfüllen angenommen

---
6   Vgl. König 2007.

werden? Wenn diese Aspekte eher zutreffen, dann wäre eine schriftliche Befragung dafür eher ungeeignet.

1.1.2 Angewandte Forschung, Design und Ziele

Angewandte empirische Forschung und Evaluation ist der Versuch, empirische Vorgehensweisen und Methoden fruchtbar für die Bearbeitung von Fragen einer beruflichen Praxis zu machen. Es bedeutet, alltagsorientiert die Bedingungen im Blick zu haben und komplexe Fragen zu operationalisieren. Professionelle Standards sind als Rahmen der Sozialen Arbeit zu berücksichtigen. Mit den konkreten Zielen und Bedingungen eines Projekts sind verschiedene Interessen zu berücksichtigen und die Ressourcen zielorientiert abzustimmen. Zum Evaluations- oder Forschungsverständnis, dem Ziel und unter den zur Verfügung stehenden Ressourcen ist ein Forschungsdesign zu entwickeln. Darin werden relevante Ziele und Fragen differenziert formuliert und entscheidende Indikatoren zur Untersuchung als Größen benannt. Das Design beschreibt so wesentliche Rahmenbedingungen, die auch für die Aussagekraft und mögliche Reichweite der zu erwartenden Daten und Ergebnisse relevant sind.

Erfahrungen in vielen Projekten zeigen, dass es nicht banal ist, aus häufig komplexen Erwartungen und manchmal diffusen Ausgangssituationen eine hinreichende Klarheit als tragfähige Arbeitsbasis herzustellen. Beteiligte, die es zu berücksichtigen gilt, sind hier die durchführenden Wissenschaftler/innen, die Interessent/innen, der Auftraggeber und/oder bestimmte Institutionen sowie deren Mitarbeitenden. Dies betrifft im Einzelnen u.a. die Art der Fragestellung und ihre Dimensionen, zeitliche Phasen und Ressourcen, spezifische Interessen, Erwartungen und die Zugänglichkeit von Personen und Gruppen im Feld, mögliche Widerstände und die Machbarkeit von bestimmten Herangehensweisen.

Die Durchführung von Projekten oder von Teilen davon im Feld wird meist in Teams und Forschungsgruppen organisiert. Dies erfordert, ein detailliertes Forschungsdesigns zu entwickeln, das die Informationen zum Ansatz, den beabsichtigten Schritten, eingesetzten Methoden und organisatorischen Abläufe klärt (vgl. Kapitel 10.6). In einem Forschungsdesign sind unter Berücksichtigung der Bedingungen folgende Punkte näher zu beschreiben und fachlich zu begründen:

- der Ansatz des Evaluations- oder Forschungsverständnisses mit der Rolle der Forschenden,
- das Interesse und die Zielbestimmung; eine Untersuchungsfrage,
- ggf. Hypothesen,

- eine Themen- oder Problembeschreibung; die Beschreibung von Adressat/innen,
- Ansatz zur Operationalisierung (Indikatoren),
- der Feldzugang: Wie können Personen, Institutionen etc. erreicht werden?,
- die Laufzeit und Phasen als Schritte von der Zielbestimmung, über die Datenerhebung bis zur Auswertung und Ergebnispräsentation, z.B. im Meilenstein-Plan,
- der Einsatz (empirischer) Methoden und Konzepte zur Datenerhebung,
- Datenauswertung und
- Ergebnisdiskussion, Berichtslegung und Fazit.

Die Komplexität eines Projekts wird im Design und der Methodenwahl berücksichtigt. Am Ende einer Evaluation werden die erzielten Ergebnisse unter den Rahmenbedingungen und dem Forschungsprozess bewertet und diskutiert. Das Verständnis, der jeweilige Forschungsansatz und die Detaillierung der Forschungsfrage ist im Entwurf eines Designs zu Beginn eines Forschungsprojekts im Forschungsteam und im Fall der Auftragsforschung mit dem Auftraggeber so konkret wie möglich zu klären. Je nach Forschungsrahmen, der Ausschreibung und weiteren Vorgaben seitens des/der Auftragsgeber/in hat das Auswirkungen darauf, wie geforscht werden kann und was an Ergebnissen zu erwarten ist.

Evidenzbasierte Wissenschaft braucht empirische Forschung. Die allgemeine Einordnung und das Verständnis des zu realisierenden Forschungsansatzes ist eine wesentliche Grundlage. Ein Blick auf verschiedene Ansätze, die in der Forschungspraxis nicht immer trennscharf verwendet werden, kann Näheres klären (vgl. Kapitel 1.2).

Je nach der theoretischen Verortung und dem Selbstverständnis der Forschenden sowie den Bedingungen des Forschungsprozesses ist die Frage nach der Rolle der Forschenden zu klären. Unterschiedliche Ansätze und Verständnisse werden skizziert. Nicht nur für Lehrforschungsprojekte mit Studierenden hat die Reflexion des gewählten Forschungsansatzes, der Wahl der empirischen Methode und der sich daraus ergebenden Rolle wesentliche Bedeutung, wird daran doch die innere Logik und Stimmigkeit eines Projekts wie auch die Validität der Ergebnisse ablesbar.

1.1.3 Sozialwissenschaftliche Studien

Eine empirische wissenschaftliche Arbeit widmet sich einer Fragestellung, belegt Thesen oder eruiert ein soziales Problem. Empirische Forschung versucht

Probleme zu explorieren, exakt zu beschreiben, mögliche Antworten zu prüfen, ungeeignete Varianten zu falsifizieren oder Annäherungen und Wege zu einer Beantwortung auszuloten. Ein typisches Vorgehen dazu ist es, Thesen zu formulieren, diese zu prüfen, um sie anhand von empirischen Daten zu bestätigen oder zu widerlegen. Dies entspricht dem wissenschaftlichen Verständnis des Kritischen Rationalismus und im Design dem quantitativen Ansatz. Es setzt bereits Kenntnisse zum Problem, dem Feld und den Adressat/innen beim Forscherteam voraus. Der qualitative Forschungsansatz ist hingegen als Zugang besonders geeignet, um Fragen und Felder zu explorieren, auch wenn noch nicht viel oder gar nichts über sie bekannt ist. In der Sozialen Arbeit spielt der einzelfall- und gruppenorientierte, alltags- und lebensnahe qualitative Ansatz eine besondere Rolle.

Beide empirischen Zugänge bedürfen in Forschungsprojekten eines Designs, das die zu wählenden Vorgehensweisen und die Fragestellung darstellt und klärt. Am Beginn steht zumeist eine Recherche zu den Theorien und vorhandenen Wissensbeständen als eine fachliche Sondierung des Themas. Die zu untersuchende Frage soll in ihrer Bedeutung für die Wissenschaft und die (Berufs-)Praxis begründet und Schritte der Bearbeitung nachvollziehbar geplant und dokumentiert werden (Transparenz). Je nach Fragestellung und Vorgehen sowie Erkenntnisstand zum Thema werden relevante Ausgangspunkte literaturgestützt beschrieben, z.B. durch eine Theorie oder Definition, und als Sicht- und Deutungsweisen berücksichtigt.

Es lassen sich nach Forschungsansatz und der Verwendung von Quellen und Daten verschiedene Konzepte unterscheiden. Empirisch zu arbeiten bedeutet, eine Erhebung von Daten zu einer Fragestellung mittels geeigneter Methode durchzuführen. Dies geschieht etwa mit qualitativen Interviews oder geschlossenen Fragebögen, nach der Erhebung folgt eine (Teil-)Auswertung von Daten, etwa eine quantitative Analyse oder ähnliches. In einer Differenzierung nach Anlage und Art ihres Vorgehens lassen sich mehrere Varianten unterscheiden. Im Folgenden werden fünf wesentliche Konzepte, wie empirische Studien angelegt sein können, kurz beschrieben. Darüber hinaus gibt es Varianten nach Fragestellungen, Problemen und wissenschaftsmethodischer Orientierung. Allgemeine wissenschaftliche Gütekriterien wie Nachprüfbarkeit, Reliabilität und Validität sind bei allen Formen angemessen zu berücksichtigen, um zu gültigen wissenschaftlichen Erkenntnissen gelangen zu können.

a) Die *empirische Studie* geht von einer bearbeitbaren Fragestellung aus, eine empirische Methode wird passend dazu gewählt und ein Forschungsdesign entwickelt. Die Daten werden systematisch erhoben, ausgewertet, regelgerecht dokumentiert und die Ergebnisse als Antworten zur Ausgangsfrage in Bezug gesetzt. In den meisten Fällen handelt es sich um sog. Querschnittsstudien.

b) Als Sonderform empirischer Studien gelten sog. *Replikationsstudien*. Unter Bezug auf früher durchgeführte und bereits veröffentlichte Erhebungen wird eine (Teil-)Wiederholung vorgenommen. Zumeist sind Modifikationen notwendig, um Veränderungen gerecht zu werden und den aktuellen Stand zu berücksichtigen. Die replizierten Teile ermöglichen unter Einhaltung gewisser Bedingungen einen Zeitvergleich zur Ausgangsstudie (analog einer Längsschnittstudie).

c) Die *Dokumentenanalyse* nimmt ebenfalls Bezug auf eine Frage, recherchiert und wählt dazu vorliegendes schriftliches Material unter einer bestimmten Fragestellung aus. Das wird auf relevante Aspekte und Kriterien hin ausgewertet und verglichen. Am Ende steht eine Art Bilanz der ausgewerteten Quellen. Die *vergleichende Feldstudie* bezieht sich auf Einrichtungen oder Probleme im (Handlungs-)Feld und auf Konzepte, mit ihnen umzugehen. Kriterien für einen Vergleich werden entwickelt und ermöglichen es, die Einrichtungen und ihre Umgangsweisen im Feld zu diskutieren. Die Datenermittlung kann literaturgestützt, etwa als Dokumentenanalyse, oder empirisch, z.B. mit Interviews, angelegt sein.

d) Die *Meta- oder Sekundärstudie* wird meist als eine literaturgestützte Arbeit entwickelt. Bereits publizierte, insbesondere empirische Studien werden unter einer bestimmten Fragestellung und Kriterien recherchiert, gewählt und neu ausgewertet. Das vorliegende Material wird nach eigenen Kriterien verglichen, um so ggf. zu neuen Erkenntnissen zu gelangen oder einen Forschungsstand zu einem Feld ermitteln, der weitere Wege und Bedarfe von Forschungen orientieren kann.

e) Die *Konzeptentwicklungsstudie* beschreibt ein Handlungsfeld mit typischen Aufgaben und Problemen als Hintergrund. Die Quellen dafür können Fachliteratur wie auch empirisches Material zum Feld sein. Unter Bezug auf fachliches Wissen um sozialpädagogische Konzeptionsentwicklung, den Prozess und die Perspektiven einer konzeptionellen (Weiter-)Entwicklung werden einzelne Schritte und Bestandteile zu einem Konzept ausgearbeitet und in der Umsetzung bis zu methodischen Überlegungen einer Evaluation beschrieben.[7]

1.1.4 Selbstevaluation und Lernen in (Lehr-)Forschungsprojekten

Um (Lehr-)Forschungsprojekte zu organisieren und durchzuführen, sind komplexe Fragen entlang der unterschiedlichen Perspektiven und Prozesse zu bearbei-

---

7 Vgl. Schwab 2012 a.

ten. Eine Selbstevaluation, die die Akteur/innen und Bedingungen im Blick hat, kann und sollte dies thematisieren. In (Lehr-)Forschungsprojekten mit Gruppen hat sich gezeigt, dass für einen Erfolg des Projekts, neben den zeitlichen Rahmenbedingungen, Kompetenzen und Ressourcen, bestimmte Fragen und drei unterschiedliche Perspektiven der beteiligten Partner/innen wesentlich sind:

Zunächst sind der Blickwinkel und die Erwartungen des Auftraggebers relevant, wenn es sich um ein echtes Handlungsforschungs- oder Evaluationsprojekt handelt (vgl. dazu Kapitel 1.2). Hier kann es zu Beginn eine Herausforderung insbesondere für die wissenschaftliche Leitung darstellen, die mitunter recht verschwommenen Erwartungen eines Auftraggebers mit einer umsetzbaren Projektierung im Design und dem Rahmen begrenzter Ressourcen zu verbinden. Zum Projektabschluss mit der Ergebnispräsentation kann dies u.a. bedeuten, nicht alle Fragen zu beantworten, mehr oder weniger kritische Ergebnisse fair und konstruktiv zu kommunizieren. Auftragsforschung jeglicher Art steht von außen betrachtet immer in der Gefahr einer einseitigen Berichtserstattung im Interesse des Auftraggebers. Dem kann sie durch Transparenz, dem Vertreten seriöser und fachlicher Standards und entsprechende Vereinbarungen entgegenwirken.

Zum zweiten ist die Perspektive der wissenschaftlichen Leitung des Projekts relevant, die Standards, Fragen oder Lernziele im Forschungsseminar verfolgt und wissenschaftliche Maßstäbe vertreten muss. Und drittens gilt es, die Perspektive der aktiven Forschungsgruppenteilnehmenden ernst zu nehmen, die bestimmte empirische Vorgehensweisen, Design und Phasen, typische Fragen und Probleme, (Handlungs-)Felder und Forschungsmethoden kennenlernen. Sie müssen auch lernen, sich an arbeitsteiligen Prozessen verlässlich zu beteiligen.

Diese drei Perspektiven der Beteiligten repräsentieren unterschiedliche Interessen, zwischen denen im realen Projekt vermittelt werden muss. Sie bieten spezifische Chancen eines fremden Blicks, u.a. im Feldzugang, der Aktualität des Themas und Ernsthaftigkeit. Darüber sollten sich alle beteiligten Partner/innen entsprechend klar werden.

Aus der Sicht der Projektgruppenteilnehmenden und der wissenschaftlichen Leitung von Forschungsprojekten sind folgende Aspekte wesentlich für gute empirische Ergebnisse und Erkenntnisse sowie für eine gelungene Einführung in die empirische Forschungspraxis. Diese Fragen können für eine Selbstevaluation genutzt werden, ohne dass damit ein genereller Anspruch abgeleitet werden soll, damit alle angesprochenen Aspekte zu erfüllen. Vielmehr wird man davon ausgehen, dass es sich gerade in Projekten um exemplarische Zugänge und Lernprozesse handelt, die eben nicht alles ermöglichen und nicht unbedingt gelingen müssen.

- Gibt es allgemeine Vorinformationen und Quellen zu empirischer Sozialforschung und ihren Methoden?
- Hat das Projekt zu Beginn und im Verlauf eine erkennbare, klare Struktur – u.a. mit Einführung in Feld und Forschungsfrage, einem machbaren Ende, etwa mit Bündelung von Ergebnissen und einer Art von Berichtserstellung?
- Ist es den Projektteilnehmenden möglich, inhaltliche und/oder persönliche Zugänge zur Forschungsfrage und dem Projektinhalt zu finden?
- Kann sich die Projektgruppe über (Vor-)Recherchen zu Thema, Feld und Forschungsstand informieren?
- Ist das Prinzip und die Arbeitsweise einer arbeitsteiligen Forschungsgruppe in kommunikativen Prozessen erfahrbar – u.a. Verbindlichkeit von Absprachen, einzelne Schritte und Elemente?
- Sind mögliche Quellen und Interviewpartner/innen im Feld, z.B. für Interviews oder andere Befragungsformen, informiert, bereit und gut erreichbar?
- Wird die Komplexität eines Forschungsprozesses mit Details, Prozessen und Entscheidungen deutlich? Kann an einem Modell wissenschaftlicher Arbeit dazu reflektiert werden? Werden Vereinbarungen im Prozess getroffen und eingehalten?
- Sind die einzelnen Phasen des Forschungsprozesses im Verlauf in der aufbauenden inhaltlichen Logik erkennbar?
- Ist die besondere Rolle als Forscher/in in Unterscheidung zur Rolle als handelnde/r Sozialarbeiter/in oder (Sozial-)Pädagog/in nachvollziehbar und beschreibbar?
- Besteht neben Information, Unterweisung und Modell die Möglichkeit eines reflektierten Probehandelns – etwa um Kontakte herzustellen, die Gesprächsführung im Interview einzuüben?
- Werden die Ergebnisse im Erkenntniswert, der Tragweite und ihrer Belastbarkeit kritisch diskutiert – z.B. eines explorativen Forschungsprozesses? Wie steht es um die Einordnung der Ergebnisse in die Fachdiskussion?
- Wurden die forschenden Ausgangsfragen mit den erzielten Ergebnissen diskutiert? Können ggf. bessere oder detailliertere Fragestellungen abgeleitet und andere Instrumente gewählt werden?
- Werden (allzu hohe) Erwartungen im Forschungsprozess relativiert – etwa dass bestimmte Fragen im Design so nicht beantwortbar sind?
- Werden die komplexen Aufgaben der Teilnehmenden und die Rolle der Forschungsleitung thematisiert?

Diese Fragen können, wenn sie berücksichtigt werden, zu einer guten Projektierung zu Beginn sowie zur Auswertung und Reflexion des Forschungsprozesses am Endebeitragen. Sie sind aus Sicht der wissenschaftlichen Leitung und den Teilnehmenden eines (Lehr-)Forschungsprojekts von hoher Bedeutung, um einerseits zu guten Daten und Ergebnissen sowie andererseits zu reflektierten Lehr- und Lernerfahrungen der Partner/innen zu kommen.

1.2 Konzepte angewandter Forschung und Evaluation

Nach Forschungsinteresse, (Handlungs-)Feld, Rolle der Forschenden und Gegenstand gibt es unterschiedliche Konzepte und empirische Ansätze, wissenschaftlich zu arbeiten. Im Folgenden werden einige Ansätze in Profilen mit ihren Möglichkeiten und Grenzen dargestellt. Der Überblick erleichtert eine Orientierung und kann bei Evaluations- und Forschungsvorhaben die Entwicklung von angemessenen Designs zu Auftrag, Bedingungen und einer Fragestellung unterstützen.

Die beschriebenen Beispiele der Praxisforschung und Evaluation beziehen sich auf verschiedene Projekte der Lehr- oder Auftragsforschung. Unter anderem sind bei den Formen der Praxisevaluation Ansätze des Entwicklungsprojekts, Projekte der Aktions- und Handlungsforschung, sowie wirkungsorientierte Forschungsansätze berücksichtigt. Die Praxisevaluation stellt sich der Aufgabe, die Realisierung eines Angebots, von Prozessen und von Programmen in der Berufspraxis wissenschaftlich zu begleiten und Indikatoren passend zur Frage und zum Feld zu entwickeln. Entwicklungsprojekte dagegen nehmen die wissenschaftlichen Begleitungen und ihr Know-how nur zum Teil in Anspruch, um empirische Daten zu erheben. Hier soll die Expertise und das wissenschaftliche Wissen zur handlungsorientierten Steuerung und zur Entwicklung des Projekts auch eingebunden werden.

1.2.1 Aktions- oder Handlungsforschung

Die wissenschaftliche Begleitforschung von Modell- und Praxisprojekten wird häufig in Anlehnung an das Verständnis der Aktions- oder Handlungsforschung realisiert. Bereits 1924–1932 wurde Aktionsforschung in den sog. Hawthorne-Studien in der Soziologie wohl zum ersten Mal realisiert. Man versteht darunter einen eigenen „Typus professionell betriebener Forschung, bei dem Erkenntnisarbeit bewusst und direkt auf die Lösung eines praktischen sozialen Problems ausgerichtet ist und der Forscher selbst sich zeitweilig dem sozialen Feld eingliedert, dem das thematische Problem entstammt".[8]

Beim Verhältnis von Theorie und Praxis steht der Verwertungsgedanke von empirischer Forschung hier klar im Vordergrund. Das Ergebnis soll zu Lösungsvorschlägen und Maßnahmen führen und diese auf ein Praxisproblem bezogen (mit-)formulieren. In der geforderten Kooperation mit Personen und Institutionen der Praxis kann das Forscherteam allerdings nicht mehr interessens-neutral sein, was der externen Rolle empirischer Forscher/innen entspräche. Der in den Sozialwissenschaften entwickelte Ansatz der Handlungs- oder Aktionsforschung „Action Research" wurde in den 1970er-Jahren vor allem durch Kurt Lewin geprägt. Seinem Verständnis nach soll sie zu gesellschaftskritischer Kompetenz und politischer Mündigkeit führen. Wissenschaftliche Unabhängigkeit als ein Kriterium und das Primat der intersubjektiven Überprüfbarkeit der Ergebnisse ist damit nicht mehr gegeben. Aktionsforschung soll, im Verständnis von Lewin, bewusst auf die Forschungssubjekte Einfluss nehmen.[9]

In Deutschland wird Aktionsforschung mit dem Interesse an Aufklärungs- und Veränderungsprozessen in den sozialen Systemen betrieben, auf die sie sich bezieht. Das bedeutet auch eine intensivere Kommunikation zwischen den Forschenden und den Beforschten im Feld.[10] In der Praxis und in der Literatur, darauf weist Wellenreuther hin, werden die Begriffe der Aktionsforschung, Handlungsforschung, Evaluationsforschung und Entwicklungsforschung weitgehend synonym verwendet.[11] Im Folgenden wird Aktions- oder Handlungsforschung als ein Sammelbegriff verwendet, wenn nichts anderes ausdrücklich kenntlich gemacht ist. Drei Merkmale sind im Wesentlichen für die sog. Aktionsforschung kennzeichnend:

- die Aufhebung der Subjekt-Objekt-Trennung; d.h. die forschend Vorgehenden sind keine objektiven, außen vorstehenden Beobachter/innen. Sie greifen in den Forschungsprozess ein.
- der Forschungsprozess als gegenseitiger Lern- und Veränderungsprozess, der einerseits die forschend Vorgehenden und andererseits die Proband/innen oder Agent/innen im Feld mit einbezieht.

---

8   Kern 1982 nach Atteslander 2008, 48.
9   Vgl. Schaffer 2009, 83.
10 Vgl. Moser 1995, 14 f.
11 Vgl. Wellenreuther 2000, 21.

- der enge Praxisbezug, bei dem die forschend Vorgehenden und die Proband/innen oder Agent/innen gemeinsam gesellschaftliche und soziale Fragen und Probleme untersuchen.[12]

1.2.2 Ansätze von Evaluation

Die berufliche Praxis, also wie in den Handlungsfeldern Sozialer Arbeit und der Pädagogik interveniert und gehandelt wird, entsteht in weiten Teilen naturwüchsig aus sich selbst heraus oder sie folgt bestimmten, aktuellen Modetrends. Häufig fehlen sichere Erkenntnisse über die Effekte des eigenen Handelns als Grundlagen wie auch über die Möglichkeit, solche Erkenntnisse im Feld gewinnen zu können.[13] Hier kann Evaluation aktive Beiträge leisten, um zu praxisrelevantem Wissen zu kommen.
Eine der bekanntesten und ältesten Formen von Evaluation ist die Bewertung von Schülerleistung in Form der Schulnoten. Diese Art der Bewertung wurde vor über 350 Jahren von Jesuiten erfunden und populär gemacht. Um Schüler mit ihren Leistungen miteinander vergleichen zu können, führten Jesuiten im 17. Jahrhundert Noten und Zeugnisse ein. In der Anfangsphase sei es aber nicht wie heute darum gegangen, tatsächlich Leistungen zu messen, sondern die Noten waren immer etwas besser als eigentlich verdient, um zu motivieren. Damit ist auch schon etwas über die Gefahr von Noten und die demotivierende Kraft solcher Beurteilungen ausgesagt.

Wissenschaftlich fundierte Evaluation, wird sie nach den Regeln der Kunst empirisch erstellt, kann ein brauchbares Instrument darstellen, um Einschätzungen zu prüfen und Entscheidungen professionell zu sichern. Evaluation kann als jegliche Art der Festsetzung des Wertes einer Sache, eines Programms oder einer Entwicklung verstanden werden unter systematischer Anwendung sozialwissenschaftlicher Methoden. Merchel unterscheidet je nach Erkenntnisinteresse und Ziel zwischen Evaluation als einem Bestandteil beruflichen Handelns mit pragmatischen Zwecken und der Evaluation als Evaluationsforschung, unter Einsatz sozialwissenschaftlicher Forschungsverfahren und Standards der empirischen Sozialforschung, was dann einen Teil des Wissenschaftssystems darstelle.[14]

Bortz und Döring machen diese Differenz nicht, wenn sie definieren: „Evaluationsforschung beinhaltet die systematische Anwendung empirischer Forschungsmethoden zur Bewertung des Konzeptes, des Untersuchungsplanes,

---
12 Vgl. Fried/Roux 2009, 133.
13 Vgl. Merchel 2010, 36.
14 Merchel 2010, 13.

der Implementierung und der Wirksamkeit sozialer Interventionsprogramme."[15] Mit empirischen Verfahren und wissenschaftlicher Beobachtungen werden auf der Basis von Kriterien Daten für bestimmte Zwecke erhoben. Diese Kriterien beziehen sich auf einen zu erreichenden Zustand (Qualität, Leistung o.a.), der durch (sozial-)pädagogische Maßnahmen, Methoden oder Prozesse erreicht werden soll. Das Ziel soll so konkret und präzise wie möglich operationalisiert und beschrieben werden (SMART-Prinzip, s.o.). Die Kriterien der Beobachtung oder Messung werden aus den Zielen, Zwecken und Inhalten abgeleitet. Eine wissenschaftliche Evaluation dient als Planungs- und Entscheidungshilfe. Nach Beywl/Schepp-Winter ist unter Evaluation „eine systematische, auf vorliegenden oder neu erhobenen Daten erhobene Beschreibung und Bewertung von Gegenständen der sozialen Wirklichkeit" zu verstehen.[16] Das Verwertungsinteresse von Evaluation liegt bei der Nutzung sozialwissenschaftlicher Methoden und Instrumente für die Praxis und in der Bereitstellung und Nutzung von Handlungswissen für die Praxis.[17]

Folgende Möglichkeiten werden durch eine Evaluation realisiert:

- Die tatsächliche Effektivität von Methoden, Maßnahmen und Abläufen wird intersubjektiv überprüfbar. Beispiel: Zeigt eine Beratung oder Intervention den angestrebten Erfolg?
- Eine transparente Relation von Angebot und Gruppen von Adressat/innen und Nutzer/innen als Bilanz ermöglicht eine weitere Optimierung von Angeboten und Abläufen im Sinne einer Effizienz. Beispiel: Wie muss ein Angebot oder Kurs gestaltet sein? Was muss an Zugang und Adressaten-Auswahl verändert werden? Warum haben sich Teilnehmende ausgeklinkt bzw. andere sehr aktiv beteiligt?
- Die Qualität der Arbeit steigt, wenn die Ergebnisse in Feedbackschleifen zurückgemeldet und ggf. im Sinne von Effektivität berücksichtigt werden.

Als Kennzeichen wissenschaftlicher Evaluation können folgende Merkmale gelten: Ihre Ergebnisse dienen als Planungs- und Entscheidungshilfe in Organisationen, sie ist ziel- und zweckorientiert, sie soll dem aktuellen Stand wissenschaftlicher Forschung entsprechen und sie bezieht sich häufig auf sog. Modellvorhaben oder bestimmte Institutionen oder Träger in Feldern der Sozialer Arbeit, dem Gesundheits- oder Bildungswesen. Nach den Standards der Gesellschaft zur Evalua-

---

15 Bortz/Döring 2003, 102.
16 Beywl/Schepp-Winter 2000, 17.
17 Vgl. Kromrey 2002.

tion e.V. (DeGEval) sollen Evaluationen vier grundlegende Eigenschaften aufweisen: Nützlichkeit, Durchführbarkeit, Fairness und Genauigkeit.[18]

Evaluationen können unterschiedliche Funktionen haben, indem sie

- zeigen, was abgelaufene Maßnahmen bewirkt haben, d.h. wirkungsorientiert Effekte beschreiben – Effektivität im Sinne von Zielerreichung (vgl. Kapitel 1.2.3). Beispiel: Zeigt eine Bildungsmaßnahme den angestrebten Erfolg? Welche Wirkfaktoren tragen zur erfolgreichen Kooperation bei?
- Helfen, zukünftige Situationen zu gestalten – Steuerung ermöglichen und Effizienz verbessern. Beispiel: Wie muss die Fortsetzung eines Kurses gestaltet werden? Was muss an der Teilnehmer-Auswahl verändert werden? Wie kann der Dozent methodisch effizienter arbeiten?
- helfen pädagogische Maßnahmen zu verstehen – Verständnis und (Selbst-)Reflexion ermöglichen. Beispiel: Warum lief etwas schlecht oder gar nicht, bzw. anders als geplant? Warum haben sich Teilnehmende ausgeklinkt? Warum haben andere sich aktiv beteiligt?
- ermöglichen fachliche Standards einzuhalten – unterschiedliche Perspektiven und Maßstäbe einholen, Rollen und Abhängigkeiten erkennen (u.a. doppeltes Mandat). Beispiel: Welche (problematische) Konstellation liegt einer Beratungssituation zugrunde?

1.2.2.1 Summative oder formative Evaluation
Man kann nach ihren Zielen und Formen der Ergebnisrückmeldung zwei unterschiedliche Ansätze von Evaluation unterscheiden, die summative und die formative Evaluation. Beide beschaffen Daten über ein zu evaluierendes Programm. Die formative, sog. Gestaltungs-Evaluation bewertet dazu schrittweise und gibt Rückmeldungen bereits während des Verlaufs an die Beteiligten. Sie will so dazu beitragen, Schwächen im Prozess aufzudecken, ggf. zu stabilisieren und mögliche Verbesserungen gleich vorzuschlagen. Dagegen bewertet die summative, sog. Bilanz- oder Outcome-Evaluation erst abschließend. Sie steuert nicht im laufenden Programm durch Rückmeldungen. Die erhobenen Daten und Ergebnisse werden erst nach Abschluss der Maßnahme zurückgemeldet, sie beschreibt und misst ergebnisorientiert.

1.2.2.2 Fremd- und Selbstevaluation
Evaluationsprojekte können im Blick auf Herkunft und Rollen der bewertenden Akteur/innen in externe und interne Evaluation unterschieden werden. Fremdevaluation wird in der Regel mit externen Evaluator/innen durchgeführt und ist

---
18 Vgl. dazu http://www.degeval.de (29. Dezember 2011).

eine Bewertung von Akteur/innen, die außerhalb der Organisation stehen. Interne Evaluation bedeutet, dass eine Einrichtung versucht, sich selbst einer Bewertung zu unterziehen. Interne Evaluation lässt sich im Blick auf den zu bewertenden Gegenstand weiter differenzieren: Geht es um die eigene berufliche Tätigkeit der Evaluator/innen, kann das als Selbstevaluation bezeichnet werden. Steht das berufliche Alltagshandeln anderer Fachkräfte im Vordergrund der Untersuchung, wird dies als Fremdevaluation bezeichnet.[19]

Die Formen bergen spezifische Chancen sowie auch Schwierigkeiten. Je nach Zugehörigkeit und Rolle der Evaluator/innen sind Fremd- und Selbstevaluation zu unterscheiden. Selbstevaluation lässt sich als eine professionsbezogene Methode oder als indirekt-interventionsbezogene Methode im Sinne von Galuske verstehen. Sie kann als eine kontrollierte Selbstüberprüfung professioneller Intervention verstanden werden.[20] Sozialarbeiter/innen erforschen sich und ihr Handeln selbst. Als Forschende in eigener Sache bilanzieren die Sozialarbeiter/innen schriftlich. Als eine „partizipative Form der Evaluation" ermöglicht es die Selbstevaluation den Fachkräften, selbst ihre Sicht der sozialen Wirklichkeit und ihr Betriebswissen einzubringen. Dazu braucht es qualifizierte, alltagstaugliche Instrumente und eine schriftliche Dokumentation des Evaluationsprozesses.

Die empirische Fremdevaluation unterscheidet zwischen den im Feld handelnden Akteur/innen, den (Sozial-)Pädagog/innen und den evaluierenden Sozialwissenschaftler/innen. Fachlich qualifizierte Fremdevaluation ermöglicht, aus einem unabhängigen Außenblickwinkel Daten einzuholen. Sie kann helfen, Betriebsblindheit und blinde Flecken als Wahrnehmungsfehler auszuschalten. Andererseits kann die Fremdheit der externen Evaluator/innen auch eine problematische Seite haben. Sie kennen bestimmte Hürden und Probleme nicht, verfügen über kein Betriebswissen der Institution und werden als Kontrolleur/innen von außen empfunden und entsprechend behandelt.

1.2.2.3 Evaluation und Qualitätsmanagement
In aktuellen Evaluations- und Praxisprojekten werden zur Untersuchung der Qualität von Angeboten, Diensten oder Maßnahmen häufiger die beiden Diskurse von Evaluation und Qualitätsmanagement zueinander in einen Bezug gesetzt.[21] Über den Qualitätsbegriff lassen sich relevante Dimensionen für eine solche Evaluation gut differenzieren und beschreiben. Das kann unter Rückgriff auf

---
19 Vgl. König 2007.
20 Vgl. Galuske 2009.
21 Vgl. dazu Schwab/Wegner-Steybe 2012.

1.2 Konzepte angewandter Forschung und Evaluation

das klassische Modell der drei Qualitätsdimensionen mit Struktur-, Ergebnis- und Prozessqualität geschehen.[22] Das bedeutet im Einzelnen:

- die Strukturqualität, u.a. die Ausstattung mit Medien, Räumen, Personal, Ressourcen einer Einrichtung als Sachmittel,
- die Ergebnisqualität, u.a. die Abschlussquote einer Maßnahme, der Lernerfolg, ein erreichter Zustand bei Absolvent/innen, und
- die Prozessqualität, alle Maßnahmen, Aktivitäten und Angebote, die zur Erreichung eines Ziels beitragen, wie der Methodeneinsatz, die Frequenz und Gestaltung von Treffen.

Dazu ist für die Soziale Arbeit noch die sog. Konzeptqualität von besonderer Bedeutung, die Bezug auf geltende, formulierte Zielvorstellungen nimmt. Diese können etwa in einem eigenen Konzept niedergelegt, in einer Stellenbeschreibung oder allgemeinen Orientierungsgrundlagen gefasst sein, u.a. in Form ethischer Leitlinien, rechtlicher Bestimmungen, berufständischer Grundlagen. Dies soll eine Angemessenheit der Zielsetzung prüfbar machen und die Fachlichkeit in der Sozialen Arbeit fördern.[23] Damit ergeben sich für die Soziale Arbeit vier relevante Qualitätsdimensionen, unter denen die Evaluation von Maßnahmen, Diensten und Angeboten erfolgen kann.

1.2.3 Ansatz von Wirksamkeitsstudien

In den letzten Jahren hat in der Sozialen Arbeit zunehmend die Frage nach möglichen Wirkungen und die Diskussion um die sog. Wirkungsorientierung Raum gewonnen. Konzepte, Programme, Strukturen und Verfahren sollen näher untersucht und evaluiert werden. Programme und Verfahren sollen evidenzbasiert (engl. „evidencebased") entwickelt werden. Geht es um die Frage von effektiven Programmen und die Wirksamkeit von Maßnahmen, gilt es neben Ergebnissen auch die Instrumente und die Bedingungen, unter denen evaluiert werden kann, genau in den Blick zu nehmen. Die Frage, wann und mit welchen Daten des Untersuchungsdesigns eine Maßnahme als wirksamer als eine andere bzw. auch als gar keine Maßnahme gelten kann, ist an bestimmte Voraussetzungen gebunden.

Dazu kann der sog. „level of evidence", also der Grad an wissenschaftlichem Nachweis, in Verbindung mit bestimmten Evaluationsdesigns Aufschluss geben. Je nach dem zu realisierenden Forschungs- oder Evaluationsdesign lassen sich den einzelnen Levels unterschiedliche Aussagen zu möglichen Wirkungen von

22 Vgl. die Typologie von Donabedian (1982) nach Schmid-Urban 2001, 32.
23 Vgl. Spiegel 1995.

Maßnahmen zuordnen. In Tabelle 4 zeigt der „level of evidence" in aufsteigender Reihenfolge ausgehend von der Basis, die hier das Praxis- und Erfahrungswissen darstellt, bis zu einer randomisierten Meta-Studie aufsteigend die jeweils höhere Ebene an. Höher bedeutet demnach, mit diesem Untersuchungsdesign einen höheren Grad an Evidenz zu erreichen als die jeweilige Ebene darunter. Um entsprechend besser gesicherte Aussagen über die Wirksamkeit von Programmen zu erzielen, gilt es Designs mit einem möglichst hohen Grad an Evidenz zu diskutieren und nach Möglichkeit zu realisieren. Begrenzende Faktoren können u.a. feldspezifische Probleme, auftragsspezifische Vorgaben und ein allzu hoher Aufwand sein, der im Projekt nicht zu realisieren ist.

Evidenz	Meta-Studien RCT's (Klinische Kontroll- Experimente); „Goldstandard"
↑	Quasi-Experimentalstudien unter Kontrolle von Kontextfaktoren
	Kohortenstudien ohne Experimentaldesign
	Einzelfallstudien
	Praxiswissen, Erfahrung

Tab. 4: „Level of evidence" unterschiedlicher Forschungsdesigns

Projektbeispiel
Der Deutsche Fußballbund (DFB) wollte in einem Projekt wissen, ob die Kooperationen mit Einrichtungen der offenen Jugendarbeit in den neun verschiedenen Städten, in denen die Frauenfußball-Weltmeisterschaft 2011 in Deutschland ausgetragen wurde, das sog. „gesellschaftliche Potenzial des Fußballs" besser zum Tragen bringen können. Damit waren unter anderem Fragen nach der sozialen Integration von Jugendlichen mit Migrationshintergrund im und durch den Sport und auch die sich verändernde Rolle von Mädchen im Fußball gemeint. Dazu wurde ein Projekt in Vorbereitung auf die Frauenfußball-Weltmeisterschaft 2011 in Deutschland initiiert.[24] In Kooperationen zwischen kommunalen Jugendämtern, einer Einrichtung der Kinder- und Jugendarbeit mit hauptberuflichem sozialpädagogischen Personal vor Ort und den Fußballvereinen wurden Konzepte entwickelt und realisiert. Dazu wurden in einer teilstandardisierten schriftlichen Befragung Daten zu den einzelnen Standorten erhoben, die die strukturelle und konzeptionelle Situation der neun Standorte mit ihren Partnern abbilden konnten. Um nun Aussagen zur gelingenden oder nicht gelingenden Unterstützung von Integrationsprozessen und Hinweise auf mögliche Wirkfaktoren zu erhalten, wäre es notwendig gewesen. prozessbegleitend und über mehrere Zeitpunkte hinweg sowie aus

---
24 Vgl. Nickolai/Schwab 2010.

den unterschiedlichen Perspektiven der sozialpädagogischen und sportlichen Leitungen und der Jugendlichen selbst Daten zu erheben. Dafür war aber im Rahmen des Projekts kein darstellbarer Rahmen vorgesehen. Die dokumentierten Ergebnisse können wohl dazu dienen, die bunte Vielfalt dieser Kooperationsprojekte strukturell und konzeptionell näher zu beschreiben. Die neu entwickelten Konzepte in ihrer kooperativen Struktur, mit ihren unterschiedlichen Angeboten und den strukturellen Problemen stellen interessante Ergebnisse dar und bringen insoweit auch Erkenntnisse. Weitergehende Aussagen zum Konstrukt des gesellschaftlichen Potenzials des Fußballs lassen sich aus diesem Evaluationsdesign aber sicherlich nicht ableiten.

1.2.4 Interesse, Forschungsfrage und Hypothesen

Evaluation und angewandte Sozialforschung in der Sozialen Arbeit ist angeregt, geleitet und beeinflusst von sozialen Problemen und Interessen der Beteiligten. Je enger das Forschungsinteresse am Alltag der beteiligten Akteure angelagert ist, desto eher ist von einem Vorwissen und bestimmten Annahmen bei ihnen auszugehen. Der Bestand an mehr oder weniger explizitem Vorwissen, etwa in Form von Erfahrungen und Routinen als Betriebswissen oder Deutungswissen, ist wesentlich. Das bedeutet, in aller Regel existieren in unterschiedlichen Formen Vorannahmen zu dem, was untersucht werden soll und zu dem, was da an Antworten erwartet wird. Inwieweit einige dieser Annahmen formulierbar sind oder dies aufgrund von internen oder externen Bedingungen nur bedingt möglich erscheint, ist zu prüfen. Es kann einen Teil des Forschungsprozesses darstellen, geeignete Zugänge und Methoden zu finden, um diese Annahmen zu formulieren.

Die Bedeutungen von Machtkonstellationen, Rollen und Abhängigkeiten sind in institutionellen Kontexten zu berücksichtigen. Wünschenswert ist es sicherlich, eine hohe Transparenz unter den Beteiligten herzustellen, die auch Vertrauen ermöglichen kann. Zu Beginn eines Projekts sollten sich die Beteiligten, wie der Auftraggeber und die durchführende Forschungsgruppe, darüber offen austauschen. Je klarer ein Evaluations- und Forschungsinteresse beschrieben und fokussiert werden kann, desto exakter können das methodische Vorgehen und die Instrumente im Design passend dazu abgestimmt werden. Dies erleichtert auch eine effiziente Forschung im Sinne der Verwendung der Ressourcen, die im Projekt zur Verfügung stehen. In Evaluationen, die sich auf die Praxis und mögliche Wirkungen bestimmter Programme, Strukturen und Institutionen in der Sozialen Arbeit und Pädagogik beziehen, sind die unterschiedlichen Perspektiven der beteiligten Akteure und Akteurinnen zu berücksichtigen.

1.2.4.1 Forschungsfrage

Eine Forschungsfrage zu formulieren, ist eine bewährte Form, ein fokussiertes und handlungsleitendes Interesse auszudrücken. Die Frage sollte so klar wie möglich und so offen wie nötig sein. Unabhängig vom weiteren methodischen Vorgehen in Form einer quantitativen oder qualitativen Untersuchung mit der entsprechenden Logik stellt eine Forschungsfrage, die durch Detaillierungsfragen im Verlauf weiter bestimmt werden wird, eine unverzichtbare Orientierung dar. Sie hilft dabei, den Prozess und das mögliche Produkt von Praxisforschung von Beginn an zu steuern. Die Entwicklung einer individuellen Fragestellung geschieht in der Regel unter Berücksichtigung von mehreren Anregungen, Interessen und Perspektiven. Einmal ist es das Interesse am Phänomen oder sozialen Problem selbst, um das es gehen soll. Dann gibt es die Neugier der Forschenden, mehr darüber zu erfahren, und weiter die Informationen aus anderen Quellen, wie Erfahrungen und Fachliteratur. Häufig verbindet sich eine berufliche Perspektive mit dem Interesse am Phänomen oder mit der Chance, praxisnah mit einer interessierten Institution zusammenzuarbeiten.

Das Zusammentragen von Informationen und Ausbreiten von Material braucht eine kritische und strukturierende Perspektive. Nach einer sondierenden und recherchierenden Sammlertätigkeit in einer ersten Phase braucht es das Abwägen, um empirische Daten und Quellen zur Frage auszuwerten. Je nach Projekt kann sich eine Startfrage im Verlauf des Forschens und mancher Erkenntnis entwickeln, verändern und weiter ausdifferenzieren.

Das Thema eines empirischen Forschungsprojekts wird möglichst klar zu Beginn formuliert. Dies geschieht in der Form einer zentralen Forschungsfrage, die in weiteren Detaillierungs- und Unterfragen entfaltet werden kann. Dies kann auch passend in Form einer Problembeschreibung vorgenommen werden – etwa wenn es um das bessere Erkennen und Ausleuchten einer zugrunde liegenden problematischen Struktur oder eines sozialen Problems gehen soll.

1.2.4.2 Hypothesenbildung

(Hypo-)Thesen zu Beginn einer wissenschaftlichen Untersuchung zu formulieren entspricht einer deduktiven Denk- und Vorgehensweise. Deduktiv meint demnach, ein theoretisch entwickelter Zusammenhang wird als Hypothese formuliert und an der Realität, den empirisch gewonnenen Daten, überprüft. Hypothesen ermöglichen Annahmen zu einem bestimmten Sachverhalt, einer Einstellung, oder einer Struktur knapp zu fassen und empirisch untersuchbar zu formulieren. Nach Forschungsziel und -strategie werden die Annahmen als Thesen formuliert.

Gemäß der Logik in der quantitativen Forschung können diese an den erhobenen Daten empirisch bestätigt oder falsifiziert werden.[25]

Hypothesen sind Zusammenhangsvermutungen, die sich auf zwei oder mehr Variablen beziehen und die deren Richtung oder die Stärke ihres Zusammenwirkens angeben. Klassisch wird dies ausgedrückt in wenn–dann- oder je–desto-Formulierungen.[26] Bei der Ausarbeitung der Thesen ist auf möglichst prägnante, kurze und klare Sätze zu achten.[27] Thesen sollen eindeutige Aussagen in einfachen Sätzen als Zusammenhänge von Variablen formulieren. Die empirische Untersuchbarkeit ist nicht gegeben, wenn es sich um nicht empirisch überprüfbare Annahmen oder Gegebenheiten handelt.

Hypothesen sollten logisch und widerspruchsfrei in ihrer Formulierung sein. Je nach Untersuchung ist eine mögliche Generalisierbarkeit angemessen zu prüfen. Formulierungen wie „wenn – dann" oder „je – desto" beschreiben bestimmte Korrelationen und Abhängigkeiten zwischen den Variablen. Hypothesen sollen klare Operationalisierungen der zu untersuchenden hypothetischen Konstrukte beinhalten. Gelungene wie auch nicht gelungene Beispiele zur Hypothesenbildung finden sich in Tabelle 5.

Anforderungen an eine Hypothese/ Forschungsfrage	Gelungene/nicht gelungene Beispiele
Empirisch überprüfbar, präzise und eindeutig	Gelungen: Jungen spielen in Freiburg (oder in Deutschland) häufiger aktiv in Fußball-Mannschaften als Mädchen.
	Nicht gelungen: Je häufiger jemand Volleyball spielt, ein desto besserer Mensch wird er.
	Nicht gegeben: Die Erscheinungen von Nessie sind häufiger als die von Yetis.
Theoretisch fundiert	Gelungen: Eine akademische Ausbildung verringert die Gefahr, später dauerhaft von Arbeitslosigkeit betroffen zu sein, erheblich.
	Nicht gelungen: Erzieherinnen sind kreativer als andere Berufsgruppen.
	Nicht gelungen: Ältere Menschen ab 60 Jahren sind in der Gruppe disziplinierter als junge Menschen ab 18 Jahren.

25 Vgl. Schaffer 2009, 161.
26 Vgl. Schaffer 2009, 30.
27 Vgl. Kornmeier 2011, 119 ff.

Beschreibt (logische) Relationen zwischen Variablen	Gelungen: Je besser der erreichte Bildungsabschluss, desto höher sind die berufliche Position und der Verdienst.
	Nicht gelungen: Je häufiger jemand Volleyball spielt, ein desto besserer Mensch wird er.
	Relation gelungen: Wenn ein Mann in eine Parklücke einparkt, dann ist er im Durchschnitt 15–20 Sekunden schneller als eine gleichaltrige Frau.
Generalisierbarkeit	Gelungen: Je zufriedener die Eltern mit einer Kita sind, desto eher bleiben sie der Kita auch beim nächsten Kind treu.
	Nicht gelungen: Volleyballer sind die besseren Menschen.
Falsifizierbar	Gelungen: Wenn eine Klasse ein soziales Kompetenztraining absolviert hat, dann verbessert sich das soziale Klima im Anschluss deutlich und dauerhaft.
	Gelungen: Die bevorzugte Farbe blau der Hose korreliert mit dem Alter und Geschlecht des Mitarbeiters.
	Nicht gelungen: Ehemals aktive Jugendleiter aus Jugendverbänden sind später häufiger in Parteien zu finden.
	Nicht gelungen: Mentorenprogramme sind für Hauptschüler am Übergang in den Beruf besser als sonstige Angebote zur Orientierung geeignet.

Tab. 5: Kriterien und Beispiele für (nicht) gelungene Hypothesenbildung

Besonders in den nicht geeignet formulierten Thesenbeispielen werden vage Zusammenhänge und unbestimmte, nicht operationalisierte Begriffe verwendet, wie „bessere Menschen", „soziales Klima", „sonstige Angebote" und „in ihrem Leben". Unbestimmte Konstrukte wie „kreativere Menschen" müssen, wenn sie im Projekt als Formulierungen notwendig erscheinen und gebraucht werden, näher bestimmt und theoretisch eindeutig gerahmt werden. In diesem Fall ist zu klären, was Kreativität bedeuten soll und welche Formen hier im Blick sind.

Diese Beispiele und Anforderungen der Hypothesenformulierung machen deutlich, dass eine logische, exakte Arbeitsweise und genaue Formulierungen sowie die Fokussierung auf Aspekte des Themas wesentlich für empirisches Arbeiten sind. In empirischen Untersuchungen geht man vom Kriterium der Validität aus, dem Anspruch, dass das, was man zu erheben und zu messen vorhat, tatsächlich auch untersucht und gemessen wird. Dies unterstreicht die elementare Bedeutung klarer Formulierungen und Logik.

Ist die zentrale These und Frage formuliert, gilt es, eine dazu passende Forschungsstrategie mit der methodischen Umsetzung zu entwickeln. Sie muss geeignet sein, dem Inhalt der These, der Forschungsfrage, dem Gegenstand und Handlungsfeld, sowie den Adressat/innen zu entsprechen.

Im klassischen Fall der deduktiven Logik nach Popper lässt sich die These mit den zur Verfügung stehenden Daten entweder bestätigen oder falsifizieren. Stangl beschreibt dazu ein Grobschema des Erkenntnisprozesses in der empirischen Forschungslogik eines standardisierten, quantitativen Vorgehens, wie es in der Psychologie verwendet wird.[28] Er unterscheidet neun Schritte und im ersten Schritt geht er davon aus, dass Untersuchungen und Evaluationen meist aufgrund einer erlebten Not, eines Wunsches, eines besonderen Erfolges oder Misserfolgs begännen. All diese Umstände werfen Fragen auf, denen in einer empirischen Untersuchung nachgegangen wird. Im zweiten Schritt, so Stangl, werde das Problem genauer formuliert und die Aufgabe klar ins Auge gefasst. Die neu aufgetauchten Fragen werden in eine Hierarchie nach Grad ihrer Wichtigkeit gebracht und das Ziel der Untersuchung präzisiert. Im dritten Schritt werden Beobachtungen gesammelt, die zur Lösung beitragen können. Literatur wird eingesehen, Expert/innen werden befragt, Quellen erkundet, Notizen und Aufzeichnungen angelegt. Dann tauchen im vierten Schritt Vermutungen auf: Hypothesen, Schätzungen, Erklärungsversuche werden formuliert. Erste Arbeitshypothesen werden aufgestellt und mögliche Ergebnisse überschlagen. Dies und die folgenden Punkte entsprechen der Logik des quantitativen Vorgehens im Rahmen der Psychologie. Eine strenge Überprüfung der Hypothesen und ein Experiment werden geplant, mit einem Vorversuch an einer kleinen Stichprobe. Dann folgt der Versuch an einer repräsentativen Stichprobe. Nach der Überprüfung der Hypothese in einem Vorversuch wird häufig wieder zu den ersten Stufen des Schemas zurückgekehrt, um die Untersuchungsmethode zu modifizieren. Im sechsten Schritt geht es um die logische und statistische Verarbeitung der Ergebnisse und das ganze Bezugfeld und die Konsequenzen werden sichtbar gemacht. Dem folgt Schritt sieben mit dem Versuch, das Ergebnis in einem allgemeinen Prinzip als Gesetz zu formulieren. Nun geht es darum, im achten Schritt die ermittelten Ergebnisse in das geordnete Ganze unseres Wissens einzureihen und den Grad der Allgemeingültigkeit zu klären. Zum Schluss gilt es, das Wissen für die Praxis verfügbar zu machen und Ergebnisse zu veröffentlichen.

Dieses Schema zeigt, dass Theorie und Empirie sich im Forschungsprozess einander abwechseln und beide zusammen die Grundelemente der empirischen Forschung sind:

---
28 Vgl. Stangl 1997.

„Niemals setzt sich die Wissenschaft das Phantom zum Ziel, endgültige Antworten zu geben oder auch nur wahrscheinlich zu machen; sondern ihr Weg wird bestimmt durch ihre unendliche, aber keineswegs unlösbare Aufgabe, immer wieder neue, vertiefte und verallgemeinerte Fragen aufzufinden und die immer nur vorläufigen Antworten immer von neuem und immer strenger zu prüfen."[29]

1.2.5 Forschungsprozess als Phasenmodell

(Praxis-)Forschung, Lehrforschung und Evaluation mit ihren Projekten geschehen im Rahmen realer Bedingungen und bestimmter Vorgaben. Sie stellen interessegeleitete Prozesse dar und sind als solche zu verstehen und zu konzipieren. Empirische Sozialforschung geschieht meistens als Auftragsforschung verbunden mit dem Einsatz von sog. Drittmitteln. Kaum ein Auftraggeber wird ein Evaluationsprojekt anstreben oder vergeben, das Ressourcen verbraucht, wenn er nicht bestimmte Interessen damit verbindet, etwa die Optimierung einer Praxis, die Minimierung von Übeln oder die (zukünftige) Finanzierung von Maßnahmen oder Programmen, die evaluiert wurden. Hochschulen etwa lassen sich als Organisationen evaluieren, führen Qualitätsmanagementsysteme ein, lassen sich als ganze Systeme zertifizieren, um als Institution akkreditiert zu werden und so nicht mehr jeden einzelnen Studiengang neu akkreditieren lassen zu müssen.

Forschungs- und Evaluationsprojekte sind von Beginn an so offen und klar wie möglich mit den Beteiligten zu diskutieren und gezielt zu planen. Die Interessenslagen der Beteiligten, des Auftraggebers, der Forschungsgruppe und der zu evaluierenden Gruppen und Institutionen sollten ernst genommen werden. Das Forschungs- und Evaluationsinteresse, eine zentrale Forschungsfrage oder Hypothesen werden in einem Design mit den Aufgaben, Prozessen und empirischen Methoden strukturiert. Im Verlauf einer Evaluation oder Forschungsprojekts können aus internen oder externen Gründen Modifikationen nötig werden und methodisch angebracht sein. Dies kann sich u.a. auf Zeitplan, einzelne Schritte und Erhebungen, die Anzahl der befragten Personen ebenso wie auf Veränderungen in der Abfolge und bei Inhalten aus dem Erkenntnisprozess heraus beziehen. An den Informationen zu der methodischen Anlage, Struktur und der Datenerhebung können die Belastbarkeit von Ergebnissen sowie Perspektiven und weiterführende Fragestellungen eingeschätzt werden. Die dokumentierte Transparenz des Forschungsprozesses ist für die agierenden Forscher/innen einer Projektgruppe, die Beteiligten im Feld und später die Rezipienten der Ergebnisse ein hohes Gut. Das im Folgenden dargestellte idealtypische Phasenmodell ei-

---

29 Stangl 1997.

nes Forschungsprozesses zeigt einzelne aufeinander bezogene oder aufbauende Phasen und benennt stichwortartig dazu die Aufgaben und Schritte einer Operationalisierung. Das Modell nimmt in fünf Phasen Bezug auf Ansatz und Schritte im Rahmen qualitativer Forschungsprozesse.

Dieses Modell der Phasen in einem Projekt zugrunde zu legen und konkret auszuarbeiten, unterstützt die Selbstvergewisserung und ist hilfreich für eine fortlaufende Dokumentation des Forschungsprozesses. In der Forschungspraxis können die fünf aufgeführten Phasen mit ihren Schritten nicht als unbedingte Chronologie verstanden werden. Die Phasen können durchaus Verschiebungen, begründete Überlappungen oder auch Parallelisierungen erfahren. Folgt man dem theoretischen Modell der Grounded Theory, ist die Haltung eines ständigen Vergleichens von Annahmen, Daten und Erkenntnissen während der ersten Analyse und der Erhebung bereits ein fester Bestandteil einer Theorieentwicklung.[30] Dies kann entsprechende Veränderungen im laufenden Prozess der Erhebung nach sich ziehen. Andererseits machen es die externen Bedingungen im Feld mitunter notwendig, einen Schritt vorzuziehen oder zu einem späteren Zeitpunkt nachzuholen.

Forschung soll sequenziell sein, aber gleichzeitig ganzheitlich und flexibel. Man muss immer alle Phasen im Blick haben, um flexibel Änderungen vornehmen können bzw. zwischen den Phasen vor- und zurückspringen zu können, um notwendige Anpassungen vorzunehmen. Die grundlegende Forschungslogik des Projekts und einzelner Schritte muss im Blick sein und darf unter Änderungen nicht leiden oder aufgehoben werden. Anpassungen und Veränderungen entsprechen der normalen Praxis angewandter Forschung.

Phase	Operationalisierung, Schritte und Inhalte
Phase 1: Einführung in Forschungsinteresse und Feld	Forschungsinteresse und Verständnis klären (Lehr- oder Auftragsforschung, Rollen der Beteiligten etc.), Forschungsteam, Problem und Gegenstand klären und analysieren, Recherche, um relevante Informationen zu sammeln, Forschungsstand mit Quellensuche, Klären und Beschreiben zentraler Konstrukte, theoretische Hintergründe beleuchten, „reales (Verwertungs-) Interesse" diskutieren; Feldzugang und Ressourcen klären; Exkursion ins Feld, z.B. durch (Einrichtungs-)Besuch, Gerichtsverhandlung; (Fach-)Referent/in im Seminar, (Selbst-)Exploration, z.B. als Tagebuch zum Thema Filmrezeption selbst führen.

---

30 Vl.Przyborski/Wohlrab-Saar 2010, 198 ff.

Phase 2: Forschungsprozess, Design und Methodenwahl	Forschungsfrage(n) formulieren, evtl. Hypothesen als „a-priori-Thesen" entwickeln, um (eigene) Annahmen offenzulegen; Bedeutungen qualitativer/quantitativer Forschung klären, Forschungsdesign entwerfen und erstellen (mit Zeitleiste, Ressourcen, Gruppe der Befragten etc.), Instrumentenentwicklung u.a. Leitfaden, Kurzfragebogen, mögliche Probleme ansprechen und ggf. klären, Feldzugang klären bzw. schaffen, Auswahl der Interviewpartner/innen.
Phase 3: Datenerhebung Dokumentation und Aufbereitung	Kompetenzen im Team fördern, u.a. Gesprächsführung, Interviewer-Vorbereitung, Gewinnung der Interviewpartner/innen; Termine für Interviews organisieren und durchführen; dokumentieren mit Transkriptionen und Postskripts; Einführung in Auswertungstechnik: Kategorienbildung (Codes) und Codierung z.B. mit MAX QDA; einlesen und codieren der Daten.
Phase 4: Datenauswertung	Bedeutung (qualitativer) Daten klar machen, Techniken interpretativer Umgangsweise mit Daten wählen, Standards der Auswertung im Projekt vereinbaren, z.B. Reduktion und Paraphrasierung nach Mayring. Oder: Modell und Bedeutung von Ankerzitaten, Reduzierung und Ergebnisthesen formulieren, Zusammenfassung zu einer Kategorie erstellen.
Phase 5: Berichtserstellung	Aufbereitung von Dokumentationen aus vorherigen Phasen, angemessene Formulierung von Ergebnissen (Form, Sprache, etc.), Vorstellung und kritische Diskussion der Ergebnisse in der Projektgruppe, Rückbezug zur Forschungsfrage(n), Thesen und dem Forschungsstand herstellen; Belastbarkeit der Ergebnisse unter den Bedingungen kommentieren; Fazit, weiterführende und offene Fragen benennen.

Tab. 6: Idealtypisches sequenzielles Phasenmodell eines Forschungsprozesses (hier qualitativ ausgerichtet)

Wenn eine Forschungsfrage im Diskurs des Teams klar formuliert und die empirischen Methoden im Design angemessen dazu gewählt sind, sollte dies mit dem Auftraggeber zurückgekoppelt werden. Dies kann eher allgemein und grundsätzlich geschehen oder bis auf die Detailebene der Wahl von Methoden und Formulierung einzelner Fragen reichen. Hier kann der Arbeitsstil deutlich werden und ein gegenseitiges Vertrauensverhältnis und Akzeptanz können wachsen. Ist dies für beide Seiten befriedigend geklärt, kann die Instrumentenentwicklung beginnen. Der Feldzugang mit der Suche nach Terminen und der Organisation von Interviewpartner/innen oder einer Gruppen für eine Gruppendiskussion stellt einen weiteren Schritt in der Umsetzung dar. Die empirischen Daten werden mittels der Instrumente erhoben, im Einzelnen schriftlich dokumentiert und für eine Auswertung vorbereitet.

1.3 Fragen zur Selbstkontrolle

1) Klären Sie allgemein, was ein Forschungs- oder Evaluationsauftrag enthalten soll. Gehen Sie an einem Beispiel auf Kriterien von Zielbestimmung, Interesse sowie Frage, These, Ressourcen und Projektphasen näher ein.

2) Entwickeln und beschreiben Sie ein Forschungsdesign zu a) einer Selbst- oder b) einer Fremdevaluation. Gehen Sie am Beispiel näher auf Ziel, Frage, Methoden und Meilenstein-Plan ein. Etwa: Wie kann sich eine Kurs- oder Seminar-Gruppe selbst evaluieren?

3) Entwickeln und beschreiben Sie ein Evaluationsdesign mit Frage, Zielen, empirischen Methoden und Kriterien, um ein sog. Vor-Ort-Konzept Sozialer Arbeit zu evaluieren. Wählen Sie ein Vor-Ort-Konzept dazu, etwa aus ihrer beruflichen Praxiserfahrung aus, um es zu evaluieren. Begründen Sie ihren Ansatz und das Vorgehen.

4) Entwickeln und beschreiben Sie ein Forschungsdesign mit einer Forschungsfrage und dem empirischen Vorgehen (Methoden) für die Evaluation eines Medienprodukts sowie seiner Nutzung durch eine soziale Gruppe bzw. Adressat/innen, z.B. bezogen auf einen Film, ein Computerspiel, ein Online-Angebot.

5) Erklären Sie, was unter dem Ansatz der Aktions- oder Handlungsforschung im Sinne von Fried/Roux (2009) und nach Wellenreuther (2000) zu verstehen ist.

6) Welcher Evaluations- oder Forschungsansatz mit welcher Rollenzuschreibung für das Forscherteam wird in Projekt X deutlich (vgl. Anlage)? Beschreiben Sie die gewählte Methode und analysieren Sie den Begründungszusammenhang mit dem Forschungsinteresse.

7) Was bedeutet es, ein Evaluations-Projekt mit dem Ansatz einer partizipativen Forschung zu realisieren? Beschreiben Sie eine Umsetzung am Beispiel.

8) Nennen und erklären Sie allgemein die wissenschaftlichen Gütekriterien empirischer Forschung.

9) Nennen Sie Kennzeichen einerseits des qualitativen bzw. andererseits des quantitativen Forschungsansatzes. Gehen Sie auf typische Unterschiede ein,

auch als typische Chancen und Grenzen hinsichtlich der zu erwartenden Ergebnisse.

10) Beschreiben Sie wesentliche Phasen eines Forschungsprozesses und ordnen Sie die Inhalte einzelnen Phasen zu.

11) Reflexion und (selbst-)kritische Einordnung der Ergebnisse:
   a) Worin können wesentliche Ergebnisse eines Forschungsprojekts bestehen?
   b) Woran lassen sich Ergebnisse abschließend einordnen, messen und diskutieren?

12) Reflexiv-kritische Diskussion einer Evaluation X als Auftragsforschung:
   a) Entwicklung der Fragestellung und des Designs,
   b) Bedeutung professioneller Standards,
   c) ökonomische Faktoren und Abhängigkeiten,
   d) Rolle des forschenden Teams,
   e) Umgang seitens des Auftraggebers mit kritisch-unangenehmen Ergebnissen,
   f) Veröffentlichung von Ergebnissen.

13) Wann sollten a-priori-Hypothesen für ein Forschungsprojekt unbedingt formuliert werden und warum?

14) Gehen Sie allgemein auf Kriterien zur Formulierung einer wissenschaftlichen Hypothese ein. Formulieren und diskutieren Sie drei gelungene Beispiele.

15) Folgende Aussagen sind Hypothesen. Differenzieren Sie zunächst begründet an den einzelnen Thesen, ob es sich um eine wissenschaftlich formulierte und damit überprüfbare Hypothese handelt. Wählen Sie dann drei Thesen aus und schlagen Sie geeignete qualitative oder quantitative Methoden vor, um diese zu prüfen.
   a) Frauen sind empathischer als Männer.
   b) Urlaub gilt vielen als die wichtigste Zeit des Jahres.
   c) In didaktischen Prozessen sind die angewendeten Methoden, die Person des Pädagogen und der Inhalt gleichermaßen bedeutsam.
   d) Menschen mit Migrationshintergrund sind in Deutschland schlechter gebildet als der Rest der Bevölkerung.
   e) Schlechte Nachrichten sind gute Nachrichten.
   f) Jungen und junge Männer sind in ihrer Rolle stark verunsichert.

g) In der Kinder- und Jugendhilfe arbeiten deutlich weniger Männer als Frauen.
h) Es geht einem im Leben nie mehr so gut wie im Studium.
i) Türkische Mädchen heiraten früher.
j) Hartz IV-Empfänger wollen sich nicht ändern.

16) Modellhafte Entwicklung eines Auftrags und Evaluationsdesigns
Auftrags- und Zielbeschreibung: Eine praxisnahe Ausgangssituation einer Frage oder Einrichtung soll entwickelt und beschrieben werden. Es gilt dazu einen Auftrag für die wissenschaftliche Begleitung oder Evaluation einer sozialpädagogischen Maßnahme exemplarisch zu formulieren.
Arbeitsauftrag zur Projektevaluation: Stellen Sie sich vor, Sie arbeiten in leitender Position in einer Non-profit-Organisation. Ihre Einrichtung oder der Träger möchte eine sozialpädagogische Maßnahme, ein Handlungskonzept oder das Programm XY wissenschaftlich begleiten und evaluieren lassen. Beschreiben sie XY mit Merkmalen wie Handlungsfeld (gesetzliche Grundlage), die Adressat/innen, die Ziele, zeitliche Rahmenbedingungen, das Profil des Personals (Stellenschlüssel, berufliche Qualifikationen und Anzahl). Formulieren Sie dazu den Evaluationsbedarf und den Auftrag zur wissenschaftlichen Begleitung, der sich an ein wissenschaftliches Institut richtet.

B. Quantitativ orientierte Datenerhebung und -auswertung

2. Umgang mit Daten in der sozialpädagogischen Praxis

In welcher Form spielen im sozialpädagogischen und sozialarbeiterischen Handlungsfeld die Auswertung von Daten und ein Verständnis für statistische Analysen eine Rolle? Weit verbreitete Annahmen und Vorurteile erschweren möglicherweise einen offenen Blick auf die potentiellen Hilfen und Chancen. Unter zweierlei Aspekten sind Daten und Statistik für Studierende oder Praktiker/innen in der Sozialen Arbeit bedeutsam: aus Sicht eines/einer Produzent/in, der/die selbst Daten erhebt, auswertet und weitergibt, oder als Konsument/in, der/die Ergebnisse zur Kenntnis nimmt und sich im fachlichen Alltagsgeschehen damit auseinandersetzt.

Gehen wir zunächst vom zweiten Blickwinkel aus. Die Auseinandersetzung mit sozialwissenschaftlichen empirischen Ergebnissen dient dazu, die praktische Arbeit zu überprüfen, zu vergleichen und gegebenenfalls neu auszurichten. Anhand von Jugendstudien lassen sich beispielsweise veränderte Einstellungen und Handlungsmuster von Jugendlichen aufzeigen und so die Förderangebote der Jugendhilfe überprüfen und besser auf die Zielgruppe abstimmen. Auch empirische Ergebnisse der amtlichen Statistiken lassen sich gewinnbringend für alle Betroffenen verwerten, etwa wenn die Ergebnisse einer Fallerfassung einer Institution mit der Zielsetzung ausgewertet werden, typische Karrieren von straffälligen Jugendlichen zu verfolgen. Wissenschaftliche Forschungsarbeiten können herangezogen werden, um sich mit dem (zukünftigen) Arbeitsfeld zu befassen. Je nach fachlichem Wissen und persönlicher Einstellung gibt es drei Möglichkeiten, mit solchen Daten und Ergebnissen umzugehen:

1) Bedingungslose naive Akzeptanz: Sie „schlucken" jede Interpretation von Zahlen und nehmen an, dass deren Produzent/innen schon alles richtig gemacht haben.
2) Grundsätzliche Abwehrhaltung: Sie agieren nach der vielzitierten Maxime „Trau keiner Statistik, die du nicht selbst gefälscht hast" und lehnen die Beschäftigung mit den Ergebnissen weitgehend ab.
3) Kritische Auseinandersetzung: Sie setzen sich kritisch mit den Ergebnissen auseinander, d.h. Sie hinterfragen den Weg, wie diese entstanden sind, und die Interpretation der Daten und bilden sich eine eigene Meinung über Qualität und Interpretation der Ergebnisse.

Je nach Bedeutung, zeitlichem Rahmen, persönlicher Einstellung und fachlichem Verständnis wird die Entscheidung unterschiedlich ausfallen. Sollten Sie sich für die kritische Auseinandersetzung entscheiden, bietet Ihnen dieses Buch eine gegliederte Hilfestellung, um zu einer angemessenen Bewertung von Daten zu kommen. Wenn Sie sich selbst die Informationsquellen des Ihnen vorliegenden Materials erschließen wollen, bekommen Sie eine praxisnahe Anleitung, wie Sie schrittweise von einer Datenquelle über die Aufbereitung der Daten bis zur statistischen Analyse und Auswertung von Ergebnissen vorgehen können.

Die aktivere Rolle der Produzent/innen von Daten, die beispielsweise ein Berichtswesen aufbauen, Evaluation und Controlling oder Jugendhilfe- und Sozialplanung betreiben, hat sich in den letzten Jahren verstärkt zu festen Positionen sozialpädagogischer Tätigkeit entwickelt. Für (zukünftige) Produzent/innen von Ergebnissen auf Basis statistischer Auswertungen ist es unentbehrlich, sich mit den Grundregeln und Standards statistischer Analysen zu beschäftigen. Zunächst sollen wesentliche Datenquellen der sozialarbeiterischen Praxis dargestellt werden. Daten, die auszuwerten und zu interpretieren sind, entstehen u.a. aus Befragungen und eigenständigen Erhebungen. Neben diesen werden Daten der amtlichen Statistik herangezogen oder es bestehen Berichtswesen oder Fallerfassungssysteme. Ferner ist es möglich, dass sog. prozessproduzierte Daten analysiert werden können. Diese Datenquellen stehen in unterschiedlicher Weise zur Verfügung, in der Regel auch als Datensätze, die nur noch aufbereitet werden müssen, um eine statistische Auswertung zu ermöglichen. Nicht selten werden aber auch Daten, die noch in „ganz rohem" Zustand, etwa als Akten, zur Verfügung stehen, zur Grundlage. Diese müssen dann erst systematisch EDV-technisch vor- und aufbereitet werden, um eine Analyse mit einem Statistikprogramm zu ermöglichen.

2.1 Amtliche Statistiken

Von Kommunen, Landes- und Bundesbehörden werden in allen sozialstaatlichen Leistungsbereichen für die gewährten Leistungen mindestens jährliche Statistiken erhoben und fortgeschrieben. Jede dieser amtlichen Statistiken basiert dabei auf einer entsprechenden gesetzlichen Grundlage. Die Ergebnisse werden von Behörden, Ministerien und den Statistischen Landesämtern sowie dem Statistischen Bundesamt veröffentlicht. Die Veröffentlichungsformen sind neben Berichten, die wesentliche Entwicklungstrends kommentieren, vor allem sog. Tabellenbände und Statistische Berichte. In diesen Zahlenwerken können die Ergebnisse für einzelne Leistungen und Leistungsbereiche bezogen auf Merkmale wie Länder, Regionen oder Kommunen nachgelesen und selbst weiter verarbeitet werden. Die Berichte und Tabellen folgen dabei jeweils einem standardisierten Aufbau.

Diese in Tabellenform aufbereiteten Daten liegen in der Regel als sog. Tabellenbände vor, die bei den Behörden bestellt werden können. Immer stärker setzt sich allerdings auch hier das Internet als Informationsmedium durch. Auf verschiedenen Webseiten von Behörden und Statistischen Ämtern können Statistiken bestellt werden oder direkt heruntergeladen werden. Das Statistische Bundesamt stellt beispielsweise umfangreiche Daten zu verschiedenen Themenbereichen im Excel-Format zur Verfügung. Im Internet finden Sie das Statistische Bundesamt unter http://www.destatis.de, und hier insbesondere die Seiten Genesis-Online und die Regionaldatenbanken. Dies sind Plattformen, auf denen sich die Nutzer/innen selbst Tabellen zusammenstellen können. Für sozialpädagogische Arbeitsbereiche sind die Bundesministerien wichtige Quellen, unter anderem das Bundesministerium für Familie, Senioren, Frauen und Jugend (http://www.bmfsfj.de) und das Bundesministerium für Arbeit und Soziales (http://www.bmas.bund.de).

Wenn solche Ergebnisse herangezogen werden, sind das keine sog. Roh- oder Originaldaten, sondern Daten, die in aggregierter Form vorliegen. Das bedeutet, es sind keine Daten von Einzelfällen, sondern Ergebnisse, die nach bestimmten Merkmalen zusammengefasst sind, z.B. die Anzahl der Empfänger/innen von Hilfen zur Pflege, aufgegliedert nach bestimmten Merkmalen für einzelne Kommunen. Damit lassen sich beispielsweise das Aufkommen und die Struktur der Hilfeempfänger/innen zwischen den einzelnen Kommunen oder Ländern vergleichen. Die Daten sind damit auf die Kommunen aggregiert. Ein Beispiel für Tabellen der amtlichen Statistik ist in Abbildung 1 dargestellt. Abbildung 2 zeigt ergänzend die Startseite der Plattform GENESIS-Online, die es ermöglicht, gezielt thematische Tabellen zusammenzustellen. Auch hier wird ein Beispiel für die Kinder- und Jugendhilfe dargestellt. Nutzt man die Regionaldatenbank, dann lassen sich Ergebnisse bis auf Ebene der Kreise und kreisfreien Städte darstellen.

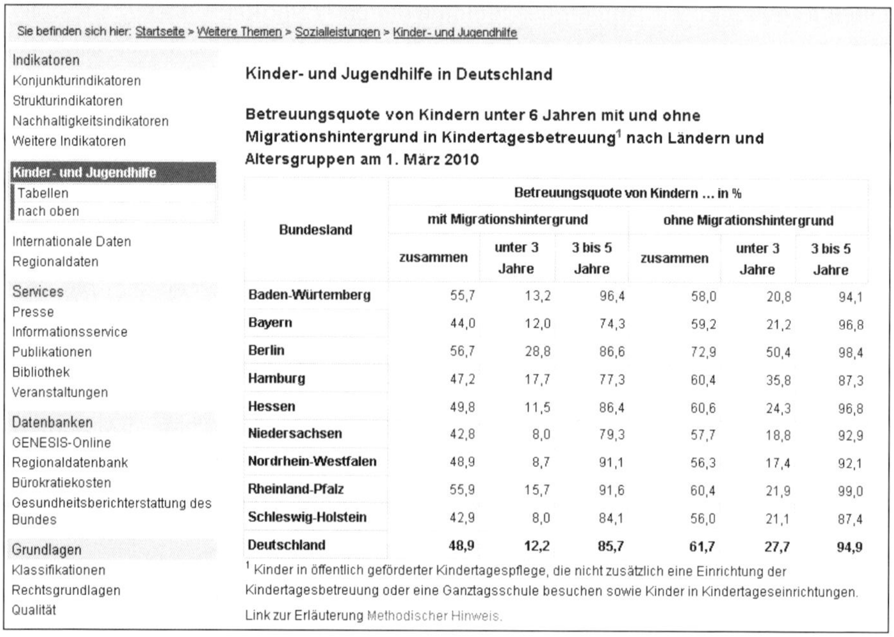

2. Umgang mit Daten in der sozialpädagogischen Praxis

(Quelle: Statistisches Bundesamt)
Abb. 1: Beispiel Amtliche Statistik I: Kinder und Jugendhilfe. Information über das Statistische Bundesamt

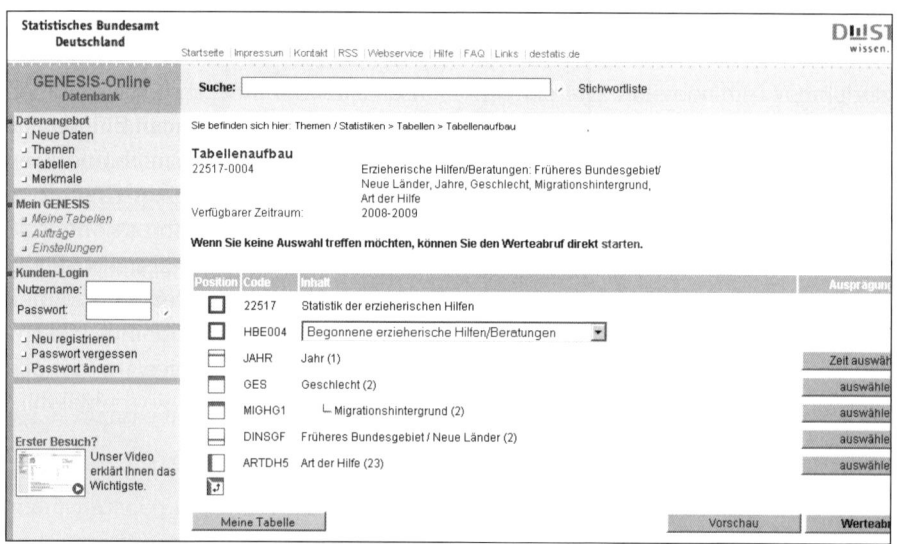

(Quelle: Statistisches Bundesamt)
Abb. 2: Beispiel Amtliche Statistik II: Kinder und Jugendhilfe in der Genesis-Datenbank

Besonders erwähnenswert ist zusätzlich der Mikrozensus. Er ist zwar eine Befragung, zählt aber auch zur amtlichen Statistik. Der Mikrozensus beruht auf einer 1 %-Bevölkerungsstichprobe, die bereits seit 1957 – und in der vorliegenden Form jährlich seit 1972 – erhoben wird. Für den Mikrozensus besteht als kleine Volkszählung Auskunftspflicht zu bestimmten Fragen. Dies ist in einem eigenen Gesetz geregelt (Gesetz zur Durchführung einer Repräsentativstatistik über die Bevölkerung und den Arbeitsmarkt sowie die Wohnsituation der Haushalte – Mikrozensusgesetz). Dort heißt es in § 1:

> „(1) Über die Bevölkerung und den Arbeitsmarkt sowie die Wohnsituation der Haushalte werden in den Jahren 2005 bis 2012 Erhebungen auf repräsentativer Grundlage (Mikrozensus) als Bundesstatistik durchgeführt.
> (2) Zweck des Mikrozensus ist es, statistische Angaben in tiefer fachlicher Gliederung über die Bevölkerungsstruktur, die wirtschaftliche und soziale Lage der Bevölkerung, der Familien und der Haushalte, den Arbeitsmarkt, die berufliche Gliederung und die Ausbildung der Erwerbsbevölkerung sowie die Wohnverhältnisse bereitzustellen."

Auch die Stichprobenziehung, die Erhebungseinheiten und -merkmale sowie die Periodizität der Untersuchung und die zu erhebenden Merkmale sind im Gesetz festgeschrieben. Der Mikrozensus ist nicht nur wegen seiner Datenfülle von Bedeutung. Aufgrund der Größe der Stichprobe ist es seit geraumer Zeit auch möglich, Daten auf regionaler Ebene auszuwerten, bei großen Kommunen auch auf kommunaler Ebene.

In einer Kommune oder einer Behörde können auch die dort erhobenen amtlichen Daten selbst ausgewertet werden. In diesem Fall geht es nicht um in Berichtsform aufgearbeitete Daten, sondern um eine Auswertung von Originaldaten; im Regelfall sind das Einzelfalldatensätze oder -informationen. Das bedeutet, jedes Erhebungselement, z.B. jeder Sozialhilfeempfänger, bildet einen Fall. Diese Daten liegen als EDV-Datensätze oder als Erhebungsbögen vor, die an die Statistischen Ämter weitergeleitet werden. Hier lassen sich einige amtliche Statistiken benennen, die im sozialen Arbeitsbereich erhoben werden und insbesondere auch eine Rolle in der Jugendhilfe- und Sozialplanung spielen:

- Jugendhilfestatistik,
- Sozialhilfestatistik,
- Bundespflegestatistik,
- Bevölkerungsstatistik,

- Wohngeldstatistik,
- Arbeitsmarktstatistik der Bundesagentur für Arbeit,
- Statistik über die Grundsicherung im Alter und bei Erwerbsminderung.

2.2 Das Datenangebot der Forschungsdatenzentren

Diese Statistiken sind für die Arbeit auf lokaler Ebene ebenso von Bedeutung wie für überregionale Handlungsfelder. Problematisch kann es sein, an Daten auf kleinräumiger regionaler Ebene zu gelangen. Wenn ein direkter Zugriff auf die Ursprungsdaten möglich ist, z.B. die Auswertung der Daten zur Sozialhilfe und zum Bezug von Arbeitslosengeld II, dann ist es möglich, diese Daten ähnlich wie eine Befragung für ein Statistikprogramm nutzbar zu machen. Ein weiteres Problem, das sich stellen kann, ist das der Angemessenheit der erhobenen statistischen Daten für die eigene Auswertungsfrage. Nehmen wir beispielsweise die Kinder- und Jugendhilfestatistik: Sie zählt in der Regel abgeschlossene oder laufende Fälle und stellt damit eine Fallstatistik dar. Es ist nicht möglich herauszubekommen, wie viele Personen tatsächlich die Hilfe erhalten haben. Dies wäre nur möglich mit einer anderen Art der Erhebung, einer Personenstatistik. Für diesen „Knackpunkt" gibt es einige Beispiele, unter anderem auch die Rentenstatistiken. Außerdem liefern Tabellen ein begrenztes Auswertungsspektrum, obwohl deutlich mehr Inhalte erfasst werden.

Eine Möglichkeit, an Daten der amtlichen Statistik heranzukommen, ist das Angebot der öffentlichen Forschungsdatenzentren, die seit einigen Jahren existieren. Sie bieten die Möglichkeit, an Daten direkt zu gelangen und diese auszuwerten. Daneben gibt es weitere Forschungsdaten- und Datenservicezentren der Wissenschaft. Erreichbar ist das Angebot der Forschungsdatenzentren über den Rat für Sozial und Wirtschaftsdaten (www.ratswd.de). Seitens der amtlichen Statistik werden Forschungsdatenzentren vom Statistischen Bundesamt, der Bundesagentur für Arbeit und der Deutschen Rentenversicherung vorgehalten.

2.3 Berichtswesen, Fallerfassung und prozessproduzierte Daten

Eine weitere Datenquelle im sozialpädagogischen Arbeitsbereich bilden sog. prozessproduzierte Daten. Dabei handelt es sich um Daten, die z.B. im Geschäftsgang bzw. im Verwaltungsablauf oder der Fallbearbeitung anfallen und zur Auswertung genutzt werden können.

Diese Informationen liegen je nach Arbeitsbereich bereits in EDV-Form oder in Papierform vor, beispielsweise als Standardformular für einen Hilfeplan. Ein Beispiel für EDV-technisch vorliegende Daten sind die Rentenversicherungskonten, die für jede Person, für die einmal Rentenbeiträge gezahlt wurde, Informationen zur Leistungshöhe und zu soziodemografischen Merkmalen beinhalten. Ein anderes Beispiel sind die Daten, die im Verfahren der Sozialhilfegewährung erhoben werden. Auch diese können über die Sozialhilfestatistik hinausgehend ausgewertet werden.

Wie bereits angesprochen, fallen aber auch nutzbare Datenquellen an, die noch nicht für die EDV-gestützte Analyse aufbereitet sind. Ein Beispiel im sozialen Arbeitsbereich sind die Hilfepläne für die Hilfen zur Erziehung, die vom Jugendamt gewährt werden. Sie erfassen in mehr oder weniger standardisierter Form Angaben zu den Hilfebeziehenden, ihrem sozialen Umfeld und der Hilfeindikation. Auch solche Daten sind für Studien, z.B. zur Evaluation oder Dokumentation, von großem Nutzen.

In vielen sozialen Arbeitsbereichen und Einrichtungen kommen seit einigen Jahren die Methoden des sog. „Neuen Steuerungsmodells" oder Elemente aus diesem Ansatz der Verwaltungsorganisation zum Einsatz. In diesem Kontext werden Leistungsziele entwickelt, Produkte beschrieben und Controllingverfahren eingeführt. In diesem Zusammenhang spielen auch die Fallerfassung oder das Berichtswesen eine wichtige Rolle. In sozialen Einrichtungen bedeutet dies, dass Dokumentationsmodelle entwickelt werden, von denen man sich verspricht, dass sie festhalten, welche Leistungen erbracht werden, wie sich der Fallverlauf gestaltet und natürlich welche personellen und finanziellen Ressourcen damit belastet werden. Es fällt eine große Menge differenzierter Daten an, die ausgewertet werden müssen. Auch in diesem Zusammenhang ist es notwendig, über die EDV-gestützte Datenanalyse im Bilde zu sein. Nur dann ist es auch möglich, sich im Voraus nicht nur über die zu erhebenden Inhalte im Klaren zu sein, sondern auch einkalkulieren zu können, in welcher Form die Daten am besten erfasst werden können, um sinnvoll auswertbare Datensätze zu erhalten.

2.4 Durchführung von Erhebungen und Sekundäranalysen

Sozialarbeiter/innen und Sozialwissenschaftler/innen, die in planender Funktion tätig sind, z.B. in der Sozialplanung, werden trotz der Verfügbarkeit amtlicher Zahlen und anderer Datenquellen auch eigene Erhebungen durchführen oder Daten aus bundesweiten zugänglichen Erhebungen zu bestimmten Fragestellungen nutzen. Hier lassen sich einige Themen und Fragestellungen benennen, die als beispielhaft für den sozialen Arbeitsbereich gelten können. Die Jugendbefragung stellt ein hervorragendes Instrument der Betroffenenbeteiligung in der Jugendhilfeplanung dar. Entsprechend spielt die Seniorenbefragung in der Altenhilfeplanung und der Pflegebedarfsermittlung eine wichtige Rolle, um die Interessen der Betroffenen frühzeitig in eine Planung zu integrieren. Ferner ist die Klientenbefragung zu nennen, etwa als Element der Qualitätssicherung im Rahmen von Organisationsuntersuchungen von Einrichtungen. Institutionenbefragungen spielen ebenfalls eine Rolle und sind als Element der Bestandserhebung, die im Rahmen der Jugendhilfeplanung durchgeführt wird, relevant.

Für eine Fülle an sozialwissenschaftlichen Fragestellungen existieren zudem etablierte Untersuchungen, deren Daten bezogen und ausgewertet können. Man muss für besondere Untersuchungsziele nicht immer eine eigene Erhebung durchführen. Solche Datensätze liefert zum Beispiel der ALLBUS, der auch für unsere Beispiele genutzt wird. Er dient dazu, die Entwicklung der Sozialstruktur und gesellschaftlich relevanter Einstellungen und Verhaltensweisen der Bevölkerung in Deutschland zu untersuchen. Ein anderes Beispiel ist das sozioökonomische Panel (SOEP). Dies ist eine seit 1984 jährliche Wiederholungsbefragung von Deutschen, Ausländer/innen und Zugewanderten in den alten und neuen Bundesländern. Themenschwerpunkte sind unter anderem Haushaltszusammensetzung, Erwerbs- und Familienbiografie, Erwerbsbeteiligung und berufliche Mobilität, Einkommensverläufe, Gesundheit und Lebenszufriedenheit. Auch der SOEP-Datensatz wird universitären Forschungseinrichtungen im In- und Ausland für Forschung und Lehre in den Formaten SPSS, SAS, TDA, STATA und ASCII weitergegeben.

Im folgenden Kapitel wird die repräsentative Befragung als Methode zur Erhebung von Daten eingehender vorgestellt, zentrale Aspekte werden beleuchtet, die es zu beachten gilt, wenn eine eigene Befragung durchgeführt werden soll.

3. Die repräsentative Befragung

Die Befragung hat als Methode eine hohe Bedeutung in der empirischen Sozialforschung. Grundsätzlich wird unterschieden zwischen standardisierten, teilstandardisierten und nicht standardisierten Methoden der Befragung. In der quantitativ orientierten Sozialforschung nimmt dabei die Methode des standardisierten Interviews im Rahmen einer repräsentativen Befragung die zentrale Rolle ein. Die EDV-gestützte Datenerhebung und -analyse bringt entscheidende Vorteile für eine fundierte Entscheidungsfindung mit sich. Dies führt dazu, dass schneller und häufiger auf Studien zurückgegriffen wird, die auf Umfragen basieren.

Der Umgang mit Daten und die angemessene Interpretation setzen voraus, dass die Regeln und Probleme sozialwissenschaftlicher Erhebungen vertraut sind. Die Auffassung von Porst, dass Anwender/innen von erhobenen Daten, auf deren Zustandekommen sie keinen Einfluss haben, sich für die Probleme der Vorbereitung und Durchführung der Datenerhebung und ihre Kritikfähigkeit sowie ihre Kritikbereitschaft gegenüber den Daten sensibilisieren müssen, hat in diesem Zusammenhang mehr denn je Gültigkeit.[31]

Unser Augenmerk soll der standardisierten Befragung gelten, der in Bezug auf die EDV-gestützte Analyse besondere Bedeutung zukommt. Die standardisierte Befragung mittels eines Fragebogens wird vorrangig mit sog. geschlossenen Fragen durchgeführt. Unter einer geschlossenen Frage versteht man die Vorgabe von Antwortkategorien, unter denen die Befragten wählen können. Sie ist in der Regel das genutzte Erhebungsinstrument, wenn es zum Einsatz sog. quantitativ angelegter Untersuchungen kommt. Bei der quantitativen Studie liegt das Interesse nicht im Einzelfall, sondern darin, verallgemeinerbare Aussagen, z.B. über bestimmte Gruppen und Zusammenhänge, treffen zu können. Hierzu ist es je nach Forschungsfrage in der Regel notwendig, eine Grundgesamtheit zu definieren und eine Zufallsstichprobe zu ermitteln, die ein verkleinertes Abbild dieser Grundgesamtheit darstellt und somit Ergebnisse liefert, die als repräsentativ, also als aussagekräftig für die Grundgesamtheit, angesehen werden. Die Begriffe Grundgesamtheit, Repräsentativität und statistische Signifikanz werden weiter unten noch ausführlich besprochen.

Damit eine Untersuchung den Regeln der Kunst entspricht, gibt es einige elementare Kriterien, anhand derer die Güte der Untersuchung beurteilt wird. Untersuchungsdesign und Methodik der Datenerhebung sowie der -auswertung

---
31 Vgl. Porst 1985, 37.

werden nach diesen Kriterien beurteilt. Im Folgenden soll in einem kurzen Abriss auf die grundlegenden Standards einer Untersuchung eingegangen werden.

3.1 Zentrale Befragungsformen

Die Methoden zur Durchführung einer standardisierten Befragung lassen sich nach der jeweiligen Vorgehensweise bei der Erhebung unterscheiden. Im Wesentlichen kann man vier Formen differenzieren:

- das persönliche mündliche Interview,
- das Telefoninterview,
- die postalische bzw. schriftliche Befragung,
- die Online-Befragung.

Mit dem Vorgehen und der unterschiedlichen Form sind jeweils spezifische Vor- und Nachteile verknüpft, die je nach Einsatzbereich, Untersuchungsinteresse, Zeitrahmen und zur Verfügung stehenden Mitteln abzuwägen sind.

3.1.1 Die persönlich-mündliche Befragung

In der persönlich-mündlichen Befragung wird die Befragungsperson von einem/einer Interviewer/in aufgesucht. Dies geschieht in der Regel nach einer schriftlichen Vorinformation, die den Zweck der Erhebung und den Aufwand für das Interview offenlegt. Nicht selten wird den Befragten auch ein Geld- oder Sachwert als Anreiz für das Interview geboten. Die Interviewsituation ermöglicht es, einen Fragebogen zu konstruieren, der detailliert zahlreiche spezifische Varianten der Frageführung und des Frageinhaltes aufweisen kann, je nach bestimmten Personengruppen oder geäußerten Antworten. Es ist damit möglich, zahlreiche Filterfragen in das Erhebungsinstrument einzubauen und in der Präsentation der Fragen zu variieren (z.B. Kärtchen vorlegen etc.).

Die Interviewer/innen müssen für diesen Zweck eigens geschult werden. Von Vorteil bei Einsatz von geschulten Interviewer/innen ist die Kontrolle über die soziale Situation des Interviews. Man kann dokumentieren, ob die Befragung in Ruhe und ohne die Gegenwart weiterer Personen oder Störeinflüsse durchgeführt wurde. Bis zu einem gewissen Grad kann dies auch durch die Interviewer/innen gewährleistet werden. Ein Nachteil dieser Befragungsform ist der mögliche Einfluss der Interviewer/innen auf die Befragungspersonen. Soziale Erwünschtheit (siehe

Fragetypen) oder bestimmte Antworten können durch die Interviewsituation beeinflusst werden.

Aus ökonomischer Sicht ist diese Form der Erhebung die teuerste. Neben Portokosten für die Vorinformation fallen Interviewerschulung, Interviewerhonorare, Fahrtkosten und Honorare oder kleine Sachgeschenke für die Befragungspersonen an. Wenn kein Fragebogen gedruckt werden soll, müssen alle Interviewer/innen mit einem Laptop ausgerüstet werden, der den Fragebogen EDV-technisch aufbereitet enthält. Die Ausschöpfung, also die Quote der durchgeführten zu den geplanten Interviews, ist in der Regel höher als bei schriftlichen und niedriger als bei telefonischen Befragungen. Allerdings hängt die Wahl der Erhebungsform immer stark von der Zielgruppe und der Fragestellung ab.

3.1.2 Die telefonische Befragung

Die telefonische Befragung ist auch eine Form der mündlichen Befragung. Der Grundgedanke war, dass man lange davon ausgehen konnte, dass nahezu jeder Haushalt über einen Festnetzanschluss verfügt. Unter dieser Prämisse eignen sich Telefonbefragungen für repräsentative Bevölkerungsumfragen. Allerdings sind durch das Gesprächsmedium gewisse Grenzen gesetzt. Die Befragungsdauer muss im Vergleich zum persönlich mündlichen Interview reduziert werden. Die Frageformulierung muss so kurz und prägnant sein, dass die Befragungsperson in der Lage ist, die Frage zu erfassen, ohne diese nachlesen zu können. Auch die Antwortvorgaben müssen mündlich übermittelt werden, woraus sich dasselbe Problem ergibt. Dies belastet die Konzentration der Interviewperson stark.

Die Stärke der telefonischen Befragung liegt vor allem in der Kürze der Zeit, in der Erhebungen durchgeführt werden können. Ein weiterer Vorteil gegenüber dem persönlich-mündlich geführten Interview sind die Kosten. So entfallen Fahrtzeiten zu den Befragungspersonen, auch bundesweite Befragungen können von einem Ort aus durchgeführt werden. Der Druck von Fragebögen entfällt ebenfalls. Stattdessen werden die Befragungsdaten während des Interviews über eine programmierte Datenmaske bereits in eine Datenbank eingegeben und stehen direkt nach Abschluss der Erhebung zur Auswertung zur Verfügung. Besonders für kürzere Befragungen, insbesondere wenn die Ergebnisse schnell vorliegen müssen, eignet sich diese Befragungsform.

In der Markt- und Meinungsforschung hat sich deshalb die telefonische Befragung einen zentralen Stellenwert erobert. Genau darin liegt aber auch ein Problem. Die Nutzung der Telefonbefragung zur Marktforschung, unter Umständen gekoppelt mit einem Verkaufsinteresse, und telefongestützte Verkaufsstrategien haben zu einer regelrechten Übersättigung geführt. Ein weiteres Problem liegt in der Prämisse, dass jeder Haushalt einen Festnetzanschluss hat. Dies ist heutzutage nicht grundsätzlich für alle Bevölkerungsgruppen haltbar.

3.1.3 Die schriftliche Befragung

Die dritte Methode ist die schriftliche Befragung. Bei dieser Form der Datenerhebung wird den ausgewählten Personen der Fragebogen zumeist auf postalischem Weg übermittelt. Je nach Thema und Zielgruppe ist der Rücklauf verschieden. Nicht selten beträgt die Resonanz auf das erste Anschreiben 20–30 % oder gar weniger. Bei einer schriftlichen Befragung ist es deshalb notwendig, drei bis vier Befragungswellen einzuplanen, die in etwa so aussehen können: Ca. eine Woche nach der ersten Welle erfolgt eine Erinnerung an alle Personen, die den Fragebogen noch nicht zurückgeschickt haben. In der dritten und vierten Welle, die nach weiteren acht bis 14 Tagen anläuft, wird der Fragebogen einem weiteren Erinnerungsschreiben nochmals beigelegt. Bei der schriftlichen Befragung auf dem Postweg ist es von besonderer Wichtigkeit, dass der Fragebogen in einem freigemachten Rückumschlag zurückgeschickt werden kann. Durch die Erhebung in mehreren Befragungswellen wird die Ausschöpfung der Stichprobe deutlich verbessert. In der Regel kann man davon ausgehen, dass bei einer schriftlichen Befragung nur über die Erhebung in mehrmaligen Wellen eine befriedigende Ausschöpfung erzielt werden kann.

Diese Erhebungsform hat den Vorteil, dass sich der Einsatz von Interviewpersonen und damit die Kosten für deren Schulung und Feldeinsatz erübrigen. Auf der anderen Seite muss ein relativ hoher Aufwand betrieben werden, um den Rücklauf der Fragebögen zu kontrollieren und die verschiedenen Befragungswellen zu organisieren. Die Kontrolle des Rücklaufs ist nicht darauf zu beschränken, die Adressen der Rückantworter zu selektieren. Um die Repräsentativität zu prüfen, müssen mehrere Kriterien beachtet werden. Ferner muss jeder Fragebogen per Augenschein vorgeprüft werden. Damit ist ein entscheidender Nachteil der schriftlichen Befragung direkt verknüpft: Die Forschenden haben keine Kontrolle über soziale Kontexte, in denen der Bogen ausgefüllt wurde, z.B. ob die Zielperson alleine oder mit anderen Personen zusammen war. Des Weiteren knüpfen sich bestimmte Restriktionen des Erhebungsinstruments an die Erhebungsmethode. Der Fragebogen darf nicht zu lang sein, die Frageformulierungen müssen selbsterklärend und selbstinstruierend sein, da keine Person für weitere Erklärungen zur Verfügung steht. Ausgeprägte Filterfragen, die Fragebogenteile nur für bestimmte Personenkreise vorsehen, sind zu begrenzen und weniger flexibel einsetzbar.

Aus diesen Gründen ist eine postalische Befragung am problematischsten, wenn sie sich an Einzelpersonen wendet und Meinungen, Einstellungen und Verhalten erfragen will. Auch hier ist allerdings nach Zielgruppen zu unterscheiden. Eine Befragung Jugendlicher dürfte, z.B. insbesondere aufgrund der geringen Kontrolle über die Interviewsituation, problematisch sein. Hier weiß man nicht, ob der Fragebogen ernsthaft und in einem Zug allein ausgefüllt wurde oder ob nicht Eltern oder Freunde mitgewirkt haben. Im Vergleich weniger problematisch gestalten sich dagegen Institutionenbefragungen, bei denen Funktion, Arbeitsweise und Wirkungsfeld im Mittelpunkt des Interesses stehen. Als Beispiel lässt sich eine Befragung von Jugendämtern zu deren Organisation und Aufgabengestaltung benennen. Für die Auswertung fällt ähnlich wie bei der persönlich-mündlichen Befragung der Arbeitsschritt der Aufbereitung der Daten an. Die Fragebögen müssen entweder über entsprechende Programme eingescannt oder per Hand eingegeben werden.

3.1.4 Die Online-Befragung

In den vergangenen Jahren zusehends populär geworden ist die Online-Befragung. Seriös ist diese Befragungsform einsetzbar, wenn es möglich ist, alle Personen der Grundgesamtheit online zu erreichen. Es ist damit also nicht das sog. Online-Voting gemeint, bei dem auf einer Internetseite eine Frage zur Abstimmung gestellt wird. Eine seriöse Online-Befragung, die den Anforderungen der Repräsentativität gerecht wird, muss so ausgelegt sein, dass die Grundgesamtheit klar definiert ist und gewährleistet werden kann, dass jede Person, die befragt werden soll, auch online erreichbar ist. Ferner muss sichergestellt werden, dass auch bei einer Online-Befragung der Rücklauf kontrolliert werden kann, um eine Aussage über die Ausschöpfung der Erhebung machen zu können. Ein gutes Beispiel ist eine Befragung unter Studierenden, von denen jede/r einen obligatorischen Zugang zu einer online-basierten Lernplattform hat. Den Studierenden wird ein Passwort mitgeteilt und sie werden aufgefordert, sich an einer Befragung zur Studienorganisation zu beteiligen. In diesem Fall kann die Grundgesamtheit fest umrissen werden. Missbrauch ist weitgehend ausgeschlossen, da jede/r nur einmal teilnehmen kann (Passwortschutz) und gleichfalls ist eine Kontrolle des Rücklaufs und damit Aussagen zur Repräsentativität möglich.

Solche Daten haben durch ihre Erhebungsform den großen Vorteil, dass die Dateneingabe quasi an die Befragten delegiert wird. Die gespeicherten Daten können sofort ausgewertet werden. Ein Nachteil ist sicherlich, dass man nicht mit Sicherheit sagen kann, wer letztendlich die Antworten gegeben hat oder in welchem sozialen Kontext die Eingabe stattfand. Eine potenzielle Gefahr liegt auch in Datenangriffen auf die Befragungsplattform.

3.2 Eckpunkte der Entwicklung des Erhebungsinstrumentes

Allen Erhebungsmethoden, die auf einem Fragebogen beruhen, ist gemeinsam, dass große Sorgfalt auf die Entwicklung des Instrumentes gelegt werden muss, das schließlich für die Haupterhebung benutzt wird. Die Erstellung eines Fragebogens setzt voraus, dass das Erkenntnisinteresse im Grundsatz definiert ist. Jede Frage, die in den Erhebungsbogen eingebaut wird, muss sich daran messen lassen, in welchem Kontext sie zur Forschungsfrage steht, was sie zur Aufhellung beiträgt und ob sie auch das misst, was gemessen werden soll. Die Fragebogenkonstruktion kann kaum „im stillen Kämmerlein" der einzelnen Forscher/innen gelingen. Vielmehr verlangt sie die Beteiligung von mehreren Expert/innen, um Erhebungsmethodik und Forschungsgegenstand angemessen zu berücksichtigen. In diesem Kontext wird auf vorherige Erfahrungen anderer Studien im ähnlichen Feld zurückgegriffen. Methodische Studien, d.h. Studien, die die Gewinnung von Indikatoren zur Erfassung sozialen Verhaltens, von Einstellungen und Meinungen untersuchen, sind heranzuziehen. Als Beispiel sei das GESIS-Institut in Mannheim (www.gesis.org) genannt, das sich mit methodischen Studien zur Ermittlung sozialer Indikatoren befasst. Nicht selten ist es erforderlich, eigene Vorstudien zu betreiben, um mithilfe einer „explorativen Phase" einen tieferen Einblick in Forschungsgegenstand, Fragebereiche und semantische Feinheiten zu erhalten.

Ein Muss jeder Fragebogenuntersuchung ist der sog. *Pretest*. Das heißt, dass das Erhebungsinstrument vor dem Einsatz für die Haupterhebung getestet wird. Im Pretest wird eine verkleinerte Stichprobe mit dem entwickelten Instrument befragt. Die Auswertungen des Pretests und der gewonnenen Daten dienen dazu, die Fragen nochmals auf Schlüssigkeit, Sinn und Zielgenauigkeit zu überprüfen und insbesondere auch die Handhabbarkeit des Fragebogens und seine Verständlichkeit zu testen. Erst nach der damit verbundenen *Revision*, einer Überarbeitung des Fragebogens, geht die Hauptstudie in die Feldphase.

3.3 Fragetypen

Die Erhebung im Rahmen einer standardisierten Umfrage basiert auf Fragen, die darauf abzielen, Erkenntnisse zu Einstellungen, Sachverhalten, Verhaltensweisen und Meinungen zu bekommen, die im Vorfeld der Untersuchung festgelegt werden. Die Konstruktion eines solchen Frageprogramms ist relativ komplex. Um sich dem Prozess der Fragekonstruktion zu nähern, lassen sich zunächst die Arten von Fragen bezogen auf ihre Zieldimension zusammenstellen:

- Einstellungen,
- Einschätzungen und Überzeugungen,
- Verhalten,
- sozialstatistische Merkmale und
- Merkmale zum (sozialen) Lebenszusammenhang.

Zur Erhebung von Einstellungen werden häufig Skalen verwendet (siehe dazu Kapitel 4.2). Diese Skalen haben bei sozialwissenschaftlichen Untersuchungen meist ordinales Skalenniveau. Ein Beispiel ist ein zu bewertendes Statement in einer Jugendbefragung:

In Teststadt wird viel für die Jugendlichen getan

☐	☐	☐	☐	☐
Stimme voll und ganz zu	Stimme zu	Teils/teils	Stimme eher nicht zu	Stimme überhaupt nicht zu

In der Regel werden mehrere Fragen zu einem bestimmten Themenkomplex gestellt, um Einstellungsdimensionen zu messen. Dies nennt man *Fragebatterien*. Um Überzeugungen oder Einschätzungen abzufragen, eignen sich auch subjektive Schätzungen. Dabei können Kategorien vorgegeben oder den Befragten offene Schätzungen abverlangt werden. Ein Beispiel ist die Frage: „Wie hoch war nach Ihrer Schätzung die Zahl der Drogentoten in der Bundesrepublik im Jahr 2010?"

Beim Abfragen von Fakten und Wissen wird weitergehend oft auf Multiple-Choice-Fragen zurückgegriffen oder dichotome Ja-Nein-Fragen formuliert. Dichotom bedeutet, dass die Antworten sich in zwei trennscharfe Bereiche zuordnen lassen.

Verhaltensfragen zielen darauf ab, etwas über Gewohnheiten zu erfahren, z.B. Häufigkeit, Dauer oder auch die Art von Handlungen. Sie werden zumeist retrospektiv abgefragt. Bei Verhaltensfragen, die sich auf zukünftiges Handeln beziehen, werden dagegen eher Handlungsabsichten erfragt, z.B.: „Werden Sie bei der nächsten Bundestagswahl zur Abstimmung gehen?"

3. Die repräsentative Befragung

Fragen zu sozialstatistischen Merkmalen und zum sozialen Lebenskontext gehören in jeder Befragung zum Standardprogramm. Erfragt werden z.B. Familienstand, Alter, Nationalität, Erwerbstätigkeit und Einkommen, Religionszugehörigkeit etc. Es handelt sich dabei zwar um Routinefragen, aufgrund ihrer hohen Sensibilität sind diese aber nicht minder sorgfältig zu formulieren wie Einstellungsfragen.

Bei den Fragen nach Verhalten, Einstellungen und Überzeugungen kommt es erheblich auf die angemessene Formulierung der Frage und die Interviewsituation an. Hier kommt oft es nicht selten zu Problemen: Die befragte Person neigt bei umstrittenen oder tabuisierten Themen dazu, Fragen tendenziell nach der allgemein angenommenen Erwünschtheit zu beantworten. Dies ist auch abhängig von der Fragesituation und der Situation der befragten Person, in der sie interviewt wird. Eine Frage nach Akzeptanz oder Konsum harter Drogen im Rahmen einer Lehrerbefragung wird von der Zielperson eventuell anders beantwortet als es dem tatsächlichen Verhalten entspricht, weil von einem Lehrer/einer Lehrerin eine bestimmte Haltung erwartet wird. In diesem Fall weicht eventuell die eigene Haltung von dem ab, was allgemein als angemessen erachtet wird. Je weiter die Annahme über das sozial erwünschte Verhalten und das eigene Handeln voneinander entfernt sind, desto unangenehmer wird die Angabe der entsprechenden Antwort empfunden. Gemäß der Theorie rationalen Befragungsverhaltens ist die Angabe des wahren Wertes in diesem Fall mit Kosten verbunden. Sind die Kosten relativ hoch, dann ist mit einer Verzerrung in Richtung der sozial erwünschten Antwort zu rechnen.[32] Die befragte Person macht also in diesem Fall einen Kompromiss zwischen Wahrheit und dem, was nach ihrer Ansicht sozial erwünscht ist.

Um „heikle" Fragen zu thematisieren, werden oft mehrere direkte und indirekte Fragen zu diesem Themenkreis gestellt. Bei indirekten Fragen kann sich der/die Befragte praktisch hinter anderen Personen verbergen oder auf projektive Vorgaben (z.B. Zeichnungen, Bilder) reagieren, in die er/sie die eigene Absicht hineinliest.[33] Möglichst neutrale Formulierungen zielen darauf ab, nicht bereits durch wertbesetzte Begriffe in der Frage das sozial Erwünschte zu verstärken. Dabei wird auch oft zu einer Abschwächung oder Bagatellisierung gegriffen, um auf diese Weise abweichendes Verhalten als konform darzustellen. Ein Beispiel ist die Frage nach dem Alkoholkonsum in einer Jugendbefragung:

---

32 Vgl. Diekmann 1997, 383.
33 Siehe dazu Friedrichs 1990, 201 f.

„Für viele Menschen ist es selbstverständlich, einmal ein Glas Wein oder ein Bier zu trinken. Wir möchten gerne von Dir wissen, wie Du damit umgehst. Wie oft trinkst Du alkoholische Getränke?"

In persönlichen Interviews kann auch die Strategie gewählt werden, dass die befragte Person die Antwort auf einem eigenen Kärtchen angibt und dieses der Interviewperson in einem Umschlag zurückgibt. Bei Fragen, die Wissen voraussetzen, sind Kontrollfragen ein weiteres Mittel, um die Ernsthaftigkeit oder Richtigkeit der Antworten zu überprüfen. In diesen Fragen wird zum betroffenen Themenkomplex eine Frage gestellt, auf die es nur eine Antwort geben kann. Wird zum Beispiel der Bekanntheitsgrad bestimmter Einrichtungen abgefragt, kann man eine Institution einbauen, die nicht existiert. Ein weiteres Beispiel wäre die Frage nach der Meinung zum Arbeitslosengeld II. Die Frage nach der persönlichen Einschätzung, ob dieses angemessen, zu hoch oder eher zu niedrig ist, kann ergänzt werden mit der Kontrollfrage nach dem Wissen über die Regelsätze, zum Beispiel:

„Wie hoch ist Ihrer Meinung das monatliche Einkommen eines allein lebenden Arbeitslosengeld II-Beziehers, wenn man alle Zahlungen zusammenzählt, die er als Unterstützungen erhält?"

Neben der inhaltlichen Einordnung können die Fragetypen auch nach der Form der Frage unterschieden werden. Man unterscheidet geschlossene, halboffene und offene Fragen. Geschlossene Fragen lassen sich zusätzlich unterscheiden nach dichotomen Fragen (Ja/Nein), Alternativfragen, Rating oder Ranking und Fragen mit Mehrfachantworten. Des Weiteren gibt es sog. Filterfragen, diese werden Frageblöcken vorgeschaltet, die nur für eine Teilmenge der Befragten gedacht sind. Bei einer standardisierten Untersuchung stehen geschlossene Fragen im Vordergrund. Die Antworten sind besser vergleichbar und ermöglichen eine statistische EDV-gestützte Auswertung.

Offene Fragen lassen den Befragten Raum, eine Antwort in ihren eigenen Worten zu formulieren; es werden keine Antwortvorgaben gemacht. Solche Fragen werden in explorativen Untersuchungen häufig intensiv genutzt, um Antwortkategorien für die Hauptuntersuchung zu entwickeln. Im Rahmen standardisierter Befragungen wendet man sie an, um die Befragungssituation abwechslungsreicher zu gestalten. Dies bedeutet mehr kognitiven Aufwand für die Befragten und lässt für diese Art von Fragen generell eine höhere Ausfallquote gegenüber geschlossenen Fragen erwarten. Die halboffene Frage bildet eine Mischform. Hier wird der befragten Person neben Antwortvorgaben eine offene Antwortmöglichkeit angeboten.

Kriterien zur Frageformulierung

Um möglichst klare und gut verständliche Fragen zu stellen, sind bei der Formulierung der Fragen einige allgemeine Standards zu beachten:
- kurz, verständlich und hinreichend präzise Formulierung,
- keine doppelte Verneinung,
- disjunkte Antwortkategorien d.h. nicht überlappend und trennscharf,
- Vermeidung wertbesetzter Begriffe,
- Eindimensionalität, d.h. nicht zwei Sachverhalte mit einer Frage angehen,
- keine Suggestivfragen.

Grundsätzlich sollte man für eine Frage, die in den Fragebogen kommen und gestellt werden soll, drei Begründungen oder Antworten auf folgende Aspekte haben: Warum wird die Frage gestellt, welche Art von Frage ist angemessen und wie ist die Frage zu formulieren?[34] Bezogen auf die Umsetzung des Erkenntnisinteresses oder einer Forschungsfrage in das Fragenprogramm einer Untersuchung lassen sich abschließend zehn Schritte aufzählen, nach denen vorgegangen werden sollte:

Zu Beginn jeder Studie steht das Herausarbeiten des Erkenntnisinteresses, vor allem in Form von Forschungsfragen und Hypothesen. Im zweiten Schritt werden die anzuwendenden Methoden gewählt. Im Falle einer Befragung beginnt dann die erste Operationalisierung von Forschungsfragen. Das gewonnene Erhebungsinstrument wird danach getestet (Pretest). Hier wird praktisch die Hauptuntersuchung simuliert, d.h. es werden bereits Interviewer/innen geschult, eine verkleinerte Stichprobe gezogen und befragt. Die Auswertungen des Pretests (auch die Erfahrungen der Interviewer/innen bei einer mündlichen Befragung) dienen der Überarbeitung des Fragebogens. Hieran schließt sich die Haupterhebung und die Auswertung an. Es ist hier wesentlich, möglichst alle Zielpersonen zu erreichen. Auf die Stichprobe und die Ausschöpfung soll im Folgenden noch eingegangen werden. Zur vertiefenden Lektüre sind die Werke von Bortz, Friedrichs und Diekmann zu empfehlen, die im Literaturverzeichnis aufgeführt sind.

---

34   Vgl. Friedrichs 1990, 194.

10 Schritte der Fragekonstruktion

- Auflistung der Forschungsfragen und Hypothesen,
- Aufstellung einer Liste von Variablen zur Beantwortung der Forschungsfragen,
- Formulierung der Fragen,
- Überprüfung der Relevanz,
- Entscheidung über die Reihenfolge der Fragen und Überleitungen,
- Design und Layout des Fragebogens,
- Testen des Erhebungsinstrumentes im Pretest,
- Revision des Erhebungsinstruments,
- Endfassung des Fragebogens.

3.4 Stichprobe, Repräsentativität und Ausschöpfung

Bei der Durchführung von Befragungen beschränkt man sich in der Regel darauf, eine Auswahl von Personen zu befragen, da es selten möglich ist, die Gesamtheit der Personen oder Erhebungseinheiten zu berücksichtigen. Ausschlaggebend sind dafür hauptsächlich Kostengründe. Die Auswahl, die getroffen wird, bezeichnet man als Stichprobe. Sie soll ein möglichst getreues und unverzerrtes Abbild der Gesamtheit abgeben, damit die Ergebnisse verallgemeinert werden können. Dennoch gilt, dass keine Stichprobe die Grundgesamtheit genau abbildet. Um möglichst genaue statistische Angaben über relevante Daten erhalten zu können, die wiederum Basis für Stichproben bilden, wird deshalb in bestimmten Zeitabständen in (gesellschafts-)relevanten Bereichen auf Totalerhebungen zurückgegriffen. Ein Beispiel für eine umfassende Kompletterhebung ist die Volkszählung, die zuletzt in dieser Form im Jahre 1987 durchgeführt wurde.

An dieser Stelle können die verschiedenen Methoden und Wege, die zur Ermittlung einer repräsentativen Zufallsstichprobe zur Verfügung stehen, nicht eingehend aufgezeigt werden. Vielmehr sollen die elementaren Grundlagen und Begriffe der Auswahl von Zielpersonen aufgezeigt werden, um ein Gespür für die Notwendigkeit einer fachgerechten Stichprobe zu fördern. Die Ausführungen richten ihren Fokus auf die Zufallsstichprobe, da nur sie es streng genommen ermöglicht, Aussagen über alle Personen zu machen. Nicht zufällige, also ausgewählte Stichproben, die dieses Kriterium nicht erfüllen, werden nicht berührt.

3. Die repräsentative Befragung

In der Regel ist es nicht möglich, in einer Untersuchung alle Personen zu befragen, die grundsätzlich zu berücksichtigen wären. Wenn beispielsweise eine Studie das Freizeitverhalten, die Zukunftseinstellung und Werteorientierung von Jugendlichen erheben will, muss zunächst der Personenkreis eingegrenzt werden. Es wird entschieden, dass zur Grundgesamtheit alle Jugendlichen im Alter von 12 bis 21 Jahren zählen sollen. Bezogen auf die gesamte Bundesrepublik Deutschland müssten Sie, wenn Sie jede Person diese Alterspektrums in die Befragung einschließen wollten, einige Millionen Interviews führen. Dies würde einen sehr hohen Aufwand an Interviewerpersonen, Zeit und Geld mit sich bringen.

Deswegen wird nicht der komplette Personenkreis, auf den sich die Befragung bezieht, befragt, sondern ein verkleinertes Abbild dieser Grundgesamtheit. Dazu wird eine Untersuchungspopulation als Stichprobe gewählt, die in ihrer Zusammensetzung der Grundgesamtheit entspricht. Der erste Schritt, um zu einer solchen Stichprobe zu gelangen, besteht in der exakten Beschreibung der Grundgesamtheit. Dies ist rein formal betrachtet einfach. Die Beschreibung besteht aus einem sachlichen, einem räumlichen und einem zeitlichen Definitionsteil. Die Umsetzung ist aber nicht immer trivial.[35] Als räumliche Eingrenzung wird häufig z.B. eine Stadt, eine Region oder ein Land, z.B. die Bundesrepublik Deutschland, gewählt. Eine sachliche Definition ist z.B. die Eingrenzung auf alle wahlberechtigten Personen. Da nun jeden Tag weitere Personen wahlberechtigt werden, benötigt man eine zeitliche Definition, also die wahlberechtigten Personen zu einem Stichtag, etwa dem Tag einer Wahl. Die Grundgesamtheit der Untersuchung sind damit z.B. die wahlberechtigten Personen der Bundesrepublik zu einem bestimmten Stichtag.

Die Auswahl der befragten Personen soll nicht gezielt, sondern zufällig sein. Die Verfahren, die dies sicherstellen, basieren auf der Wahrscheinlichkeitstheorie. Zufallsstichproben erhält man als Ergebnis einer Wahrscheinlichkeitsauswahl. Diese Zufallsauswahl nennt man die Stichprobe. Sie ist eine Auswahl von Elementen aus der Grundgesamtheit. Nur bei diesen Verfahren ist es möglich, auf Basis dieser Auswahl von Zielpersonen auf die Grundgesamtheit zu schließen. Eine Wahrscheinlichkeitsauswahl liegt vor, wenn jedes Element der Grundgesamtheit eine von Null verschiedene Wahrscheinlichkeit hat, in der Stichprobe berücksichtigt zu werden.

---

35 ADM 1999, 23.

3.4.1 Verfahren zur Ermittlung von Zufallsstichproben

Ziel der Stichprobe ist es, aus forschungsökonomischen Gründen einen repräsentativen Querschnitt zu erhalten, der es ermöglicht, durch die Befragung eines Teils der Grundgesamtheit, der zufällig ausgewählt wird, Rückschlüsse und Aussagen für diese Grundpopulation zu treffen. Um zu einer solchen Teilmenge zu gelangen, lassen sich verschiedene Verfahren unterscheiden:

- uneingeschränkte Zufallsauswahl,
- geschichtete Zufallsauswahl,
- Klumpenauswahl,
- mehrstufige Auswahlverfahren/mehrstufig geschichtete Auswahlverfahren.

Das theoretisch einfachste Modell ist die *uneingeschränkte Zufallsauswahl*, die auch als *Urnenmodell* bezeichnet wird. Als Beispiel kann man sich vorstellen, man möchte in einer Stadt mit 60.000 Einwohner/innen eine Bürgerbefragung der Bewohner/innen ab 18 Jahren (genauer ab einem bestimmten Jahrgang) durchführen. Die Personen der zu befragenden Jahrgänge werden ausgewählt und durchgängig nummeriert. Insgesamt werden 43.000 Nummern von 1 bis 43.000 vergeben. Zu diesem Zweck werden Loskärtchen geschrieben, auf denen die Nummern vermerkt sind. Diese kommen in eine Lostrommel und werden gemischt. Danach wird eine Stichprobe von 2.000 Personen (n= 2000) gezogen, wobei die gezogenen Kärtchen nicht wieder in die Lostrommel zurückgelegt werden. Auf diese Weise erhält man ein Urnenmodell ohne Zurücklegen. In der Praxis lässt sich dies natürlich mit der EDV bewältigen. In SPSS können die Einwohnerdaten eingelesen und über einen Zufallsgenerator, der unter dem Menüpunkt *Daten/Fälle auswählen* zur Verfügung steht, kann die Zufallsauswahl bestimmt werden.

Daneben bietet SPSS das Modul *complex samples* an, mit dem umfangreichere Stichprobenpläne erstellt werden können. Die *geschichtete Zufallsstichprobe* setzt voraus, dass Informationen über die Grundgesamtheit vorliegen, die es ermöglichen, die gesamte Population anhand dieser Kriterien zu untergliedern bzw. zu schichten. So wäre es möglich, bei der Bürgerbefragung die Personen ab 18 Jahren in Altersgruppen zu unterteilen nach 18 bis unter 25 Jahren, 25 bis unter 40 Jahren, 40 bis unter 60 Jahren und 60 Jahre und älter. Aus jeder dieser Untergruppen werden dann getrennte Stichproben gezogen, in diesem Fall also vier.

Diese bisher vorgestellten Verfahren setzen voraus, dass eine Datei mit den Namen der zu befragenden Personen zur Verfügung steht. Bei vielen Befragungen lässt sich die Grundgesamtheit aber nicht so einfach eingrenzen und es gibt keine solche direkte Zugriffsmöglichkeit auf die Daten der Grundgesamtheit. *Die Klumpenauswahl* bietet dafür eine Lösungsmöglichkeit. Auswahleinheit sind sog. Klumpen. Dies sind zumeist flächenbezogen definierte Gebiete, z.B. Stadtbezirke oder Wahlbezirke. Diese Gebietseinheiten werden wie vorher die Personen nummeriert und es wird eine bestimmte Auswahl getroffen. Als Startpunkt wählt man z.B. zufällig einen Bezirk mit einer Nummer kleiner als 10 und nimmt darauf folgend jeden zehnten Bezirk, z.B. 3, 13, 23, 33 usw. Dabei handelt es sich um eine systematische Auswahl. In diesen ausgewählten Bezirken werden nun alle Personen oder wiederum nur eine Auswahl von Personen befragt. Voraussetzung ist, dass jede Auswahleinheit (in unserem Beispiel jede Person) nur einem Klumpen zugeordnet ist.

In dem Falle, dass nach einer Klumpenauswahl eine oder mehrere weitere Auswahlen getroffen werden, ergibt sich ein *mehrstufiges Auswahlverfahren*. Dies ist der Fall, wenn z.B. Wahlbezirke nach der Klumpenauswahl selektiert werden und anschließend durch eine uneingeschränkte Zufallsauswahl ein Anteil der Personen ausgewählt wird. Da bei mehrstufigen Auswahlverfahren die primären Untersuchungseinheiten geografische Gebiete sind, spricht man auch von Flächenstichproben-Verfahren.

3.4.2 Repräsentativität

Die Definition der Grundgesamtheit und die zufällige Auswahl der Erhebungseinheiten, wie sie oben dargestellt wurden, haben zum Ziel, dass die gefundene Teilmenge eine adäquate Abbildung der Grundgesamtheit liefert. Adäquat ist eine Abbildung dann, wenn sie die Grundgesamtheit in allen wesentlichen Merkmalen richtig abbildet. Es liegt auf der Hand, dass die Merkmale, mit denen dies geprüft werden kann, begrenzt sind. Bei einer Bürgerbefragung, die sich auf das Einwohner-Melderegister stützt, ist es etwa möglich, nach Alter, Geschlecht, Familienstand, Nationalität und Gebietseinheit zu prüfen. In der Stichprobentheorie wird für diese Adäquanz der Abbildung der Grundgesamtheit der Begriff Repräsentativität benutzt:

> „Eine Teilmasse heißt demnach repräsentativ, wenn sie in der Verteilung aller interessierenden statistischen Merkmale der Gesamtmasse ent-

spricht, d.h. ein verkleinertes aber sonst wirklichkeitsgetreues Abbild der Gesamtheit darstellt."[36]

Der Hintergrund dieser und ähnlicher Definitionen hat zum Ziel, aus den Ergebnissen, die aus der Teilmenge geschlossen werden, auch auf die Grundgesamtheit zu schließen und Ergebnisse hochzurechnen. Dies ist nur möglich, wenn das Kriterium der Repräsentativität erfüllt ist, die Stichprobe erwartungstreu ist. Wenn dies nicht der Fall ist, ergibt sich ein sog. *bias*, ein systematischer Fehler. Die Überprüfung der Repräsentativität einer Stichprobe durch einen Vergleich der Merkmale aus der Stichprobe mit der Grundgesamtheit ist deshalb ein wichtiger Bestandteil der Untersuchung, um die Güte der Ergebnisse abschätzen zu können. Die Repräsentativität einer Untersuchung hängt also nicht nur von der Güte der Stichprobenziehung ab, sondern sie ist auch abhängig von der Ausschöpfung der gezogenen Stichprobe: Wie viele Befragungen wurden tatsächlich durchgeführt und welche tatsächliche Netto-Stichprobe ergibt sich daraus? In der Rücklaufkontrolle erfolgt ein Vergleich zwischen Grundgesamtheit, Ausgangsstichprobe und tatsächlicher Stichprobe. Die Angemessenheit der tatsächlichen Stichprobe aus dem Rücklauf ist die Voraussetzung für die Generalisierbarkeit der Ergebnisse. Sie ist gesichert, wenn die Verteilung wichtiger Merkmale für die Grundgesamtheit bekannt ist und mit der tatsächlichen Stichprobe verglichen werden kann.[37]

3.5 Fragen zur Selbstkontrolle

1) Benennen Sie die zentralen Formen der Durchführung einer Befragung und reflektieren Sie deren Vor- und Nachteile.

2) Fassen Sie die wesentlichen Kriterien zusammen, die es bei der Erstellung von Fragen zu beachten gilt.

3) Warum führt man Stichprobenuntersuchungen durch und wodurch zeichnet sich eine Stichprobe aus?

4) Definieren Sie die Begriffe Grundgesamtheit und Repräsentativität.

---

36 Statistisches Bundesamt 1960, 13.
37 Vgl. Friedrichs 1990, 243.

4. Messung sozialwissenschaftlicher Merkmale

Man unterscheidet grundsätzlich Begriffsmerkmale, die der Abgrenzung statistischer Massen dienen, und Erhebungsmerkmale, welche auf die Gewinnung von Informationen über die statistische Masse abzielen. Bei einer Befragung grenzt man den zu befragenden Personenkreis im Voraus ein (siehe Kapitel 3). Dies geschieht durch Begriffsmerkmale, wie Wohnort u.ä. In der Befragung erhält man im Idealfall von jeder Zielperson Angaben auf die gestellten Fragen. Für die Fragen selbst sind zumeist Antwortvorgaben festgelegt. Die Fragen und die dazu gehörigen Antworten bilden für die Auswertung schließlich die statistischen Merkmale oder Variablen (Erhebungsmerkmale).

4.1 Statistische Merkmale und Variablentypen

Eine weitere Differenzierung ist die in *Merkmal oder Variable* und *Merkmalsausprägung oder Variablenkategorie*. Ein Merkmal bzw. eine Variable bezogen auf eine befragte Person ist beispielsweise ihr Familienstand. Die dazu gehörigen Merkmalsausprägungen bzw. Variabelenkategorien sind dann „unverheiratet", „verheiratet" und „verwitwet".

Statistische Merkmale lassen sich in verschiedener Hinsicht klassifizieren. Die wichtigsten Unterscheidungen sind:[38]

- räumliche Merkmale,
- zeitliche Merkmale,
- sachlich-qualitative (qualitative) Merkmale,
- sachlich-quantitative (quantitative) Merkmale.

Räumliche Merkmale dienen in erster Linie der räumlichen Fixierung der Befragungseinheit, z.B. Wohnort der Person. Analoges gilt für die zeitlichen Merkmale. Sie fixieren ein bestimmtes Datum oder eine zeitliche Einheit, z.B. einen Stichtag. Diese Merkmale bilden in vielen Fällen Begriffsmerkmale, können aber auch Erhebungsmerkmale sein.

Qualitative Merkmale dienen vorwiegend der Aufgliederung statistischer Massen nach vielen verschiedenen Gesichtspunkten. Sind von vornherein oder aufgrund begrifflicher Einschränkung nur zwei Ausprägungen vorhanden, z.B. bei dem

---
38 Vgl. Grohmann 1986 a, 23.

Merkmal Geschlecht (männlich und weiblich), spricht man von Alternativmerkmalen. In anderen Fällen kann die Zahl der Ausprägungen groß sein (Beispiel: Lieblingshobby). Auf jeden Fall muss dafür gesorgt werden, dass die einzelnen möglichen Ausprägungen eindeutig voneinander abgegrenzt sind und für jede Befragungs- oder Erhebungseinheit genau eine Ausprägung zutrifft. Für die Auswertung werden qualitative Merkmale zwar in der Regel auch in einen Zahlencode übertragen (siehe Kapitel 5), die Merkmalsausprägungen selbst sind aber keine reellen Zahlen.

Bei quantitativen Merkmalen bzw. Variablen handelt es sich um solche, deren Merkmalsausprägungen reelle Zahlen sind, z.B. Einkommen, Schuljahre etc. Diese Art von Merkmalen sind in der Regel Erhebungsmerkmale, die dazu benutzt werden können, die statistischen Einheiten nach der Größe der Merkmalsausprägung anzuordnen und die Einheiten zu gruppieren. Ferner kann man Merkmalssummen bilden sowie Mittelwerte, Streuungsmaße und andere Maßzahlen berechnen. Ist ein quantitatives Merkmal genau definiert, sind Abgrenzungsschwierigkeiten zwischen den Merkmalsausprägungen im Gegensatz zu qualitativen Merkmalen kein Problem. Dies trifft auch zu, wenn die Zahl der Ausprägungen sehr hoch ist, da auch die Zusammenfassung von Ausprägungen weniger Schwierigkeiten bereitet. Im Gegensatz zu qualitativen Merkmalen haben quantitative Merkmale ein eindeutig eindimensionales Ordnungsprinzip.

Eine andere für die Statistik wichtige Unterscheidung ist die Unterteilung in *diskrete Variablen* und *kontinuierliche oder stetige Variablen*. Diskrete quantitative Variablen sind solche, bei denen sich die einzelnen möglichen Ausprägungen immer um ganze, nicht mehr teilbare Größen unterscheiden (Beispiel: Anzahl der Kinder einer Klasse). Stetige Variablen sind dagegen solche, bei denen jede beliebige Zahl aus einem bestimmten Intervall als Merkmalsausprägung möglich ist (Beispiel Körpergröße: Sie kann theoretisch mit beliebig vielen Stellen nach dem Komma erfasst werden). Manche diskreten quantitativen Merkmale, etwa Geldgrößen, werden wegen der großen Zahl ihrer möglichen Ausprägungen innerhalb eines relativ begrenzten Intervalls oft wie stetige behandelt. Sie sollen als *quasi-stetige* oder *approximativ-stetige Merkmale* bezeichnet werden.[39]

4.2 Skalentypen und Messniveau

Prinzipiell gilt, dass nicht die untersuchten Objekte oder Individuen, sondern nur deren Eigenschaften gemessen werden. Die Präzisierung des Aussagegehalts

---
39 Grohmann 1986 a, 24.

4. Messung sozialwissenschaftlicher Merkmale

der Ausprägungen eines Merkmals ist Gegenstand der Messtheorie. Das Ziel der Messtheorie ist es, dem Messprozess eine logische Grundlage zu geben. Vor allem in der Sozialwissenschaft können die Objekte hinsichtlich der untersuchten Eigenschaften in eine Rangordnung gebracht werden. Man untersucht damit die Relation der Objekte bzw. der Individuen zueinander. Dies geschieht mit Skalen.

Skalen spielen in der empirischen Sozialforschung eine wichtige Rolle. Sie sind von besonderer Bedeutung, da die Anwendbarkeit statistischer Maßzahlen und Tests vom Skalenniveau der beteiligten Variablen abhängt. Sie können verschiedene Niveaus haben, was besonders in sozialwissenschaftlichen Untersuchungen von großer Wichtigkeit ist, da anders als in der Ökonomie die erfragten bzw. erhobenen Variablen im Hinblick auf die statistische Auswertung verschiedene Qualität besitzen. Man spricht von:

- Nominalskalen,
- Ordinalskalen,
- Intervallskalen,
- Ratio-und Absolutskalen.

Das unterste Messniveau ist die *Nominalskala*. Dabei handelt es sich um eine Klassifikation von Objekten nach der Relation der Gleichheit und Verschiedenheit. Beispiele für nominalskalierte Variablen sind Wohnort, Geschlecht oder Nationalität. Nehmen wir die Variable Geschlecht mit den Ausprägungen männlich und weiblich, kann man dadurch zwar eine Unterscheidung treffen; es ergibt sich aber keine Rangordnung, selbst wenn die Ausprägungen in einen Zahlencode übertragen werden, mit denen Rechenoperationen möglich sind. Der einzige geeignete Mittelwert ist der *Modus* (häufigster vorkommender Wert).

Das nächst höhere Messniveau ist die *Ordinalskala*. Mit dieser wird eine Rangordnung der Objekte bezüglich einer Eigenschaft vorausgesetzt ($O1 < O2 < O3...$). Die Abstände zwischen den Ausprägungen sind ohne Aussagekraft. Ein Beispiel ist die Beurteilung eines Sachverhaltes als sehr gut, gut, befriedigend oder unzureichend. Man kann die Skalenwerte z.B. logarithmieren, quadrieren oder aus ihnen die Wurzel ziehen, die Rangordnung ändert sich nicht. Erlaubter Mittelwert ist der *Median* (der Skalenwert, der die oberen 50% der Verteilung von den unteren trennt). Die Abstände zwischen den Skalenwerten sind nicht sinnvoll interpretierbar.

Mit *Intervallskalen, Ratio- und Absolutskalen* werden sog. *metrische Variablen* gemessen. Bei metrischen Variablen ist eine bestimmte Skaleneinheit gegeben und gleiche absolute Zahlenunterschiede haben die gleiche sachliche Bedeutung. So ist der Abstand zwischen 100 und 200 Euro genauso groß wie der zwischen 800 und 900 Euro. Es ist also nicht nur eine Aussage über die Rangordnung, sondern auch über die Abstände zwischen den Messwerten möglich. Bei der Intervallskala ist der Nullpunkt der Skala willkürlich (dieser selbst hat keine Bedeutung). Ein erlaubtes Maß ist der *arithmetische Mittelwert*. Die Berechnung prozentualer Zuwächse oder von Verhältnissen von Skalenwerten sind aber unzulässig (Beispiel Temperatur: Haben wir 18 Grad Celsius, so beträgt der Anstieg auf 27 Grad 50 %. Messen wir in Fahrenheit, entsprechen 18 Grad Celsius 64,4 und 27 Grad Celsius 80,6 Grad Fahrenheit. Der Anstieg betrüge in diesem Fall nur 25 %).

Bei *Ratioskalen* lässt sich ein natürlicher Nullpunkt festlegen. Beispiele für die Sozialwissenschaft sind Schuljahre oder Alter. Es besteht nur Freiheit in der Wahl der Skaleneinheit. Hier sind Aussagen über Verhältnisse, d.h. Quotienten zulässig. Bei der *Absolutskala* kann nicht einmal mehr die Skaleneinheit frei gewählt werden. Diese sind eindeutig festgelegt, eine Skalentransformation ist nicht erlaubt. Ein Beispiel ist die Anzahl der Teilnehmenden an einer Veranstaltung.[40]

4.3 Skalierung, Index und Indikatoren

Die Begriffe Messung, Skalierung, Operationalisierung und Indexbildung, die häufig im Zusammenhang mit sozialwissenschaftlichen Analysen fallen, werden nicht nur recht uneinheitlich benutzt, sondern überschneiden sich teilweise in ihrem Bedeutungsgehalt. Genauer fassen lassen sie sich folgendermaßen.

Operationalisierung einer Variablen bedeutet die Definition einer Menge hinreichend genauer Anweisungen, nach denen Untersuchungseinheiten den Kategorien einer Variablen zugewiesen werden. Die Operationalisierung von Variablen setzt nicht unbedingt die Verwendung von Zahlen oder numerischen Operationen voraus. Dies ist erst der Fall bei der Messung, Skalierung oder Indexbildung. Nach dieser Begriffsbestimmung ist Operationalisierung der Oberbegriff. Messung, Skalierung und Index sind Spezialfälle der Operationalisierung von Variablen. Im weitesten Sinne bedeutet Operationalisierung die Umsetzung einer Forschungsfrage in ein Untersuchungsvorgehen (Was wird erhoben, bei wem und wie?).

Als *Skalierung* wird eine Messung bezeichnet, die auf einem Skalierungsmodell basiert. Dieses unterstellt gewisse, teilweise empirisch prüfbare Annahmen über

---
40 Vgl. dazu Hamerle/Kemény 1994, 75 ff.

die Struktur der Beobachtung. Es lassen sich eine Vielzahl von Skalen und Skalierungsmodellen unterscheiden. Ein Beispiel für ein Skalierungsmodell ist eine Summenskalierung: Zu einem bestimmten Thema werden verschieden Fragen gestellt, z.B. zur politischen Einstellung. Die einzelnen Fragen werden nach der sog. „Likert-Skala" beurteilt:

1 = stimme überhaupt nicht zu,
2 = stimme nicht zu,
3 = teils/teils,
4 = stimme zu,
5 = stimme voll zu.

Jede einzelne Antwort (wir nehmen fünf an) bildet einen Indikator für eine Hypothese oder Forschungsfrage. Addiert man die einzelnen Skalenwerte der fünf Antworten zu einem Summenscore, beträgt die maximale Zustimmung 25 (es wird immer voll zugestimmt) und die minimale Zustimmung 5.

In der Praxis prüft man mit statistischen Verfahren, z.B. der Faktorenanalyse, welche Fragen in Zusammenhang stehen und eine Messlatte für eine bestimmte Einstellung oder ein bestimmtes Verhalten bilden. Ein Skalierungsmodell, das sich aus verschiedenen Variablen zusammensetzt, wird zusätzlich einem Reliabilitätstest unterzogen, der die Zuverlässigkeit von Skalen, d.h. die Reproduzierbarkeit von Messinstrumenten ermittelt. Hierzu gibt es verschiedene Verfahren, auf die hier nicht näher eingegangen wird. Die gebräuchlichste Methode *Cronbachs Alpha* ist auch in SPSS verfügbar.

Die so ermittelten Skalenwerte können auch als *Indizes* bezeichnet werden. Der eben besprochene Summenscore wäre beispielsweise ein Index von 5 bis 25. Dieser könnte nochmals transformiert werden auf Minimum 1 und Maximum 5. In der Sozialwissenschaft ist diese Art der Indizes die häufigste, da fast ausschließlich immer mit mehreren Indikatoren gearbeitet wird. Ein Index lässt sich allgemein definieren als Variable, deren Werte sich aus Rechenoperationen anderer Variablen ergeben. Welche Rechenoperation (Summierung, Multiplikation usw.) und welche Variablen der Indexkonstruktion zugrunde liegen, sollte inhaltlich begründbar sein.

Indikatoren dienen zur Messung nicht direkt beobachtbarer Eigenschaften bzw. sog. theoretischer Konstrukte wie beispielsweise die Einstellung gegenüber Ausländern oder das Aggressionsniveau. Anhand von Indikatoren (Beobachtungsvariablen, die einen Rückschluss zulassen) werden diese theoretischen Konstrukte indirekt gemessen. Bei komplexen sozialwissenschaftlichen Größen erfolgt die Messung durch mehrere Indikatoren. Der Grund ist darin zu finden, dass sowohl Zufallsmessfehler als auch systematische Messfehler auftreten können. Durch dieses Vorgehen wird also der Zufallsmessfehler verringert und die Möglichkeit gegeben, systematisch verzerrte Indikatoren herauszufiltern. Eine mögliche Prüfung des Indikators ist ein *Validierungstest*. Dabei wird geprüft, ob ein Indikator mit einer anderen Variablen, die das theoretische Konstrukt erklärt, in Beziehung steht (korreliert).

Ein Beispiel, das es erleichtert, die Begriffe Skala, Index und Indikator voneinander abzugrenzen, sind die schulischen Zensuren von 1 (sehr gut) bis 6 (unbefriedigend). Eine schlechte Note im Fach Englisch (also ein hoher Wert auf der Ordinalskala von 1 bis 6) ist ein Indikator dafür, dass der Schüler auf seine Jahrgangsstufe und Schulform bezogen über vergleichsweise geringe Englischkenntnisse verfügt. Allein auf Basis der Englischnote (Indikator) kann aber nicht die Aussage getroffen werden, dass er insgesamt ein schlechter Schüler ist. Um dies herauszufinden, müssen wir das gesamte Notenspektrum für alle Fächer berücksichtigen, beispielsweise durch Ermittlung eines Index aus den einzelnen Indikatoren. Wir können einen Summenindex bilden, indem wir für alle Schüler/innen die Noten der einzelnen Fächer summieren. Der Vergleich der Werte zwischen den Schüler/innen ergibt, ob es sich um einen relativ guten oder schlechten Schüler handelt. Um wieder eine Einordnung in die Werteskala von 1 bis 6 zu erlangen, kann aus diesem Summenindex auch der Durchschnitt gebildet werden, in dem die Summe der Noten durch die Anzahl der Noten geteilt wird. Auf diese Weise erhalten wir in gewisser Hinsicht eine Rückführung auf die Ursprungsskala. So ergibt sich für den Schüler ein Wert von beispielsweise 4,6.

Wie bereits eingeführt wurde und später bei der Behandlung von ordinalskalierten Werten näher gezeigt werden wird, ist es eigentlich nicht zulässig, diesen rechnerischen Durchschnitt zu ermitteln, denn die Abstände zwischen den Werten sind nicht direkt interpretierbar. Hier können wir nur sagen, dass die Gesamtnote zwischen vier und fünf liegt, und etwas stärker zur fünf tendiert. Ein Vergleich mit den Werten der anderen Schüler/innen macht es uns möglich, die Leistung des einzelnen Schülers im Vergleich zu seinen Altersgenoss/innen zu bewerten.

5. Vom Fragebogen zum Datensatz

Jede Umfrage oder Erhebung von Daten gelangt irgendwann an den Punkt, an dem entschieden werden muss, wie die Daten ausgewertet werden sollen. Ist man an eingeschränkten Ergebnissen interessiert und hat vielleicht noch eine übersichtliche Zahl an Fällen, kann man sich vielleicht noch auf Strichlisten für die verschiedenen Nennungen einzelner Fragen beschränken. Umständlich und zeitlich schwer machbar wird es jedoch, wenn man nicht einige wenige Fälle auszuzählen hat, sondern vielleicht sogar Tausende. Mit einer Strichliste ist man realistisch betrachtet dann nur in der Lage, die Häufigkeiten zu einzelnen Fragestellungen auszuzählen, etwa wie viele Frauen und wie viele Männer an der Befragung teilgenommen haben.

Schwierig wird es, wenn man nicht nur einfach auszählen will, sondern Zusammenhänge zwischen einzelnen Merkmalen erkennen oder untersuchen möchte, z.B. ob Mädchen öfter Lesen als Lieblingshobby angeben als Jungen. In diesem Fall müssten Sie für Mädchen und Jungen zwei getrennte Auszählungen durchführen, die Ergebnisse auf die Gesamtheit von Jungen und Mädchen prozentuieren und eventuell noch selbst einen statistischen Test ausrechnen, ob der Unterschied statistisch signifikant ist. Möchten Sie das Ganze nach Altersgruppen aufteilen, geht natürlich alles von vorne los. Und vielleicht möchten Sie sich die Daten zum Thema Lesen als Lieblingshobby auch noch für Mädchen und Jungen jeweils nach Altersgruppen anschauen.

Alle diese Vorgänge und mehr oder weniger sinnvollen Auswertungen können Sie mit einem EDV-technisch aufbereiteten Datensatz und einem Statistikprogramm in beliebiger Zusammensetzung bewerkstelligen. Sie haben allerdings eine entscheidende Hürde zu nehmen, bis es soweit ist: Sie müssen die erhobenen Daten in die EDV eingeben und dafür feste Regeln vorgeben und diese bei der Eingabe auch strikt einhalten. Die wesentlichen Schritte, wie das vor sich geht, sollen im Folgenden kurz vorgestellt werden.

5.1 Die Vercodung des Fragebogens

Im ersten Schritt müssen Sie entscheiden, in welcher Form Sie Ihre Daten eingeben wollen. Die elementarsten Möglichkeiten bestehen darin, entweder Text oder Zahlen einzugeben. Sie sollten sich, wann immer es geht, für Zahlen entscheiden, denn Statistik und vor allem statistische Tests sind in der Regel Rechenoperationen, die nun einmal mit Zahlen durchgeführt werden. Grundsätzlich ist es aber auch möglich, Text zu erfassen. Dies ergibt auch Sinn, wenn die Informationen, die Sie erheben, keine Rangordnung haben. So können Sie zwar für das Merkmal Geschlecht den Männern eine 0 und den Frauen eine 1 zuweisen, werden jedoch nicht ernsthaft behaupten können, dass damit eine Rangordnung verbunden ist. Trotzdem empfiehlt es sich, auch hier möglichst Zahlen zu verwenden, insbesondere wenn man mit den Daten besondere statistische Modelle konstruieren will. Merken Sie sich einfach, dass eine Zahlencodierung der textlichen Erfassung vorzuziehen ist. Abbildung 3 zeigt einen Auszug aus einem Fragebogen als Beispiel dafür, wie ein sog. Codeplan aussieht, nachdem die einzelnen Angaben in einen Zahlencode übertragen werden.

Wie ersichtlich, wird jedem Fragebogen zunächst eine eindeutige Nummer zugewiesen. Diese gewährleistet, dass Sie den Fragebogen wiederfinden, z.B. wenn sich in den Auswertungen oder dem Test des Datensatzes ein Fehler ergibt. Dies ist etwa der Fall, wenn bei einer Frage ein Wert vorkommt, den es nach Ihrem Codeplan eigentlich gar nicht geben kann. Sie können nun mit Hilfe der Fragebogennummer herausfinden, bei welchem Bogen der Eingabefehler aufgetreten ist. Ein kurzer Blick in den Fragebogen klärt den Irrtum auf und Sie können den Datensatz korrigieren.

Jede Frage, die der Erhebungsbogen enthält, wird intern codiert. Intern bedeutet, dass die Zahlencodes über den gesamten Fragebogen gesehen nicht eindeutig sind. Die Codierung 1 kommt vielleicht in Ihrem Codeplan sehr häufig vor. Der Sinn des Zahlencodes ergibt sich in der Kombination der Frage und der dort gemachten Angabe. Man spricht in diesem Zusammenhang von Variablen oder Merkmalen und Merkmalsausprägungen bzw. Kategorien oder Werten (engl. *values*). In unserem Beispiel haben wir die Variablen Fragebogennummer, Jugendhausbesuch, Alter, Geschlecht und Wohnort. Diesen werden Werte zugewiesen (s. Abb. 4).

Erhebung zum Freizeitverhalten von Jugendlichen	
Frage	*Vercodung*
Fragebogennummer	001
Frage 15	Missing 9
Gib bitte an, ob und wie oft Du das städtische Jugendhaus besuchst.	
☐ ich kenne es überhaupt nicht	0
☐ ich gehe nie dorthin	1
☐ ich gehe ca. einmal im Monat hin	2
☐ ich gehe fast wöchentlich hin	3
☐ ich bin mehrmals in der Woche dort	4
. .	
Frage 31	Missing 99
Gib bitte an, wie alt Du bist.	
Ich bin _____ Jahre alt	Alter
Frage 32	Missing 9
Nun möchten wir noch gerne wissen, ob Du in Landkreis X oder der Stadt Y wohnst.	
☐ ich wohne im Landkreis X	1
☐ ich wohne in Y	2
Frage 33	Missing 9
Welchen Schulzweig besuchst Du oder hast Du zuletzt besucht und abgeschlossen?	
☐ Förderschule	1
☐ Hauptschule	2
☐ Realschule oder eine Schule mit Abschlussziel mittlere Reife	3
☐ Gymnasium oder Fachhochschule	4

Abb. 3: Vercodung – Auszug aus einem Fragebogen

5.1 Die Vercodung des Fragebogens

Variable bzw. Merkmal	Merkmalausprägung, Kategorie o. Value
Fragebogennummer	Nummer wird als x-stellige Zahl eingegeben
Jugendhausbesuch	0 Ich kenne es überhaupt nicht 1 ich gehe nie dorthin 2 ich gehe ca. einmal im Monat hin 3 ich gehe fast wöchentlich hin 4 ich bin mehrmals in der Woche dort 9 fehlende Angabe (missing)
Alter	Alter als x-stellige Zahl eingeben 99 fehlende Angabe (missing)
Wohnort	1 Landkreis X 2 Stadt Y 9 fehlende Angabe (missing)

Abb. 4: Zuweisung von Werten

Das bedeutet also, dass ein Wert (value) auf eine Variable bezogen sein muss. Natürlich können im Fragebogen auch längere Fragen auftreten, die zum Beispiel nicht nur den Jugendhausbesuch abfragen, sondern auch andere Einrichtungen. Bei jeder Einrichtung wird die Häufigkeit des Besuchs abgefragt. Sie haben dann für diese Frage so viele Variablen, wie Einrichtungen abgefragt werden. Dies würde dann aussehen wie in Abbildung 5 dargestellt.

Jugendhaus --Variable_11	WERT
ich kenne es überhaupt nicht	0
ich gehe nie dorthin	1
ich gehe ca. einmal im Monat hin 2	2
ich gehe fast wöchentlich hin 3	3
ich bin mehrmals in der Woche dort 4	4
Missing/ Fehlend	9
Freizeitplatz „An den Wiesen" –Variable _12	
ich kenne die Einrichtung überhaupt nicht	0
ich gehe nie dorthin	1
ich gehe ca. einmal im Monat hin 2	2
ich gehe fast wöchentlich hin 3	3
ich bin mehrmals in der Woche dort 4	4
Missing/ Fehlend	9
Disco „Alte Mühle" –Variable_13	
ich kenne die Einrichtung überhaupt nicht	0
ich gehe nie dorthin	1
ich gehe ca. einmal im Monat hin 2	2
ich gehe fast wöchentlich hin 3	3
ich bin mehrmals in der Woche dort 4	4
Missing/Fehlend	9

Abb. 5: Variablen zur Frage: „Gib bitte an, ob und wie oft Du folgende Einrichtungen besuchst."

Es wird also ein Datensatz gebildet, der aus Variablen besteht, denen verschiedene Werte zugewiesen werden. Aus dieser Logik entsteht ein sog. Rechteckdatensatz.

Bevor wir aber zur Gestalt des Datensatzes kommen, wollen wir noch einmal zu den Werten zurückkehren. Wie Ihnen nicht entgangen sein wird, steht bei jeder Frage das Wort *„missing"* mit dem Wert 9. Ein „missing value" oder „fehlender Wert" kennzeichnet, dass der/die Befragte zu einer Frage oder Teilfrage keine Angabe gemacht hat. Er kann dann natürlich keinen der sog. gültigen Werte erhalten, sondern bekommt einen Zahlenwert, der für solche fehlenden Angaben reserviert wird. Nun könnte man, anstatt diesen zusätzlichen Aufwand zu betreiben, einfach nichts eingeben. Es ist zum Beispiel mit den gängigen Statistikprogrammen möglich, im Nachhinein für solche ausgelassenen Werte Zahlencodes zu vergeben. Dieses Vorgehen hat aber den entscheidenden Nachteil, dass Sie nicht direkt aus der fehlenden Angabe schließen können, ob hier tatsächlich keine Antwort vorlag oder nur vergessen wurde, den entsprechenden Code einzutragen. Es sollte also möglichst für fehlende Werte ein eigener Code reserviert und angewandt werden. Außerdem kann es bei bestimmten Fragen zu verschiedenen fehlenden Werten kommen, etwa bei einer Filterfrage, wenn bestimmte Personenkreise nicht antworten sollen (z.B. eine Frage nur für Männer). Bei den Frauen wird dann ein anderer fehlender Wert eingetragen (etwa 8), da sie grundsätzlich ausgeschlossen wurden. Die Männer, bei denen keine Angabe steht, erhalten die 9. Sie sind echte Antwortverweigerer.

5.2 Vom Codeplan zum Datensatz

Wenn man sich einen Codeplan überlegt hat, stellt sich die Frage, mit welchem Programm die Daten aufgenommen werden können. Hier gibt es eigentlich kein Patentrezept. Die vorgestellten Auswertungsbeispiele basieren alle auf dem Statistikprogramm SPSS. Das heißt aber nicht, dass es auch notwendig ist, die Daten direkt in SPSS einzugeben. Grundsätzlich benötigen Sie ein Datenbankprogramm, das ermöglicht, Daten in Tabellenform aufzunehmen und das ODBC-fähig ist. SPSS verfügt über eine ODBC-Schnittstelle, die Datenwerte und Beschriftungen direkt übernehmen kann. Bestimmte Datenformate wie Access oder Excel kann SPSS direkt einlesen.

Nutzt man andere Datenbank- oder Tabellenkalkulationsprogramme zur Datenaufnahme, ist es möglich, selbst Datenmasken zu erstellen, die den Fragebogen rekonstruieren und durch eingebaute Prüfkriterien Eingabefehler vermeiden helfen. Der Softwaremarkt in diesem Bereich ist groß und neben SPSS können beispielsweise Access, Excel oder diverse Datenbankprogramme genutzt werden, bei denen z.B. eine Visual Basic Programmierung möglich ist. Das vorgeführte Beispiel bezieht sich auf eine direkte Eingabe in SPSS, da in diesem Zusammenhang die Struktur des Datensatzes am ehesten klar wird. Wenn man SPSS öffnet, erscheint eine leere Datenmatrix, die auf den Codeplan zugeschnitten wird. Dazu öffnet man das Fenster Variablenansicht (Reiter Variablenansicht). Im ersten Schritt werden die Namen für die Variablen vergeben. Hierhin gelangen Sie auch, wenn Sie in der Datenansicht das erste unbeschriftete graue Kästchen mit dem Namen „var" doppelt anklicken (siehe Abb. 6). In den folgenden Spalten muss man die Struktur und den Inhalt der Variable festlegen.

5. Vom Fragebogen zum Datensatz

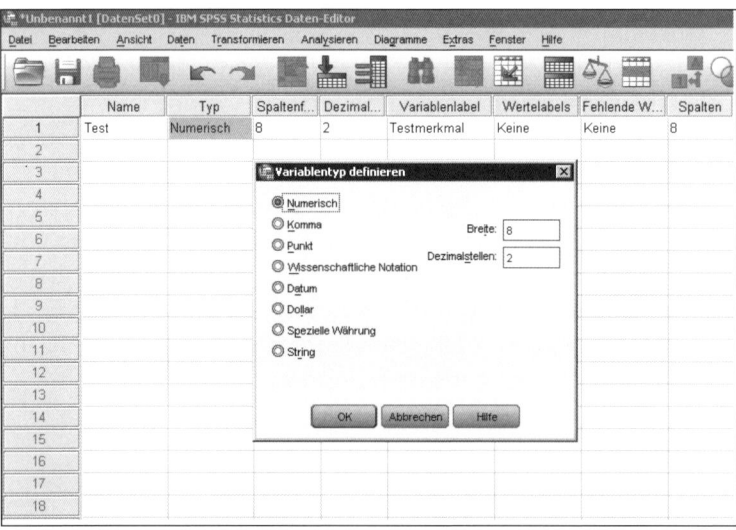

Abb. 6: Variablendefinition im Programm SPSS

Die Tabelle zur Definition der Variable besteht aus mehren Spalten. Zuerst wird im Textfeld Variablenname eine Bezeichnung für die Variable eingetragen. Für die Variable Wohnort in unserem Beispiel könnte man den Namen „wohn" vergeben. Die Spalten 2 bis 4 zeigen die wesentlichen Einstellungen, die vorgenommen werden, um das Format der Variable festzulegen. Danach wird in Spalte 5 der Klartextname der Variablen festgelegt und in Spalte 6 werden die Wertelabels vergeben. Hier werden die Bezeichnungen für die Merkmalsausprägungen zugewiesen. Danach kommt die Definition der fehlenden Werte. Von Bedeutung ist zudem die Spalte „Messniveau". In diesem Bereich geben Sie schließlich das Skalenniveau des Merkmals an. In Kapitel 4 wurden die verschiedenen Skalentypen behandelt, dieses Wissen können Sie hier nun direkt anwenden. Für die Variable „wohn" geben Sie Nominalskalenniveau vor. Im nächsten Schritt wollen wir einzelne Spalten genauer unter die Lupe nehmen.

5.2.1 Variablentyp definieren

Wenn Sie auf die Spalte „Typ" klicken, öffnet sich eine weitere Datenmaske. Hier wird der Typ der Variable eingetragen. Bei Zahlencodes handelt es sich um den Typ „Numerisch". Außerdem können Sie dann zusätzlich festlegen, wie viele mögliche Vor- und Nachkomma-Stellen der Wert haben darf. In unserem Beispiel werden keine benötigt. Wollen Sie Text eingeben, wählen Sie den Typ

"String". Wie Sie sehen, gibt es noch zahlreiche andere Variablenformate, auf die wir an dieser Stelle nicht eingehen. Die gebräuchlichsten sind „Numerisch" und „String".

5.2.2 Fehlende Werte

In der Spalte „Fehlende Werte" geben Sie die Zahlencodes ein, die für die fehlenden Angaben vorgesehen sind. Es ist möglich, bis zu drei einzelne Zahlen für fehlende Werte zu vergeben oder einen Wertebereich festzulegen. Für unser Beispiel wird in der Regel die 9 eingetragen. Lediglich bei der Variable Alter ist 99 zu vergeben. Dies wurde so festgelegt, um eine klare Abgrenzung zum Alter zu erreichen. Außerdem ist der fehlende Wert in den meisten Fällen der höchste Wert. Dies erleichtert die Darstellung in den Häufigkeitstabellen, die noch vorgestellt werden.

5.2.3 Labels der Variablenwerte

In der Spalte „Wertelabels" werden ein Titel und die Bedeutung der einzelnen Werte eingegeben. Diese Beschriftungen erscheinen bei späteren Auswertungen an Stelle oder zusätzlich zu den Zahlencodes (je nach Einstellung). Dies erleichtert die Auswertung und Interpretation. Auf diese Weise muss man nicht den Codeplan zur Hand haben, um die Bedeutung der Zahlen zu erkennen. Mit der Option „Spaltenformat" können Sie schließlich die Spaltenbreite festlegen und die Ausrichtung bestimmen.

5. Vom Fragebogen zum Datensatz

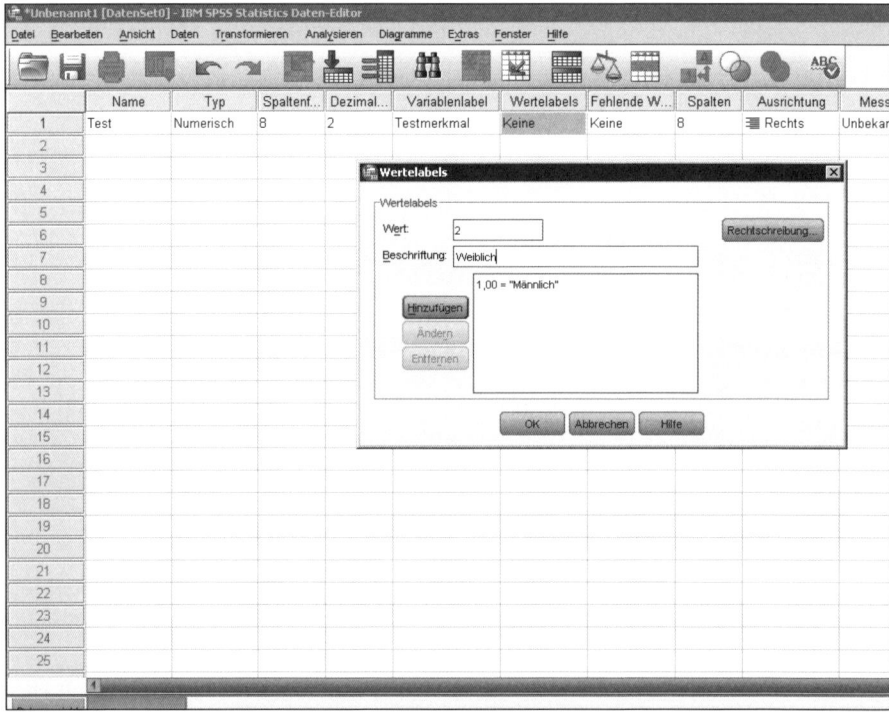

Abb. 7: Dialog zur Definition der Merkmalsausprägungen

Wenn Sie auf diese Weise alle Variablen festgelegt haben, können Sie mit der Dateneingabe beginnen. Dies geschieht im Datenfenster. Jeder Fall, also z.B. jede/r Befragte, wird in einer eigenen Zeile erfasst. Zu jedem Merkmal wird die entsprechende Antwort nach der Codierungsvorschrift in die Spalte übertragen. Auf diese Weise entsteht ein Rechteckdatensatz. Das bedeutet, dass für jeden Fall, unabhängig davonv wie viele Spalten besetzt sind, die Datensatzlänge gleich ist.

Wenn wir für unser Beispiel einige Fälle eingeben, resultiert daraus folgender Datensatz: Die Variable *num* erfasst die Fragebogennummer, *juhaus* enthält die Angaben zum Jugendhausbesuch aus Frage 15, in *alter* wird das Alter der befragten Person abgelegt und *wohn* gibt den Wohnort der Person wieder. In Wirklichkeit haben Sie es natürlich mit deutlich mehr Fällen und auch deutlich mehr Variablen zu tun, die Sie auswerten und kombinieren können.

5.2 Vom Codeplan zum Datensatz

a) Variablenfenster

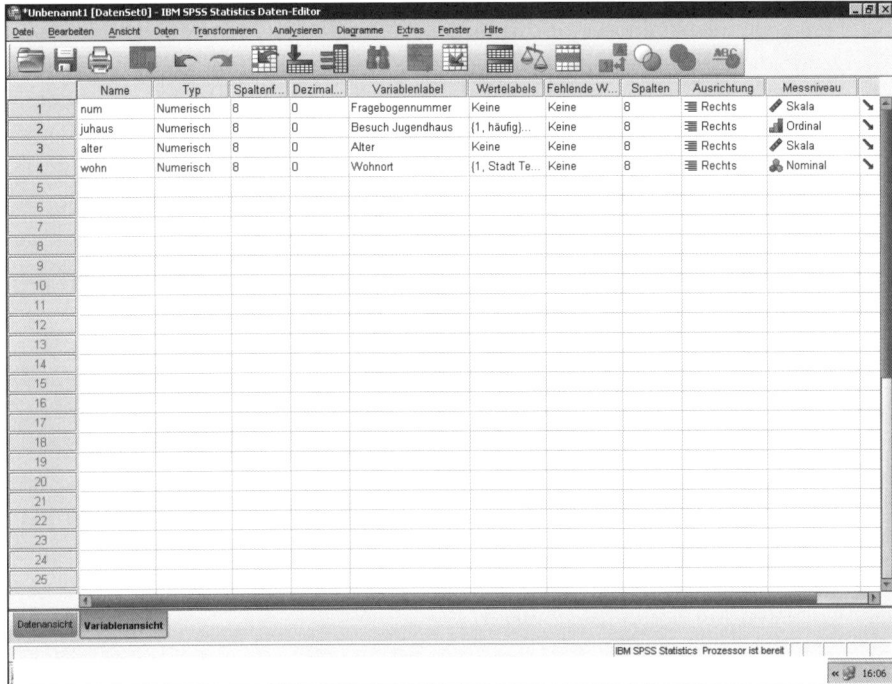

b) Datenfenster

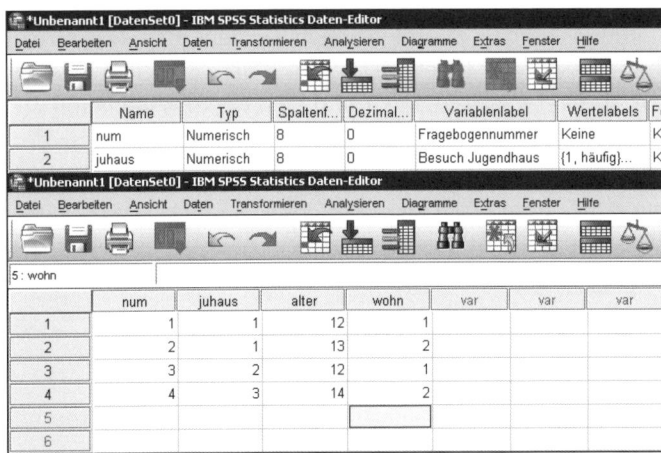

Abb. 8: Beispiel für einen Rechteckdatensatz in SPSS

6. Univariate Datenanalyse

Nachdem die wesentlichen Schritte und Grundlagen der Aufbereitung von Daten für die Analyse geschildert wurden, wenden wir uns nun der eigentlichen Auswertung zu. Dieses Kapitel vermittelt einen Einblick in elementare Häufigkeitsdarstellungen und zentrale Maße, mit denen sich eine Verteilung beschreiben lässt. Im ersten Schritt werden die verschiedenen Maßzahlen und deren Berechnungsweisen kurz dargelegt, um ein Verständnis für deren Bedeutung und Interpretation zu vermitteln. Ferner wird damit gezeigt, welche Maßzahlen für bestimmte Variablentypen geeignet sind. Im zweiten Schritt wird darauf eingegangen, wie diese Maßzahlen in SPSS errechnet werden können.

Univariate Analyse bedeutet in diesem Kontext, dass eine Variable bezüglich ihrer (Häufigkeits-)Verteilung untersucht wird. Wenn Sie sich die Gestalt des kleinen Beispieldatensatzes ins Gedächtnis rufen (Abb. 8), dann werden die einzelnen Spalten ausgewertet. Zu Beginn jeder Auswertung eines Datensatzes steht die sog. Grundauszählung. Dahinter verbirgt sich nichts anderes, als dass man die Häufigkeiten und die Verteilung jeder Variablen betrachtet, um einen grundlegenden Überblick zu bekommen. Häufigkeitsauswertungen gehören zu den elementarsten Auswertungstechniken.

6.1 Absolute und relative Häufigkeiten

Um die Häufigkeiten eines Merkmals zu untersuchen, bedient man sich zweier grundlegender Vorgehensweisen: der tabellarischen und der grafischen Darstellung. Für die folgenden Auswertungsbeispiele, mit denen wir dies verdeutlichen wollen, greifen wir auf den ALLBUS 2008 zurück. Der ALLBUS ist, wie im Vorwort geschildert, eine sozialwissenschaftliche Panoramastudie, die regelmäßig erhoben wird. Sie kann in der Kompaktversion kostenlos bei GESIS (www.gesis.org) bestellt werden. Die Auswertungsbeispiele aus dem ALLBUS beziehen sich auf diese Kompaktversion.

6.1.1 Tabellarische Darstellung

Schon für einfache Auswertungen macht sich die Mühe der Dateneingabe bezahlt. Die tabellarische Häufigkeitsverteilung erhalten Sie mit SPSS praktisch auf Knopfdruck. Alles, was Sie tun müssen, ist den entsprechenden Befehl für die

6.1 Absolute und relative Häufigkeiten

ausgewählten Variablen anzuklicken. Dafür wählen Sie im Menü den Punkt *Analysieren/Deskriptive Statistiken/Häufigkeiten* (SPSS 19.0).

Wenn Sie die Option *Häufigkeiten* ausgewählt haben, erscheint eine Datenmaske. Durch Anklicken der interessierenden Variablen und des blauen Ausführungspfeils wählen Sie diese Merkmale aus. Sie erscheinen dann in dem Feld *Variablen*. Wir haben uns in unserem Beispiel für die Variablen *Geschlecht* und *Alter* der Befragten entschieden. Die Menüpunkte *Statistik, Diagramm* und *Format* benötigen Sie zunächst noch nicht. Alles was weiter zu tun bleibt ist, auf „O.K." zu klicken (siehe Abb. 9).

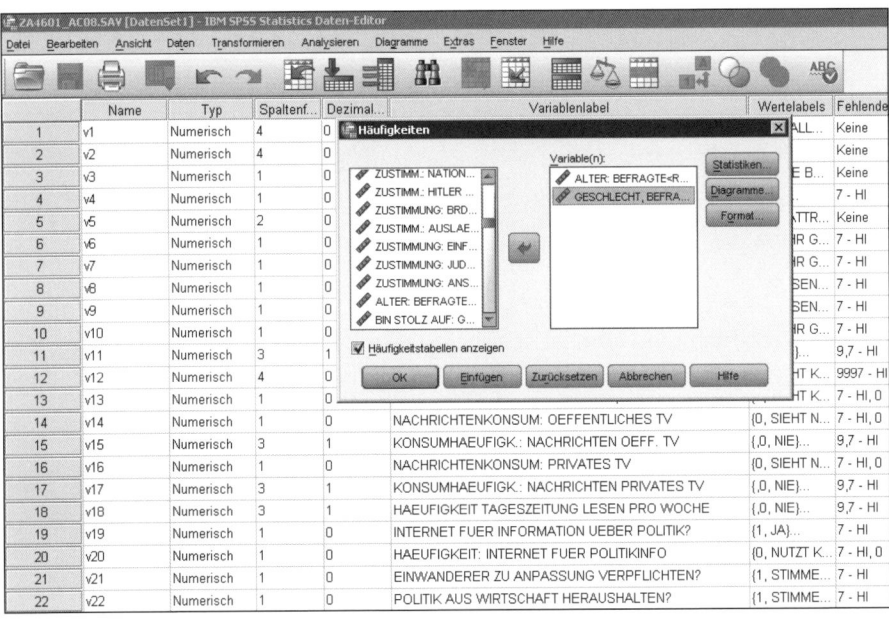

Abb. 9: Häufigkeiten mit SPSS auswerten

Wenn man die Darstellung der auszuwählenden Variablen betrachtet, fällt auf, dass dort nicht die Namen der Variablen dargestellt sind, sondern die Klartexte, die zur besseren Erklärung des Inhalts vergeben wurden. Diese Einstellung lässt sich ändern. Wenn die Namen der Variablen dargestellt werden sollen, dann klickt man einfach im Menü auf *Bearbeiten/Optionen* und wechselt im Reiter *Allgemein* von „Labels anzeigen" auf „Namen anzeigen" (siehe Abb. 10).

6. Univariate Datenanalyse

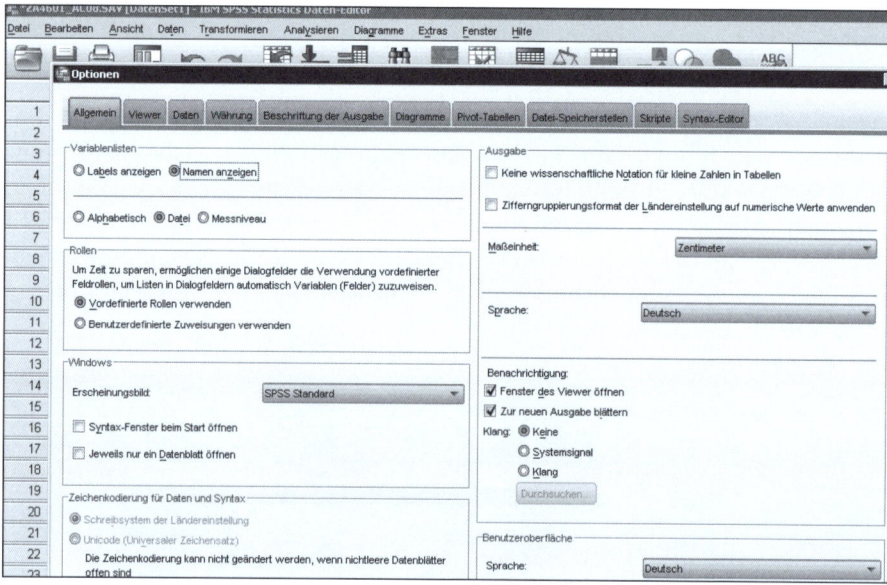

Abb. 10: Wechsel der Darstellung von Label der Variable zu Namen der Variable

Wenn man dies erfolgreich hinter sich gebracht hat, erscheint für jede der ausgewählten Variablen eine tabellarische Darstellung der Häufigkeitsverteilung. Um zu sehen, was es mit den verschiedenen Bestandteilen auf sich hat, betrachten wir die Häufigkeitstabelle für die Variable „v155" (Alter in Altersgruppen).

Die gestartete Auswertung erzeugt zwei Tabellen, den sog. „Output". Die erste Tabelle (siehe Abb. 11) zeigt lediglich die Anzahl der Fälle (also der Befragten) nach gültigen und fehlenden Werten. In unserem Beispiel trifft letzteres auf zwölf Personen zu. Insgesamt wurden 3.469 Personen befragt. Im Grunde ist diese erste Tabelle jedoch entbehrlich, denn diese Informationen können auch durch die zweite, komplexere Tabelle erschlossen werden. Betrachten wir zunächst die Bedeutung der einzelnen Spalten. Die erste linke Spalte weist die verschiedenen Altersgruppen aus, in diesem Fall handelt es sich um eine Darstellung nach Altersgruppen von 18 bis über 89 Jahre (der Vercodung entsprechend). Danach wird eine Zeile *Gesamt*, *Fehlend* und nochmals *Gesamt* ausgewiesen.

Die zweite Spalte zeigt die absoluten Häufigkeiten, also wie viele Befragte insgesamt z.B. zwischen 18 und 29 Jahren alt waren. Unter der eingerückten Bezeichnung *Gesamt* finden Sie die Anzahl der gültigen Werte, danach folgen die fehlenden Angaben und ein weiteres Mal *Gesamt*, wobei hier nun alle Befragten ausgewiesen werden, sowohl die gültigen als auch die fehlenden Werte.

6.1 Absolute und relative Häufigkeiten

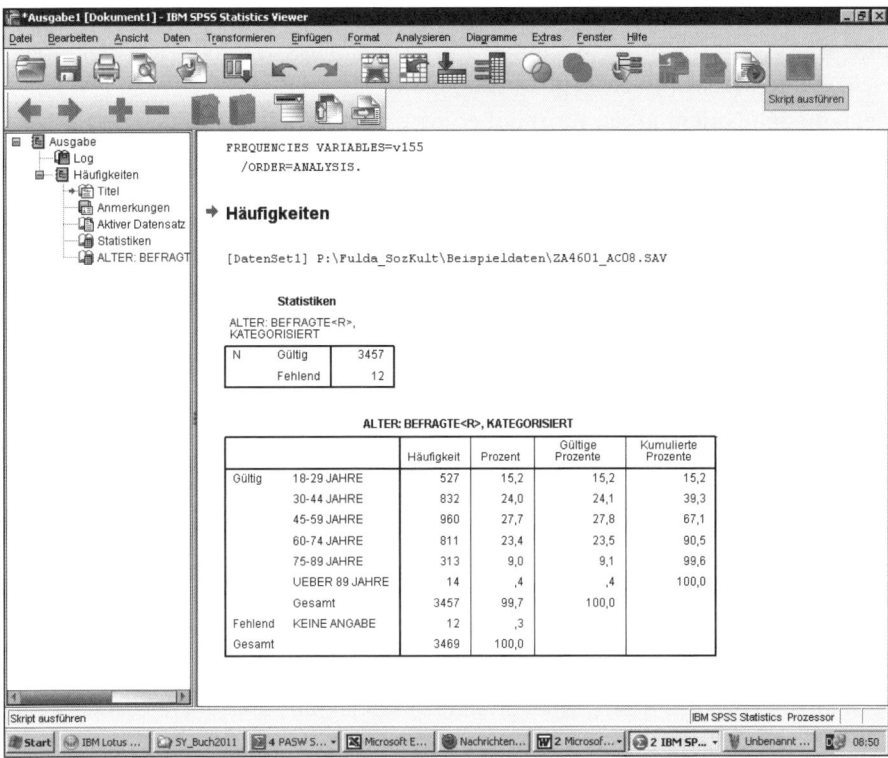

Abb. 11: SPSS-Ausgabe Häufigkeitsverteilung der Variable Alter des Beispieldatensatzes ALLBUS 2008

In den nächsten beiden Spalten *Prozent* und *Gültige Prozent* finden Sie die prozentualen Häufigkeiten. Darunter versteht man den prozentualen Anteil jeder Kategorie an der Gesamtanzahl. Der Prozentwert der Gesamtanzahl ergibt 100 %. Die Berechnung der relativen Häufigkeiten ist einfach: Sie teilen jeweils die Anzahl der Fälle in der Kategorie durch die Gesamtanzahl und multiplizieren das Ergebnis mit 100. Also z.B. 527 (18- bis 29-Jährige) geteilt durch 3.469 (Gesamtzahl) multipliziert mit 100, ergibt 15,2 %. Das bedeutet, dass 15,2 % der Befragten zum Erhebungszeitpunkt in die Altersgruppe 18 bis 29 Jahre fallen. Die allgemeine Formel für diese Berechnung lautet:

$$fi = {hi}/{N} \times 100$$

mit fi: prozentuale Häufigkeit der Kategorie i
     hi: absolute Anzahl der Fälle der Kategorie i
     N: Gesamtzahl aller Fälle

Wenn man die beiden Spalten *Prozent* und *Gültige Prozent* vergleicht, fällt auf, dass die Werte leicht voneinander abweichen. Dies resultiert aus der unterschiedlichen Basis der Prozentuierung. In der Spalte *Prozent* werden alle Fälle, auch die fehlenden, in die Prozentuierung eingeschlossen. Die Gesamtzahl der Fälle N im Nenner beträgt also 3.469. Sie wird in der untersten Zeile ausgewiesen. Die dritte Spalte benutzt als Gesamtzahl N nur die gültigen Fälle, die unter dem ersten eingerückten Ausdruck Gesamt summiert sind. N beträgt hier nur 3.457 Fälle. Die fehlenden Werte werden also nicht berücksichtigt.

In der letzten Spalte finden wir schließlich die kumulierten Prozentangaben. Auch hier werden nur die gültigen Werte berücksichtigt und die fehlenden ausgeschlossen. Kumulieren bedeutet dabei nichts anderes als Anhäufen, das heißt die Prozentwerte werden von unten nach oben aufsteigend addiert. In der Zeile für die Altersgruppe 30 bis 44 Jahre finden wir einen Wert von 39,3. Er besagt, dass 39,3 % der gültigen Fälle 44 Jahre oder jünger sind. Der Wert 90,5 in der Zeile der 60 bis 74 Jahre drückt aus, dass 90,5 % der Befragten maximal 74 Jahre alt sind. In diesem Zusammenhang sei noch der allgemeine Grundsatz angemerkt, dass man im Normalfall bei einer Erhebung, die auf einer Stichprobe basiert, auf eine Prozentuierung mit Nachkomma-Stellen verzichten sollte. Bei einer Zufallsstichprobe suggeriert man ansonsten eine Exaktheit, die man in der Regel nicht gewährleisten kann. Für SPSS lässt sich eine entsprechende Rundung der Prozentwerte festlegen. In unserem Beispiel haben wir jedoch darauf verzichtet, um die Darstellung des Rechenwegs offensichtlich zu machen.

6.1.2 Grafische Darstellung der Häufigkeiten

Die grafische Darstellung der Verteilung einer Variablen kann man auf verschiedenen Wegen erreichen. SPSS ermöglicht dies vor allem in den aktuellen Programm-Versionen über den Menüpunkt *Diagramme/Diagrammerstellung* bzw. *Grafiktafel-Vorlagenauswahl* in verschiedenster Form. Wenn man Tabellenkalkulations- oder Grafikprogramme bevorzugt, kann man auch einfach eine erzeugte Tabelle im Ausgabefenster markieren, kopieren und die Daten über die Zwischenablage jeweils in diese Programme einfügen. Außerdem ist es möglich, die Ausgaben über *Datei/Exportieren* direkt im Excel-Format und anderen Formaten zu speichern.

Wir behandeln an dieser Stelle die einfachste und schnellste Art, innerhalb von SPSS einen grafischen Überblick über die Verteilung einer Variablen zu erhalten. In der Eingabemaske zur Definition von Häufigkeitsauswertungen können über die Befehlsschaltfläche *Diagramm* einfache grafische Abbildungen erzeugt werden:

ein Balkendiagramm, ein Säulendiagramm und das Histogramm. Bei den Säulen- und Balkendiagrammen können Sie zusätzlich festlegen, ob die absoluten Häufigkeiten oder die Prozentwerte dargestellt werden sollen (siehe Abb. 12).

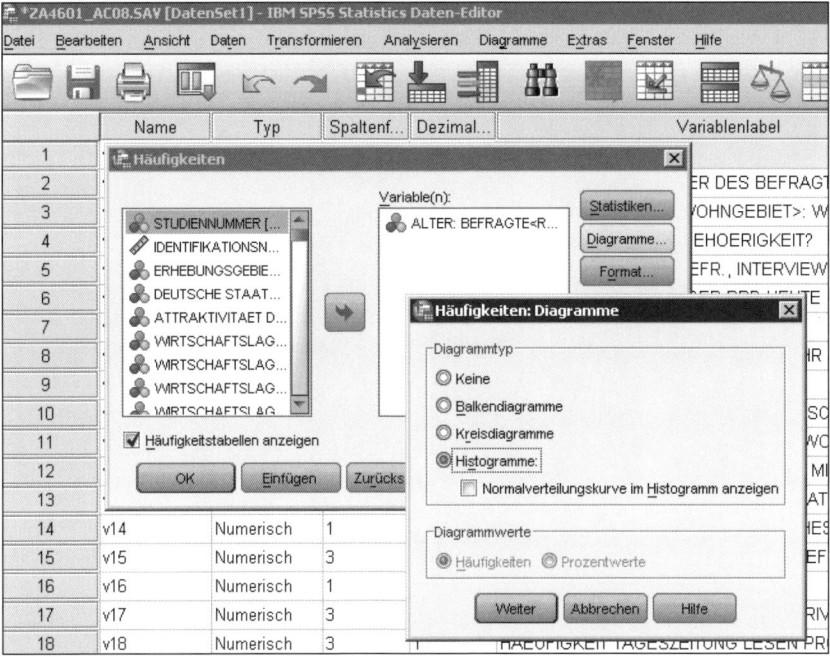

Abb. 12: Einfache Diagramme und Histogramme mit SPSS erstellen

Wählen wir bei unserem Auswertungsbeispiel „Alter der Befragten" ein Balkendiagramm, das die prozentuale Verteilung darstellen soll, erhalten wir eine grafische Darstellung in Säulenform (siehe Abb. 13). Durch Doppelklicken auf die Grafik können Sie diese zusätzlich bearbeiten. Zum Beispiel können Sie die Skala der Y-Achse, auf der die Prozente abgetragen sind, verändern oder die Balkenform modifizieren.

6. Univariate Datenanalyse

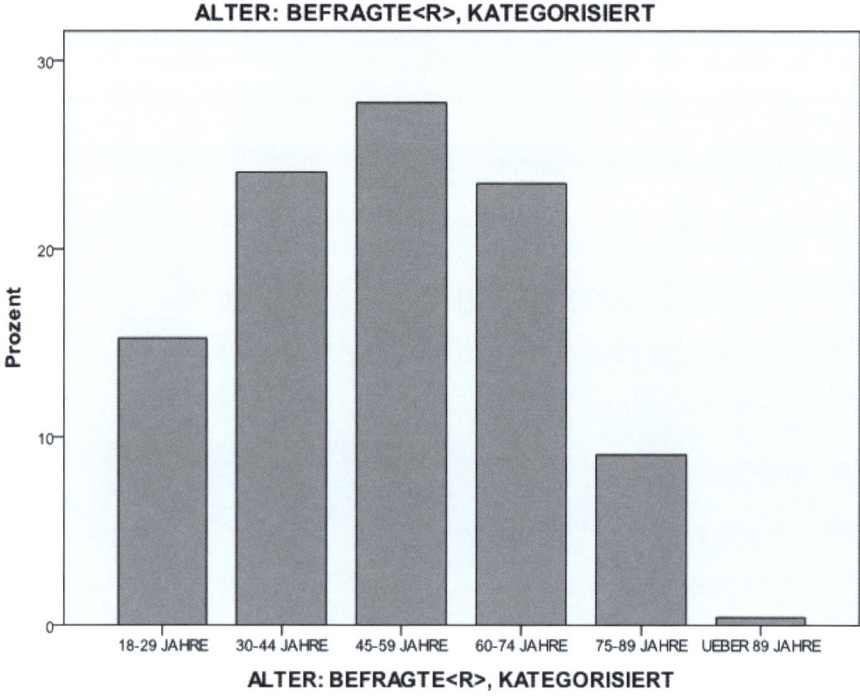

Abb. 13: SPSS-Ausgabe Beispiel-Säulendiagramm mit SPSS über den Dialog Häufigkeiten

Das erwähnte Histogramm liefert neben einer Darstellung der absoluten Häufigkeiten elementare Maßzahlen der Verteilung, den arithmetischen Mittelwert und die Standardabweichung. Beides soll im Anschluss behandelt werden. Ferner ist es möglich, die Normalverteilungskurve einblenden zu lassen. Auch diese werden wir noch eingehend betrachten. Für diesen Moment genügt es zu wissen, dass es ausgefeilte statistische Methoden gibt, die den Einfluss von einer oder mehreren Variablen auf eine andere Variable untersuchen. Bei einigen dieser Methoden ist es notwendig, dass diese Merkmale ein metrisches Skalenniveau aufweisen und annähernd einer Normalverteilung entsprechen.

Bevor wir uns aber den Maßzahlen der Verteilung widmen, wollen wir zuerst noch die Möglichkeit ins Auge fassen, Werte der Variablen zusammenzufassen.

6.2 Zusammenfassen von Variablenwerten

Bei einer Auswertung wird man häufig damit konfrontiert, dass Ausprägungen einer Variablen zusammengefasst werden müssen. Dies wird vor allem dann notwendig, wenn die Variable viele Ausprägungen aufweist. Wenn Sie sich zum Beispiel das Einkommen oder das Taschengeld von allen Befragten auf Heller und Pfennig vorgeben lassen, resultiert daraus eine Fülle von Werten. Um Aussagen treffen zu können, werden Sie nicht darum herum kommen, die einzelnen Angaben in Kategorien zu bündeln. Ferner wird dies auch bei Variablen mit weniger Ausprägungen der Fall sein, wenn Sie mit sog. Kreuztabellen zwei oder mehrere Merkmale in Beziehung setzen wollen, womit wir uns später auch noch beschäftigen werden (vgl. Kapitel 8).

Über den Menüpunkt *Transformieren/Umkodieren* gelangen Sie zu einer Datenmaske, die es ermöglicht, menügesteuert eine solche Recodierung vorzunehmen. Sie können dabei die Ursprungsvariable selbst verändern oder eine zweite Variable erstellen, die die neuen Kategorien enthält. Grundsätzlich sollten alle Originalwerte erhalten bleiben, um sich die Flexibilität für weitere Auswertungen zu erhalten. Es empfiehlt sich daher, eine neue Variable anzulegen (Umkodieren in andere Variable, siehe Abb. 14).

Hat man auf dem beschriebenen Weg die Eingabemaske für die Umkodierung erreicht, wird die gewünschte Variable – in unserem Beispiel „v154" *(Alter nach Einzelalter)* – mit dem schwarzen Pfeil dem Feld *Numerische Variable/ Ausgabevariable* hinzugefügt. Für die neue Variable tragen Sie einen Namen ein; in unserem Beispiel heißt die neue Variable *neualt*. Der neue Name wird ebenfalls über die Schaltfläche *Ändern* dem Auswahlfeld hinzugefügt. Dann klicken Sie auf *Alte und neue Werte*.

6. Univariate Datenanalyse

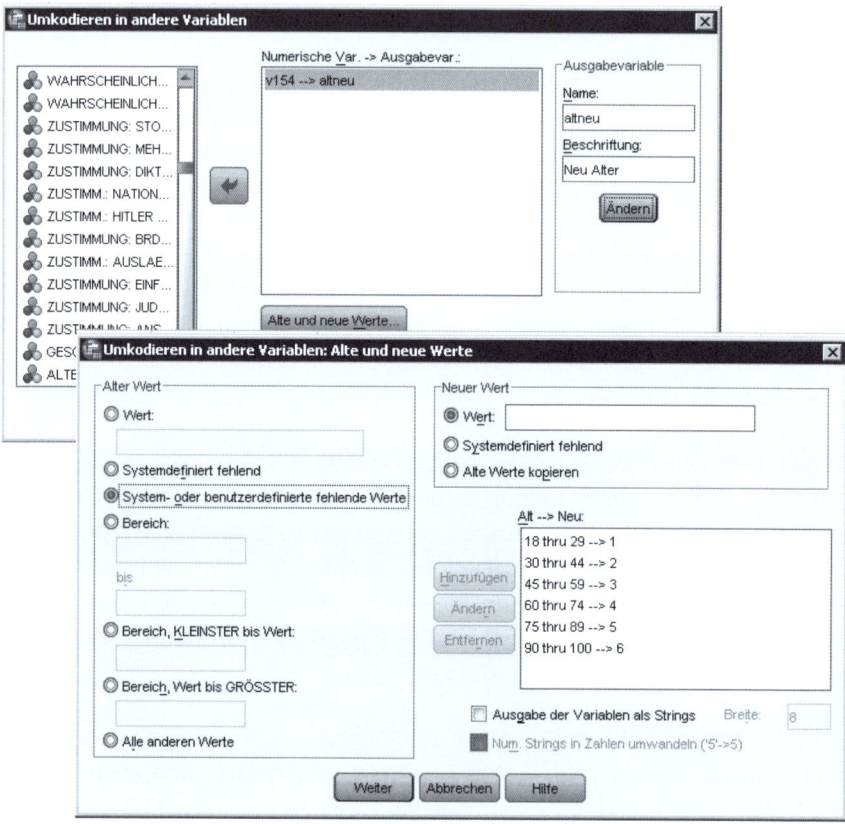

Abb. 14: Umcodieren in eine andere Variable

An dieser Stelle werden nun die neuen Wertebereiche bestimmt. Dabei ist es möglich, einzelne Werte zu neuen Werten umzukodieren oder schneller über den Punkt *Bereiche* für nebeneinander liegende Werte bzw. Intervalle einen gemeinsamen Code zu vergeben. In unserem Beispiel der Umkodierung der Variable Einzelalter *(v154)* haben wir den zweiten Weg gewählt. Insgesamt bestimmen wir auf diese Weise sechs Altersgruppen. Die Einzelalter 18 bis 29 Jahre fassen wir zur Kategorie eins zusammen, die 30 bis 44-Jährigen bündeln wir unter zwei usw. Nun besteht unsere neue Variable *altneu* aus sechs Altersgruppen. Mit *Weiter* und *O.K.* beenden wir den Vorgang. Als „Kür" können wir nun noch die neue Variable im Datenfenster anklicken und die entsprechenden Labels vergeben (wie oben beschrieben). Die Auswertung der Häufigkeitstabelle gestaltet sich dann analog dem oben beschriebenen Vorgehen. Der Output für die Häufigkeitsverteilung dieser neuen Variablen weist dann entsprechend den vorgenommenen Umkodierungen sechs Ausprägungen aus (siehe Abb. 15). Die Beschriftung der Werte wurde mit Labels versehen. Bei genauer Betrachtung fällt auf, dass die fehlenden Werte nun als systemfehlend mit einer Leerstelle ausgewiesen werden, da für diese keine Umkodierungsvorschrift eingegeben wurde. Wie Sie der Datenmaske aber entnehmen können, ist auch dies möglich.

Neu Alter

		Häufigkeit	Prozent	Gültige Prozente	Kumulierte Prozente
Gültig	1,00	527	15,2	15,2	15,2
	2,00	832	24,0	24,1	39,3
	3,00	960	27,7	27,8	67,1
	4,00	811	23,4	23,5	90,5
	5,00	313	9,0	9,1	99,6
	6,00	14	,4	,4	100,0
	Gesamt	3457	99,7	100,0	
Fehlend	System	12	,3		
Gesamt		3469	100,0		

Abb. 15: SPSS-Ausgabe Häufigkeitstabelle der Altersvariable v154 nach Umkodieren

6.3 Statistische Kennwerte einer univariaten Verteilung

Eine Tabelle oder eine Grafik informiert über die gesamte Verteilung. Statistische Kennwerte dagegen geben summarisch über spezielle Eigenschaften der Merkmalsverteilung Auskunft. Von besonderem Interesse sind dabei Maße, die alle Messwerte zusammenfassend repräsentieren, insbesondere die Maße der zentralen Tendenz, des Weiteren Kennwerte, welche die Unterschiedlichkeit der Ausprägungen einer Variablen kenntlich machen, die Dispersionsmaße bzw. Streuungsmaße.[41] Die Verdichtung der Daten zu Maßzahlen ermöglicht eine gebündelte Information über die Häufigkeitsverteilung und damit auch einen leichteren Vergleich. Gleichzeitig ist damit aber auch ein Verlust an Informationsgehalt gegenüber der Betrachtung der kompletten Verteilung verbunden. Aus diesem Grund empfiehlt es sich, solche Maßzahlen nicht ausschließlich zu benutzen,

---
41   Bortz 1993, 37.

sondern zumindest im Voraus die komplette Verteilung des Merkmals zu betrachten.

Im Mittelpunkt dieses Abschnitts stehen die gebräuchlichsten Kennwerte der zentralen Tendenz und der Dispersion, die auch auf einfachem Weg mit SPSS abrufbar sind. Sie lassen sich nach der Aufstellung in Tabelle 7 gliedern. Im folgenden Abschnitt werden wir diese Maßzahlen und deren Berechnung bestimmen. Ein besonderer Blick gilt dabei auch der Frage nach der Eignung bestimmter Maßzahlen je nach Art einer Verteilung. Ferner ist zu berücksichtigen, ob es sich bei den Werten um Einzelwerte oder gruppierte Daten handelt. Die nachfolgende Zusammenfassung liefert einen ersten Überblick über gebräuchliche Maßzahlen und deren englische Bezeichnung, welche sich häufig in der Fachliteratur findet.

Maße der zentralen Tendenz – Lagemaße	Dispersionsmaße – Streuungsmaße
Modus (h): Häufigster Werte (engl. *mode*)	Range (R): Spannbreite, Variationsbreite (engl. auch *total range*)
Median: Zentralwert, Halbierungswert (engl. *median*)	Varianz (s^2) u. Standardabweichung (s) (engl. *variation* und *standard deviation*)
Arithmetischer Mittelwert: Durchschnitt (engl. *arithmetic average* oder *arithmetic mean*)	Maximum: Größter Wert (engl. *maximum*)
Summe: (engl. *sum*)	Minimum: Kleinster Wert (engl. *minimum*)

Tab. 7: Kennwerte der zentralen Tendenz und der Dispersion

6.3.1 Maße der zentralen Tendenz

Die wesentliche Überlegung bei der Darstellung von Maßen der zentralen Tendenz bzw. Mittelwerten ist es, die Verteilung anhand eines Wertes zu charakterisieren, der die gesamte Verteilung am besten repräsentiert. Dafür stehen uns besonders drei Maße zur Verfügung: der arithmetische Mittelwert, der Median und der Modus. Welcher dieser Werte Anwendung findet, hängt davon ab, was unter „am besten repräsentiert" zu verstehen ist. Ist man daran interessiert, dass der Wert die Merkmalsausprägung einer zufällig ausgewählten Person wiedergibt, wählt man den häufigsten Wert, den Modus. Lautet die Definition der Maßzahl, dass deren Wert so gestaltet sein soll, dass alle übrigen Werte von ihm im Durchschnitt am wenigsten abweichen, wählt man den Zentralwert, den Median. Soll schließlich eine Maßzahl gefunden werden, deren Wert die Merkmalsausprägung einer zufälligen Person schätzt, ohne dass es zu großen Schätzfehlern kommt, ist der arithmetische Mittelwert angemessen. Diese einzelnen Maßzahlen sollen im Folgenden näher betrachtet werden.

6.3.1.1 Der Modus

Man definiert den Modus als den Wert einer Verteilung, um den sich die Einzelwerte am dichtesten scharen bzw. bei dem die Verteilung ihr Maximum erreicht.[42] Bei einer diskreten Variablen, bei der keine Werte zu Kategorien zusammengefasst wurden, entspricht der Modus dem häufigsten Wert. Während die übrigen Mittelwerte ein höheres Messniveau erfordern, kann der Modus auch für nominalskalierte Variablen angewendet werden. Es handelt sich dann um die am häufigsten besetzte Kategorie.

An einem Beispiel lässt sich der Modus verdeutlichen. Wenn wir die Verteilung der Variablen „Alter" im Beispieldatensatz einer Jugendbefragung betrachten, wird der Modus direkt ersichtlich.

	Alter	Häufigkeit
Gültig	12	104
	13	**177**
	14	163
	15	156
	16	137
	17	154
	18	129
	19	106
	20	111
	21	135
	Gesamt	1.372
Fehlend	99	8
Gesamt		1.380

Tab. 8: Modus einer unimodalen Verteilung am Beispiel der Variablen Alter

In der Verteilung aus Tabelle 8 beträgt der Modus 13, da die meisten Befragten unter die Kategorie „13 Jahre" fallen. Diese Kategorie bildet demgemäß den häu-

---
42 Vgl. Grohmann 1986 b.

figsten Wert oder das Maximum der Verteilung (da es sich um eine stetige Variable handelt). Wenn ein Wert das Maximum der Verteilung bezeichnet, spricht man von einer *unimodalen* Verteilung. Handelt es sich bei den Ausprägungen einer Variablen um zu Gruppen zusammengefasste Werte (klassierte Variable), wird der Modus auf eine etwas andere Art ermittelt. In diesem Fall gilt die Kategorienmitte der am häufigsten besetzten Kategorie als Modalwert.[43] Dabei ist allerdings darauf zu achten, dass die Klassenbreite, also die Anzahl der Einzelwerte, die eine zusammengefasste Kategorie bilden, gleich ist. Auch dies lässt sich beispielhaft verdeutlichen. Wir betrachten hierfür das Merkmal „Taschengeld" (siehe Tab. 9).

Taschengeld in Euro	Häufigkeit
0 bis unter 50 Euro	404
50 bis unter 100 Euro	*601*
100 bis unter 150 Euro	146
150 bis unter 200 Euro	105
200 bis unter 250 Euro	80
250 bis unter 300 Euro	44
Gesamt	**1.380**

Tab. 9: Modalkategorie einer klassierten Variablen am Beispiel Taschengeld

Die zweite Kategorie (50 bis unter 100 Euro) bildet die Modalkategorie. Der Mittelpunkt dieser Kategorie sind 75 Euro. Der Modalwert liegt also bei 75 Euro. SPSS berücksichtigt diese Vorgehensweise nach Klassenmittelpunkten nicht, sondern weist lediglich die *Modalkategorie* aus, in unserem Fall also die zweite. Ferner kann es vorkommen, dass nicht nur einer, sondern zwei oder mehr am häufigsten besetzte Werte in einer Verteilung vorkommen. Im Falle, dass es sich dabei um zwei Ausprägungen handelt, zwischen denen mindestens eine weitere, geringer besetzte Kategorie liegt, spricht man von einer *bimodalen* Verteilung. In unserem Altersbeispiel wäre dies bei einer Verteilung nach Tabelle 10 und Abbildung 16 der Fall. Aus der Tabelle und der Abbildung werden die beiden Gipfel der Verteilung deutlich.

---

43 Vgl. Bortz 1993.

6.3 Statistische Kennwerte einer univariaten Verteilung

Alter	Häufigkeit
12	104
13	150
14	160
15	**177**
16	137
17	126
18	**177**
19	106
20	111
21	135
Gesamt	1380

Tab. 10: Beispiel einer bimodalen Verteilung

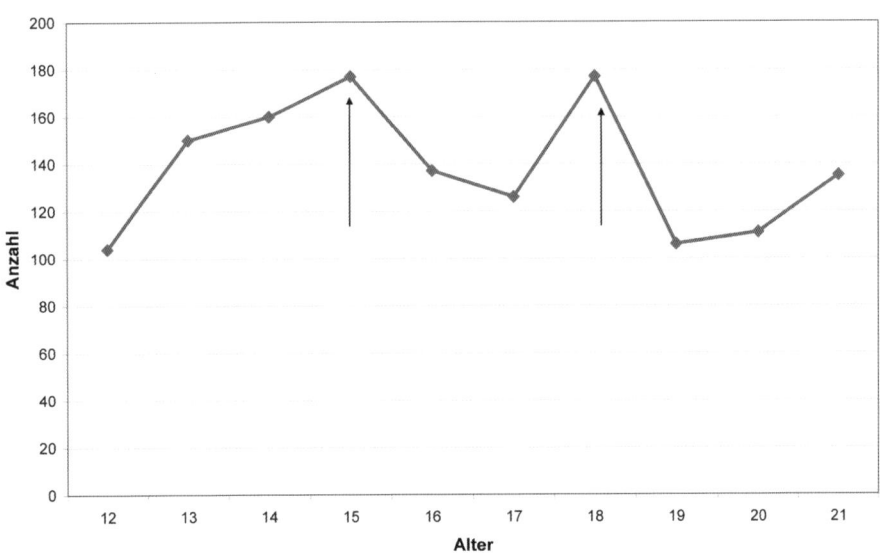

Abb. 16: Grafische Darstellung der bimodalen Verteilung aus Tabelle 10

Treten nebeneinander liegende Werte oder Klassen gleich häufig auf und ist deren Häufigkeit größer als die der anderen Werte oder Klassen, gibt man als Modus den rechnerischen Durchschnitt der beiden Messwerte oder Klassenmitten an. Üblicherweise spricht man von einem Modalwert oder Modus nur bei solchen Verteilungen, die tatsächlich einen Gipfel im Sinn eines Maximums der Verteilung aufweisen. Handelt es sich um eindeutig ansteigende oder abfallende Verteilungen, bei denen eine Randkategorie maximale Häufigkeiten zeigt (links- oder rechtsschiefe Verteilung), wird der Modus normalerweise nicht verwendet.

6.3.1.2 Der Median

Der Median (Md) bezeichnet jenen Wert, der eine nach Größe der Messwerte geordnete Reihe von Daten halbiert. Voraussetzung für diese Maßzahl ist, dass die untersuchte Variable zumindest Ordinalskalenniveau hat. Bei einer geringen Anzahl von Fällen, die zudem jeweils nur einmal vorkommen, lässt sich der Median auf einfache Weise bestimmen. Nimmt man zum Beispiel die Zahlenreihe

1	3	5	**7**	9	12	21

dann bildet der Wert 7 den Median, denn es liegen sowohl drei Werte unter als auch über ihm. Der Wert 7 halbiert damit die Datenreihe.

Anders verhält es sich bereits, wenn eine gerade Zahl von Daten vorliegt. Besteht die Datenreihe etwa aus acht ungleichen Werten, wie

1	3	5	**7**	**8**	9	12	21

dann wird das Wertepaar zur Bestimmung des Medians herangezogen, das die Population teilt. In unserem Beispiel sind dies die Werte 7 und 8. Man addiert die beiden Werte und dividiert das Ergebnis durch 2. In unserem Beispiel (7+8)/2= 7,5.

Etwas schwieriger gestaltet sich die Ermittlung des Medians, wenn nicht nur wenige Fälle zu untersuchen sind und zudem die Werte häufig mehrmals vorkommen. Fragen Sie beispielsweise bei 100 Personen nach deren Alter, dann werden einige Personen gleich alt sein, eine Reihe mit 100 verschiedenen Werten wird sich aber kaum ergeben. Nehmen wir der Kürze halber als Beispiel zehn Befragte mit folgenden Altersangaben in Jahren:

12	13	13	15	**15**	**15**	16	17	17	21

Nach den bisherigen Ausführungen könnte man annehmen, das mittlere Paar mit jeweils dem Wert 15 ergebe den Median. Bei genauer Überlegung fällt aber auf, dass dann eine wesentlicher Punkt der Definition des Medians verletzt würde. Wie wir sehen, liegen nämlich nicht gleich viele Werte ober- und unterhalb dieses Wertepaares. Stattdessen ergibt sich für den vorhergehenden Wert auch eine 15. Also liegen drei Werte darunter, aber vier Werte über diesem Wertepaar.

Man kann in einem solchen Fall den Median durch eine sog. *Interpolation* bestimmen. Dafür bildet man Intervallgrenzen. Das bedeutet, dass man davon ausgeht, dass Werte, die einen ganzzzahligen Wert ergeben, auf festgelegten Intervallen beruhen. In unserem Beispiel nimmt man an, dass eine 15 sich aus den Intervallgrenzen 14,5 bis 15,5 ergibt usw. Man nimmt in diesem Falle die untere Intervallgrenze 14,5 und addiert 2/3 der Intervallbreite (0,67) hinzu, da drei Werte in das entsprechende Intervall fallen. Das Ergebnis (15,17) markiert den exakten Median. Dieses Vorgehen ist aber nur zulässig, wenn man von solchen Intervallen auch ausgehen kann. Dies gilt nur für stetige Variablen, wie etwa Alter oder Körpergröße. Bei ordinalskalierten Variablen wäre eine solche Interpolation nicht ganz exakt, da für diese Werte kein solches Intervall festgelegt werden kann. SPSS weist wohl aus diesem Grund auch nicht den Median aus, der sich aus einer Interpolation ergibt, sondern das Medianintervall (exakter dessen Mitte). In unserem Falle würde SPSS also den Wert 15 als Median ausgeben. Geht man davon aus, dass sich Intervallgrenzen ergeben, kann der Median mit folgender Formel berechnet werden:

$$Md = U + \left(\frac{(0,5N - Fu)}{Fm}\right) \times Kb$$

mit:
Md = Median
U = untere Grenze des Medianintervalls
N = Anzahl der Fälle
Fu = kumulierte Häufigkeit unterhalb des Medianintervalls
Fm = Häufigkeit im Medianintervall
Kb = Intervallbreite

Bezogen auf das obige Beispiel lässt sich die Formel mit Werten füllen:

Md=14,5+((0,5*10–3)/3) *1   Md= 14,5 + 0,67   Md= 15,17

Betrachten wir die Häufigkeitsverteilung der Altersvariable einer Jugendbefragung, können wir die einzelnen Parameter der Berechnungsformel aus der Häufigkeitsverteilung ableiten und daraus den Median genau bestimmen.

6. Univariate Datenanalyse

WERT		Intervall		Häufigkeit		Prozent gerundet	Kumulierte Prozente gerundet
12		11,5 – 12,5		104		8	8
13		12,5 – 13,5		177		13	21
14		13,5 – 14,5		163		12	33
15		14,5 – 15,5	Fu=	156	(600)	11	44
16	U=	15,5 – 16,5	Fm=	137		10	54
17		16,5 – 17,5		154		11	65
18		17,5 – 18,5		129		9	74
19		18,5 – 19,5		106		8	82
20		19,5 – 20,5		111		8	90
21		20,5 – 21,5		135		10	100
Gesamt				1.372		100	

Md = 15,5 (0,5*1372 – 600 / 137) * 1

Tab. 11: Berechnung des Medians mit Intervallen

Aus den Werten ergibt sich ein Median von 16,13. SPSS weist die Mitte des Medianintervalls 16 aus. Auch hier stellt sich natürlich wieder die Frage, wie mit gruppierten Daten umzugehen ist. Die Formel ist auch für klassierte Daten anwendbar. Je nach der Breite der Klassen fällt Kb entsprechend anders aus. Bei einer Altersgruppierung in 5-Jahres-Gruppen ergibt sich beispielsweise Kb = 5.

Ein besonderer Nutzen liegt in den Berechnungsmöglichkeiten des Medianwertes, wenn offene Klassen beteiligt sind. Eine offene Klasse ist eine Gruppierung, die keine feste Begrenzung hat, z.B. 21 Jahre und älter. Das arithmetische Mittel kann für solche Daten ohne theoretische Einschränkungen im Gegensatz dazu nicht bestimmt werden. Der Median reagiert auch nicht auf extreme Ausreißer, wie es beim arithmetischen Mittelwert der Fall ist. Nicht zuletzt aus diesen Gründen wird die Messung der Einkommensarmut EU-weit mit dem Median bestimmt. Danach gilt als arm, wer weniger als 60 % des Medianeinkommens zur Verfügung hat.

Wie eingangs betont, kann der Median für ordinalskalierte und metrische Variablen bestimmt werden. Dabei ist aber zu berücksichtigen, dass unter strenger Auslegung der Kriterien die exakte Berechnung anhand der Formel für ordinalskalierte Daten oder die Halbierung der mittleren Werte bei einer geraden Anzahl von Fällen nicht zulässig ist. In der Praxis wird aber oft von dieser exakten Regel abgewichen. Korrekt ist aber auf jeden Fall die Bezeichnung des Medianintervalls, wie es auch von SPSS in solchen Fällen ausgewiesen wird. Genau genommen liefert SPSS bei ungeraden und geraden Fallzahlen mit ungleichen Werten für jeden Fall den exakten Median. Bei mehrfach vorkommenden Werten wird jedoch grundsätzlich das Medianintervall ausgewiesen.

6.3.2 Der arithmetische Mittelwert

Das wohl gängigste Maß der zentralen Tendenz ist der arithmetische Mittelwert. Streng genommen darf dieser Kennwert ausschließlich für Variablen Anwendung finden, die metrisches Skalenniveau besitzen. Für Variablen mit Ordinal- oder Nominalskalenniveau ist dieser Wert dagegen nicht zulässig. Dennoch stößt man in der Praxis häufig auf Analysen, bei denen für ordinalskalierte Variablen dieser Mittelwert benutzt wird.

Die rechnerische Definition des arithmetischen Mittelwertes (AM) ist für Variablen, die in ungruppierter Form vorliegen, recht eingängig. Dies ist wohl mit ein Grund für die Beliebtheit dieser Kennziffer. Man addiert schlicht alle vorliegenden Messwerte und dividiert diese durch die Gesamtzahl der Fälle. So ergibt sich für folgende Zahlenreihe die Berechnung:

$X_1 = 2$
$X_2 = 4$
$X_3 = 2$
$X_4 = 5$
$X_5 = 2$

Σ 5 15 **AM = 15 : 5 = 3**

Da man häufig deutlich mehr Fälle hat, benötigt man zur Darstellung einer Formel das sog. Summierungszeichen Σ. Allgemein ausgedrückt entsteht damit folgende Formel:

$$AM = \frac{\sum_{i=1}^{n} Xi}{n}$$

Das bedeutet, man summiert alle vorkommenden Werte X_1 bis X_n und dividiert sie durch die Gesamtzahl der Fälle n.

6. Univariate Datenanalyse

In vielen Fällen liegen aber nicht einzelne Messwerte vor, sondern die Daten sind zu Klassen zusammengefasst. Dabei ist zu beachten, dass die Intervalle, nach denen die Daten gruppiert sind, jeweils gleich groß sind. Durch Modifikation der Ausgangsformel kann man auch den arithmetischen Mittelwert für klassierte Daten errechnen. Dabei nimmt man als Berechnungsgröße die Mittelwerte der Intervalle. Haben Sie z.B. eine Verteilung nach dem Alter in drei Klassen eingeteilt (12–14 Jahre, 15–17 Jahre und 18–20 Jahre), dann wären die Klassenmitten jeweils 13, 16 und 19. Sie müssen aber beim Eingeben oder Umcodierung in SPSS darauf achten, dass auch diese Klassenmittelpunkte als Codes Verwendung finden. Zur Berechnung wird in die Formel der Faktor fi eingefügt. Er bezeichnet die Häufigkeit, mit der die entsprechende Klasse vorkommt. Die Formel lautet dann:

$$AM = \frac{\sum_{i=1}^{n} Xi \times fi}{n}$$

Übertragen auf die Verteilung der klassierten Altersvariable, errechnet sich das arithmetische Mittel nach Tabelle 12.

	Klassenmitte (Wert) Xi	Häufigkeit fi	Produkt Xi* fi
12–14 Jahre	13	444	5.772
15–17 Jahre	16	447	7.152
18–20 Jahre	19	346	6.574
Gesamt		1.237	19.498

AM = 19498 / 1237 = 15,76

Tab. 12: Arithmetischer Mittelwert für eine klassierte Variable

Diese modifizierte Formel ist natürlich auch auf Variablen anwendbar mit Einzelwerten. In diesem Fall nimmt man nicht die Klassenmitte, sondern die jeweiligen Werte.

Wert X_i	Häufigkeit f_i	Produkt $X_i * f_i$
12	104	1.248
13	177	2.301
14	163	2.282
15	156	2.340
16	137	2.192
17	154	2.618
18	129	2.322
19	106	2.014
20	111	2.220
Gesamt	1.237	19.537

AM = 19537 / 1237 = 15,79

Tab. 13: Arithmetischer Mittelwert für eine unklassierte Variable

Wenn Sie die klassierte Variable entsprechend den Vorschriften mit den Klassenmittelwerten vercoden und gleichfalls die Originalvariable mit den Einzelaltersgruppen auswerten, liefert SPSS folgenden Ausdruck, der mit unseren Berechnungen übereinstimmt. Da man häufig auf klassierte Daten trifft, lässt sich daraus die wichtige Erkenntnis gewinnen, dass sich die beiden berechneten Mittelwerte nur geringfügig unterscheiden. Bei dieser Ermittlung mit Klassenwerten setzt man voraus, dass sich innerhalb jeder Klasse die Werte gleich verteilen. Ist dies nicht der Fall, ergibt sich eine Differenz zur Berechnung des Mittelwertes auf Basis der Einzelwerte.

Statistiken		Fr21_Alter	ALTER_2
N	Gültig	1237	1237
	Fehlend	143	143
Mittelwert		15,79	15,7623

Einzelwerte | Klassierte Werte

Abb. 17: SPSS-Ausgabe Arithmetischer Mittelwert mit SPSS aus den Tabellen 12 und 13

6.3.3 Streuungsmaße

Nehmen wir einmal an, Sie sind in verantwortlicher Position in einem Jugendamt tätig. Aufgrund chronischer Überlastung wollen Sie neues Personal einstellen und untersuchen in diesem Zusammenhang die Fallbearbeitung der Mitarbeiter/innen. Unter anderem wird untersucht, wie viele Stunden die einzelnen Fachkräfte für eine bestimmte Beratungsleistung aufwenden. Sie kommen dabei auf einen arithmetischen Mittelwert von 20 Stunden. Mehr oder weniger zufällig betrachten Sie sich dann die Einzelwerte der Mitarbeiter/innen und es fällt Ihnen auf, dass ein Kollege angibt, er benötige nur zehn Stunden, während ein anderer auf 28 Stunden kommt. Das macht Sie dann doch stutzig und Sie fragen sich, wo dieser Unterschied in der Fallbearbeitung wohl herkommt. Ungeachtet Ihres Problems, das Sie nun haben, lässt sich festhalten, dass die Erkenntnis, dass es zwischen Ihren Mitarbeiter/innen gravierende Unterschiede in der Fallbearbeitung gibt, bei bloßer Betrachtung des Mittelwertes nicht aufgefallen wäre.

Mittelwerte informieren zwar über einen wichtigen Aspekt der Verteilung, deren zentrale Tendenz, sie geben aber keinen Aufschluss über die Homogenität oder Heterogenität.[44] Wollen wir diesen Aspekt in die Betrachtung einbeziehen, muss auch die Streuung der Verteilung in die Überlegungen aufgenommen werden. Auch dafür stehen uns einige Maßzahlen zur Verfügung. Die wichtigsten sollen hier vorgestellt werden.

6.3.3.1 Minimum, Maximum und Range
Diese drei Kennwerte gehören zu den einfachsten Dispersionsmaßen. Die *Spannweite* oder auch *Range* genannt ergibt sich zudem aus den beiden anderen Größen, *Minimum* und *Maximum*. Das Minimum (Xmin) kennzeichnet den kleinsten Wert einer Verteilung und das Maximum (Xmax) gibt den größten Wert wieder. Die Differenz aus beiden Werten ergibt die Spannweite. Die Formel für die Range lautet dementsprechend:

$$\text{Range (R)} = X_{max} - X_{min}$$

In unserem Einleitungsbeispiel ergibt sich somit eine maximale Bearbeitungsdauer (Max) von 28 Stunden und ein Minimum von zehn Stunden. Daraus resultiert eine Range von 18 Stunden. Maximum und Minimum können leicht aus der Häufigkeitsverteilung abgelesen werden und die Berechnung der Range aus diesen beiden Werten ist denkbar einfach. Die Range als Streuungsmaß be-

---
44 Benninghaus 1998, 143.

rechnet sich aus den Extremwerten und hat damit den entscheidenden Nachteil, dass sie über die Streuung der übrigen Werte nichts aussagt. Angewendet auf unser Beispiel wissen Sie zwar etwas über die Differenz zwischen den Extremen, jedoch nichts über die Abweichung anderer Mitarbeiter/innen vom Mittelwert. Prinzipiell sollte die Range nur für Daten mit metrischem Skalenniveau ausgewiesen werden.

6.3.3.2 Varianz und Standardabweichung
Wenn wir an unser Beispiel der Mitarbeiterbefragung zur Fallbearbeitung denken, wollen wir nach den Erfahrungen mit den Extremwerten nun auch wissen, wie gut der arithmetische Mittelwert die Verteilung der verschiedenen Bearbeitungsmuster abbildet: Ergibt er sich rechnerisch aus Werten, die vielleicht extrem verschieden sind, oder resultiert er aus einer Reihe von Werten, die fast alle relativ nahe am Mittelwert liegen? Um dies zu verstehen, vergleichen wir zwei grundverschiedene Verteilungen, die jedoch zu demselben Mittelwert gelangen (siehe Tab. 14).

Mitarbeiter/in	Stundenaufwand pro Fall	
	Beispiel A	Beispiel B
1	21	15
2	21	19
3	22	29
4	20	9
5	19	10
6	20	20
7	19	30
8	20	21
9	**10**	6
10	**28**	41
AM	**20**	**20**

Tab. 14: Mittelwerte aus Verteilungen mit verschiedener Streuung – Fallbearbeitung im Jugendamt

In beiden Fällen A und B ergibt sich jeweils ein arithmetischer Mittelwert von 20 Stunden. Betrachtet man die Verteilung aus Beispiel A, fällt auf, dass ausgenommen der beiden Extremwerte von 10 und 28 sich die Werte der übrigen Mitarbeiter/innen nahe um den Mittelwert scharen. Trotz der beiden Extreme liefert dieser damit also einen guten Kennwert für die Verteilung. Anders verhält es sich im Beispiel B. Die einzelnen Werte der Mitarbeiter/innen weichen deutlich nach oben und nach unten vom Mittelwert ab. Dieser ergibt sich schließlich aus einer Verteilung, die stark streut und liefert alleine kein gutes Abbild der Verteilung.

In unserem Beispiel mit nur zehn Fällen ist es nicht schwierig, sich dies zu vergegenwärtigen. Anders verhält es sich aber mit Verteilungen mit deutlich mehr Fällen. Es ist also wünschenswert, einen Kennwert zu haben, der die Informationen sämtlicher Messwerte einbezieht. Für Variablen mit metrischem Skalenniveau steht uns dafür die *Standardabweichung* zur Verfügung. Die Standardabweichung ist das weitaus gebräuchlichste Streuungsmaß. Sie ist definiert als die Quadratwurzel der *Varianz*. Die Varianz erhält man, indem man die Differenz zwischen jedem einzelnen Wert und dem Mittelwert errechnet, quadriert und die Summe dieser einzelnen Werte durch die Gesamtanzahl der Fälle teilt. Durch die Quadrierung erreicht man, dass negative Werte den Ausdruck im Zähler nicht vermindern.

Beispiel A:

$$\frac{(21-20)^2+(21-20)^2+(22-20)^2+(20-20)^2+(19-20)^2+(20-20)^2+(19-20)^2+(20-20)^2*(10-20)^2+(28-20)^2}{10}$$

Die Varianz $s^2 = 17,2$

Nehmen wir Beispiel B, ergibt sich dagegen folgende Varianz:

$$s^2 = \frac{(15-20)^2+(19-20)^2+(29-20)^2+(9-20)^2+(10-20)^2+(20-20)^2+(30-20)^2+(21-20)^2*(6-20)^2+(41-20)^2}{10}$$

Die Varianz $s^2 = 106,6$

Die Standardabweichung s in den beiden Beispielfällen ergibt sich aus der Quadratwurzel der Varianz und stellt somit die durchschnittliche Abweichung vom Mittelwert dar.

Im Beispiel A resultiert daraus also $17,2^{1/2} = 4,15$ und für das Beispiel B erhalten wir aus $106,6^{1/2}$ den Wert 10,32.

Es wird deutlich, dass die Streuung der Verteilung A deutlich geringer ist und damit der arithmetische Mittelwert diese Verteilung wesentlich besser repräsentiert als im Beispiel B. Nun ist es bei einer großen Anzahl von Fällen kaum möglich, die Zahlen alle zu notieren. Deshalb bedient man sich auch hier der

6.3 Statistische Kennwerte einer univariaten Verteilung

verallgemeinernden Schreibweise mit dem bereits oben eingeführten Summenzeichen.

Für die Varianz schreibt man: $S^2 = \dfrac{\sum_{i=1}^{n}(Xi - AM)^2}{n}$

Entsprechend notiert man für die Standardabweichung:

$S = \sqrt{\dfrac{\sum_{i=1}^{n}(Xi - AM)^2}{n}}$ oder $\sqrt{S^2}$

6.3.4 Darstellung der einzelnen Verteilungsmaße mit SPSS

Um die beschriebenen Maßzahlen mit dem Statistikprogramm SPSS auswerten zu können, benötigen Sie wiederum den Menüpunkt *Häufigkeiten*. Wenn diese Eingabemaske geöffnet wurde, klicken Sie auf das Feld *Statistik*. Nun können Sie alle behandelten Maßzahlen anklicken und gemeinsam mit der Häufigkeitsverteilung ausgeben lassen. Dabei sollten Sie immer berücksichtigen, dass das Programm Ihnen auch immer einen Wert ausgeben wird. Ob dieser für die behandelte Variable Sinn ergibt, müssen Sie selbst entscheiden.

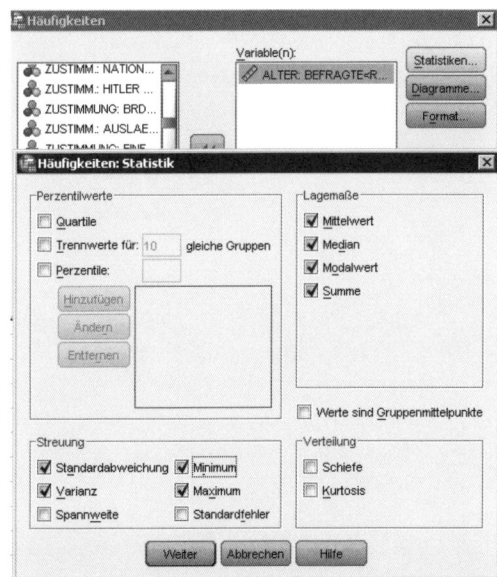

Abb. 18: Ermitteln der Verteilungsmaße mit SPSS

6.4 Fragen zur Selbstkontrolle

1) Was bedeutet eine relative Häufigkeitsdarstellung und wann bietet sich diese an?

2) Nennen Sie drei wichtige Maße der zentralen Tendenz und erklären Sie deren Unterschied.

3) Welche Maße der Streuung einer Verteilung können Sie benennen?

4) Warum sollte das arithmetische Mittel grundsätzlich mit einer Aussage über die Streuung ergänzt werden?

7. Grundlagen statistischer Tests

In der Regel muss man sich auch in den Sozialwissenschaften auf Stichprobenuntersuchungen beschränken (vgl. Kap. 3.4). Dabei ist besonders darauf zu achten, dass keine systematischen Auswahlfaktoren die Selektion beeinflussen, sondern dass reine Zufallsstichproben vorliegen. Aber auch in diesem Fall kann auf Basis einer Stichprobe niemals absolute Sicherheit erreicht werden. Es ist immer eine gewisse Unsicherheit einzukalkulieren, die es lediglich ermöglicht, Wahrscheinlichkeitsaussagen zu treffen. Die Wahrscheinlichkeitstheorie bildet deshalb die Basis der statistischen Schätz- und Testverfahren. In der mathematischen Statistik wurden Verfahren entwickelt, die es ermöglichen, anhand der empirischen Beobachtungen unbekannte Parameter und Wahrscheinlichkeiten zu schätzen oder hypothetische Wahrscheinlichkeitsverteilungen zu testen.[45]

Die folgenden Ausführungen sollen einen Einblick vermitteln, nach welcher Logik statistische Tests funktionieren, die man benutzt, um eine Aussage darüber zu machen, wie groß die Wahrscheinlichkeit ist, dass ein bestimmtes Ereignis eintritt. Von wesentlicher Bedeutung sind diese Tests bei der Frage, ob ein gefundener Zusammenhang in einer Stichprobenuntersuchung sich zufällig ergibt oder ob es wahrscheinlich ist, dass er tatsächlich besteht. Grundlegend für das Verständnis statistischer Tests ist die Vorgehensweise theoretische Verteilungen als Prüf- und Stichprobenverteilungen zu nutzen. An dieser Stelle wird dies mit der sog. Normalverteilungskurve dargestellt. Einen ausführlichen Überblick zu den wichtigsten Verteilungen liefert Müller-Benedict (Müller-Benedict 2007), dessen Publikation zur weiteren Vertiefung empfohlen werden kann. Signifikanz, Irrtumswahrscheinlichkeit und Nullhypothese sind weitere Begriffe, die Ihnen hier begegnen werden.

7.1 Die Normalverteilung als Verteilungsmodell

Die Begriffe *arithmetischer Mittelwert* und *Standardabweichung* als Kennzahlen für eine Verteilung wurden bereits beschrieben. Nun wollen wir uns anschauen, warum Statistiker/innen diesen beiden Maßzahlen im Zusammenhang mit der Normalverteilung besondere Bedeutung beimessen.

Die Normalverteilung spielt als Verteilungsmodell eine zentrale Rolle in der schließenden Statistik. Ihre Bedeutung ist darauf zurückzuführen, dass sich steti-

---
45   Hamerle/Kemény 1994, 91.

ge Merkmale wie die Körpergröße und auch für die Sozialwissenschaft relevante Merkmale zumindest annähernd normal verteilen.[46]

Die theoretische Verteilung mit bestimmten mathematischen Eigenschaften ist besonders für die statistische Fehlertheorie von zentraler Bedeutung. Das Modell der Normalverteilung wurde von dem Belgier Adolph Quetelet zuerst praktisch angewandt.[47] Ihm war aufgefallen, dass sich eine Reihe von Messungen, wie Köpergröße oder –gewicht, annähernd normal verteilen. Als Entdecker dieser mathematischen Funktion wird gemeinhin der Mathematiker Gauß gefeiert (so kommt auch die Bezeichnung „Gaußsche Normalverteilungskurve" zustande). Genauer umrissen wurde die Normalverteilung zuerst von dem Mathematiker Abraham de Moivre (1667–1754). Er gehörte zu den großen Mathematikern seiner Zeit und verband aus Armut oder vielleicht auch aus Neigung seine wahrscheinlichkeitstheoretischen Überlegungen mit praktischer Anwendung in drittklassigen Spiellokalen.[48]

Für die Gestalt der Normalverteilung sind der Mittelwert und die Standardabweichung einer Verteilung genauso wichtig wie für einen Kreis der Radius und der Mittelpunkt. Der Mittelwert, oder genauer der arithmetische Mittelwert einer Verteilung, wird berechnet, indem alle Messwerte durch die Anzahl aller Fälle dividiert werden. Die Standardabweichung ist ein Streuungsmaß, es gibt die durchschnittliche Abweichung vom Mittelwert an (siehe Kapitel 6.3). Je größer die Standardabweichung im Verhältnis zum Mittelwert ausfällt, desto stärker streuen die Werte in der Population. Mittelwert und Standardabweichung legen die Form der Normalverteilung fest. Diese sieht aus wie eine Glocke. Der Mittelwert trennt sie in zwei symmetrische Hälften. Dabei kann man sich merken, dass die Gestalt der Verteilung bei einer großen Standardabweichung breiter ist und umso schmaler ausfällt, je geringer diese ist. Außerdem ist wichtig, dass sich die Wendepunkte der Funktion aus dem Mittelpunkt +/– einer Standardabweichung ergeben. Die Kurve fällt von ihrem Höhepunkt (dem Mittelwert) aus zunächst steil ab (relativ zur Achse), danach fällt sie weniger steil, wenn sie sich der Horizontalen nähert. Der Punkt, ab dem dies geschieht, nennt man Wendepunkt.

---

46 Zur Bedeutung von „stetig" siehe Kapitel 4.1. An dieser Stelle soll der Hinweis genügen, dass stetige Merkmale beliebig viele Werte einnehmen können. Zum Beispiel kann die Körpergröße im Intervall von 180 bis 181 cm sehr viele Zwischenwerte aufweisen, je nachdem, wie genau man misst.
47 Bortz 1993.
48 Kennedy 1985, 148.

7.1 Die Normalverteilung als Verteilungsmodell

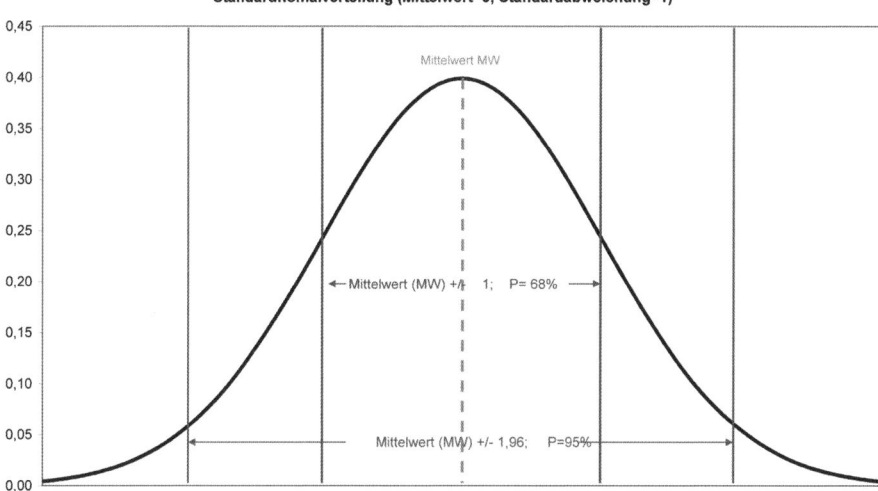

Der Wert P bezieht sich auf den Flächenanteil, der durch die Kurve und die Grundlinie zwischen den Werten + und – 1, resp. + und – 1,96 eingeschlossen wird.

Abb. 19: Standardnormalabweichung (Mittelwert = 0, Standardabweichung = 1)

Was bringen uns nun diese Punkte, die sich aus Mittelwert (x) +/– Standardabweichung (σ = Sigma) ergeben, für die statistische Analyse? Ist eine Population normalverteilt, befinden sich die Fälle symmetrisch ober- und unterhalb des Mittelwertes, dann heißt das, dass 50 % der Verteilung aus Werten besteht, die kleiner sind als der Mittelwert. Für die anderen 50 % gilt, dass sie größer sind. Die Chance, dass ein Fall kleiner oder größer als der Mittelwert ist, liegt also bei 50:50. Die Normalverteilung weist eine Fläche unterhalb ihres Graphen auf, für die stets zutrifft, dass die symmetrischen Teilflächen links und rechts des Scheitelpunktes je die Hälfte der Fälle enthält.

Nun existiert auch eine besondere Beziehung zwischen den Fällen, die innerhalb des Bereiches Mittelwert +/– einer Standardabweichung liegen. Genau 34 % einer normalverteilten Population befindet sich innerhalb der Spannbreite Mittelwert + eine Standardabweichung, weitere 34 % innerhalb des Bereichs Mittelwert – eine Standardabweichung. Zusammengenommen liegen also 68 % der Verteilung innerhalb des Bereiches, der durch diese beiden Werte festgelegt wird. Bezogen auf die Wahrscheinlichkeitstheorie ergibt sich daraus, dass die Chance, dass der Wert einer Verteilung nicht kleiner oder größer als der Mittelwert ab- oder zuzüglich einer Standardabweichung ist, bei 68 % liegt. Die Konsequenz daraus ist, dass 32 % der Fälle außerhalb dieses Bereiches liegen. Da wir ja nun wissen, dass die Normalverteilung symmetrisch ist, müssen folglich 16 % kleiner sein als der Mittelwert – eine Standardabweichung und 16 % größer als der Mittelwert + eine Standardabweichung.

An dieser Stelle hilft ein kleines Beispiel weiter: Nehmen wir an, Sie beteiligen sich an einer Prüfung. Bei einer Punktzahl von mindestens 40 bestehen Sie die Prüfung. Sie erreichen leider nur 34 Punkte. Der Mittelwert der erreichten Punktzahl der Arbeit liegt bei 50 und die Standardabweichung bei 10. Daraus schließen wir unter der Annahme, dass die Population normal verteilt ist, wie viele Teilnehmende die Prüfung bestanden haben: Unser Wert, ab dem bestanden wird, entspricht genau dem Mittelwert abzüglich einer Standardabweichung, 34 % der Teilnehmenden liegen also im Bereich Mittelwert – Standardabweichung (1), weitere 34 % der Teilnehmenden liegen im Bereich Mittelwert + Standardabweichung (2), 16 % sind besser als Mittelwert + eine Standardabweichung (3). Da der Wert, ab dem bestanden wird, zufälligerweise genau auch den Wert darstellt, der sich aus dem Mittelwert – einer Standardabweichung ergibt, müssen wir also nur die Anteile addieren, die rechts dieser Grenze liegen. Dies sind aus (1) 34 %, aus (2) weitere 34 % und aus (3) 16 %. Es bestehen also 84 % den Test. Sie gehören also leider zu der Gruppe von 16 % der schlechten Absolvent/innen, die durchgefallen sind.

Nun kann man weitergehend den Anteil der Werte vorhersagen, die in den Bereich des Vielfachen der Standardabweichung und des Mittelwertes fallen. Der Bereich Mittelwert +/– 1,96 Standardabweichungen deckt 95 % der Verteilung ab. Nimmt man 2,58 Standardabweichungen, kommt man sogar auf 99 % der Fläche. Drei Standardabweichungen decken 99,7 % ab. Bei den meisten Arbeiten, mit denen Sie in den Sozialwissenschaften befasst sein werden, sind besonders die Grenzen von Bedeutung, die 95 % der Verteilung einschließen.

Die Kenntnis über diese Zusammenhänge versetzt uns in die Lage, Chancen auszurechnen. Wenn man z.B. fragt, wie groß die Chancen sind, eine Körpergröße zu erreichen, die größer ist als der Mittelwert und zwei Standardabweichungen, können wir sofort sagen, dass diese Chance bei ungefähr 2,5 % liegt, da der Mittelwert +/– 2 Standardabweichungen ca. 95 % der Verteilung abdeckt. Der Nutzen ist also groß, denn statt bloß eine Masse von Zahlen zu sehen, können Sie diese in einer Form organisieren, die es ermöglicht, die Wahrscheinlichkeiten vorauszusagen, mit denen besondere Werte der Daten in einzelnen Bereichen um den Mittelwert der Population gefunden werden können. Am Ende werden Sie diese Eigenschaften der Normalverteilungskurve als alltägliches Handwerkszeug verwenden, um Urteile über die Daten zu fällen.[49] Die Normalverteilung lässt sich als Funktion folgendermaßen formal definieren:

$$N(\mu,\sigma)(x) = \frac{1}{\sigma\sqrt{2\pi}} e^{\frac{(x-\mu)^2}{2\sigma^2}}$$

mit Mittelwert μ und Standardabweichung σ.

Der Termbaustein $\frac{1}{\sigma\sqrt{2\pi}}$ dient der Normierung der Fläche unterhalb der Verteilungskurve zu 1. Diese Verteilung N(0,1) nennt man Standardnormalverteilung. Mittels der Z-Standardisierung (siehe Kap. 7.3) kann jedes stetige normalverteilte Merkmal in diese überführt werden. Die Standardnormalverteilung hat stets einen Mittelwert von 0 und eine Standardabweichung von 1.

7.2 Die Normalverteilung als statistische Prüfverteilung

Die Normalverteilung ist ein grundlegendes Verteilungsmodell für statistische Kennwerte und in der statistischen Fehlertheorie. Wird beispielsweise die Eigenschaft eines Objektes mehrfach gemessen, dann werden veränderbare zufällig wirkende Rahmenbedingungen bzw. Störfaktoren dazu führen, dass die Messungen nicht exakt identisch sind. Eine Messung setzt sich demnach zusammen aus der wahren Ausprägung des Merkmals und einem für jede Messung spezifischem Fehleranteil (Abweichung von der wahren Ausprägung). Diese negativen und positiven Abweichungen vom wahren Wert heben sich gegenseitig auf, sodass als Erwartungswert der Normalverteilung der Fehler der Wert Null angenommen werden kann. Dieses Modell der Verteilung der Fehlerkomponenten ist für die schließende Statistik grundlegend.[50]

Die besondere Bedeutung von Verteilungen (insbesondere auch der Normalverteilung) liegt darin, dass für Ergebnisse, die auf Stichproben basieren, geprüft werden kann, ob diese signifikant sind. Sie dient damit als Prüf- bzw. Stichprobenverteilung. Dazu hilft wieder ein Beispiel: Werten wir im ALLBUS 2008 die Frage aus, welche Rolle das Lesen bei der Freizeitgestaltung spielt. Abgefragt

---

49 Vgl. Kennedy 1985, 156.
50 Vgl. Bortz 1993, 78.

7. Grundlagen statistischer Tests

wurde dies auf einer Skala von 1 = täglich bis 5 = nie. Eine Auswertung der Mittelwerte (Menüpunkt *Analysieren/Mittelwerte vergleichen,* siehe Abb. 20) erbringt zunächst das in Tabelle 15 dargestellte Ergebnis:

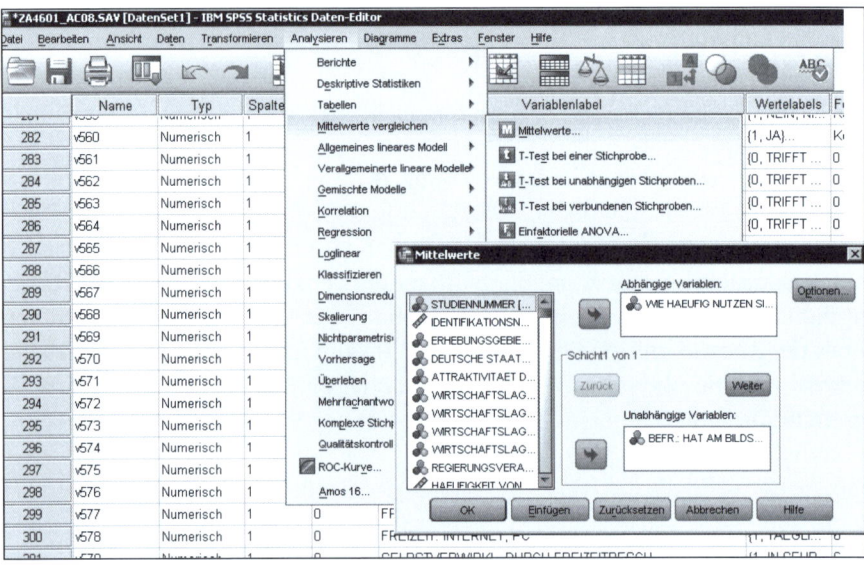

Abb. 20: Mittelwerte vergleichen mit SPSS

Bericht

FREIZEIT: BUECHER LESEN <ISSP>

GESCHLECHT, BEFRAGTE<R>	Mittelwert	N	Standardabweichung
MANN	3,31	812	1,287
FRAU	2,83	867	1,368
Insgesamt	3,06	1679	1,351

Tab 15: Mittelwertvergleich Lesen in der Freizeit nach Geschlecht (ALLBUS 2008)

Dieses Resultat lässt zunächst den Schluss zu, dass Männer weniger in der Freizeit lesen, denn sie erreichen einen Mittelwert von 3,3 auf der fünfteiligen Skala, die Frauen hingegen einen Wert von 2,8. Allerdings handelt es sich beim ALLBUS um eine Stichprobe, sodass gefragt werden muss, ob dieses Ergebnis verallgemeinerbar ist oder der gefundene Unterschied sich in der Stichprobe zufällig ergibt. Kann es also sein, dass eine andere Stichprobe aus der Gesamtheit der deutschen Bevölkerung ein anderes Resultat hervorbringen würde?

Wenn man diese Frage beantworten will, müsste man eine größere Anzahl von zufälligen Stichproben aus der Bevölkerung ziehen und die Ergebnisse miteinander vergleichen. Das kann man aber auch tun, indem man nicht Stichproben aus der Bevölkerung zieht, sondern aus der vorhandenen Stichprobe x-beliebige zufällige Unterstichproben extrahiert, sagen wir 100. Die Grundgesamtheit bildet in diesem Fall die Stichprobenuntersuchung, in unserem Fall der ALLBUS 2008. Für alle diese Stichproben lassen sich dann jeweils wiederum die Mittelwerte nach Mann und Frau getrennt errechnen, insgesamt also 100 Mittelwertvergleiche.

Genau hier kommt die Normalverteilung ins Spiel. Da der Mittelwert ein metrisches Merkmal ist, folgt er einer stetigen Verteilung. Das theoretische Verteilungsmodell für stetige Merkmale ist die Normalverteilung. Die Mittelwerte der einzelnen Stichproben werden sich um den wahren Mittelwert scharen. Dies ergibt sich aus dem zentralen Grenzwertsatz, der sagt, dass Mittelwerte aller Stichproben der Größe n aus einer Grundgesamtheit mit dem Mittelwert M und der Standardabweichung S normalverteilt sind. Die Standardabweichung der Mittelwertverteilung nennt man Standardfehler. Der Standardfehler ist die Standardabweichung der „echten" Verteilung in der Grundgesamtheit. Da diese nicht bekannt ist, wird auch dieser Wert auf Basis der Stichprobenwerte geschätzt.

Ist uns der Mittelwert und der Standardfehler bekannt, dann ist es möglich aus den bereits kennengelernten Zusammenhängen den Bereich auszurechen, in den 95 % der Mittelwerte für die Männer und die Frauen fallen. Denn 95% der Mittelwerte ergeben sich aus

Mittelwert +/− 1,96 * Standardfehler

und damit für die Männer: 3,31 +/− 1,96*0,045= 3,22 bis 3,40
und für die Frauen: 2,83 +/− 1,96*0,046= 2,73 bis 2,92.

Der „echte" Mittelwert für die Männer liegt mit einer Wahrscheinlichkeit von 95 % zwischen 3,22 und 3,40. Analog ergeben sich für die Frauen die Grenzen 2,73 und 2,92. Man spricht in diesem Zusammenhang vom *Konfidenzintervall* und, weil wir eine Wahrscheinlichkeit von 95 % wählen, vom 95 %-Konfidenzintervall. Diese beiden Intervalle von Männern und Frauen überschneiden sich nicht, sodass wir sagen können: Mit einer Wahrscheinlichkeit von mindestens

95 % ergibt sich der Unterschied nicht zufällig, sondern ist auch in der Grundgesamtheit vorhanden.

In SPSS lässt sich der Standardfehler und das Konfidenzintervall ermitteln über den Menüpunkt *Analysieren/Deskriptive Statistiken/Explorative Datenanalyse* (siehe Abb. 21).

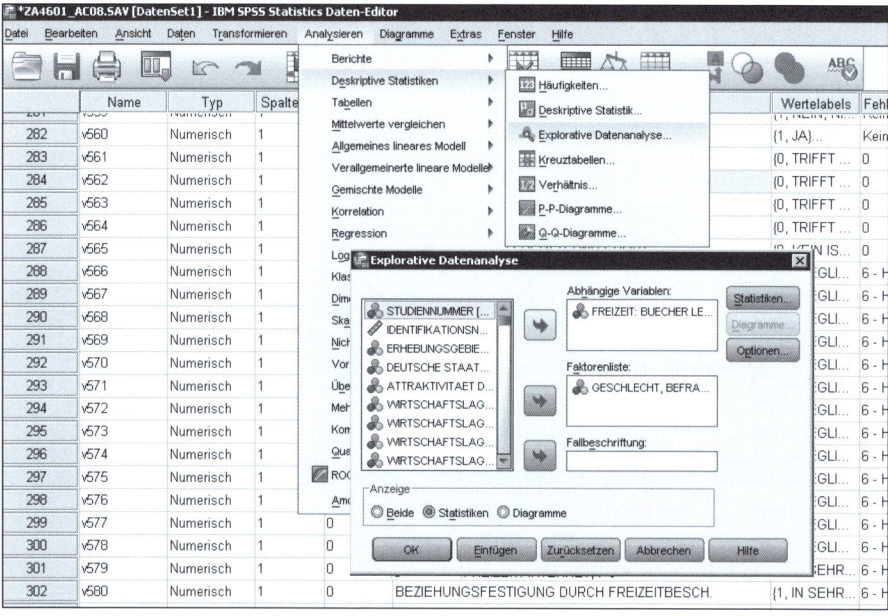

Abb. 21: Ermitteln von Standardfehler und Konfidenzintervallen mit SPSS

7.3 Z-Transformation

Auf der Normalverteilung basiert auch die Anwendung von sog. Z-Werten, eine der vielen Testmöglichkeiten, die auf die Auswertungsdaten angewandt werden können. Der arithmetische Mittelwert und die Standardabweichung können nicht allein zur Beschreibung einer Verteilung herangezogen werden, sondern auch zur Transformation gegebener Variablenwerte in sog. Z-Werte. Durch diese *Z-Transformation* werden die gemessenen Werte der Variablen so umgewandelt, dass sie mit anderen Werten derselben oder einer anderer Verteilung verglichen werden können. Der Z-Wert stellt ein Mittel dar, mit dessen Hilfe wir verschiedene Messergebnisse über verschiedene Populationen hinweg vergleichen können.

In vielen Fällen verwandeln wir Messergebnisse in gemeinsame Maße, etwa wenn wir eine bestimmte Länge abmessen. Nehmen wir zum Beispiel ein Stück Stoff und schneiden vier Ellen davon ab. Verlassen wir uns dabei auf die Elle unseres Schneiders, so wird das Stück vielleicht größer oder auch kleiner ausfallen als bei einem anderen Rockmacher. Aus diesem Grund hat man sich standardisierte Längenmaße überlegt, die z.B. die Länge einer Elle standardmäßig vorgeben. Dies wird dadurch erreicht, indem wir z.B. eine bestimmte Länge oder auch ein bestimmtes Gewicht in ein Standardmaß übertragen (z.B. Meter und Gramm). In der Statistik gibt es dagegen kein Standardmaß für die Standardabweichung einer Verteilung.

Es ist jedoch möglich, Messwerte zu vergleichen, indem die Werte in der Verteilung mit der Standardabweichung verglichen werden. An dieser Stelle hilft wiederum am besten ein Beispiel: Nehmen wir an, Sie studieren Sozialpädagogik und ein guter Bekannter Jura. Zur etwa gleichen Zeit schreiben Sie in ihren Fächern jeweils Klausuren, bei denen in beiden Fällen 100 Punkte erreicht werden können. Nach einer Wette, die Sie in Bierlaune geschlossen haben, soll der, der besser abschneidet, dem anderem zum Trost „eine Runde" ausgeben. Sie erreichen schließlich ein Ergebnis von 70 und ihr Freund bringt es auf 60 Punkte. Wer war nun der Bessere und muss den anderen aushalten? Dies hängt vom Mittelwert und der Standardabweichung der jeweiligen Klausur ab.

Wenn die durchschnittliche Punktzahl bei Ihrer Sozialpädagogik-Klausur 68 Punkte beträgt und die Standardabweichung 10 Punkte, während bei den Jurist/innen der Durchschnitt bei 50 und die Standardabweichung bei 4 Punkten liegt, dann können Sie sich getrost das Bier ausgeben lassen, denn Sie sind vergleichsweise schlechter. Während ihre 70 Punkte nahe am Mittelwert liegen und deutlich weniger als eine Standardabweichung davon entfernt sind, liegt das Ergebnis Ihres Freundes mehr als zwei Standardabweichungen nach rechts auf der Normalverteilungskurve vom Mittelwert entfernt.

Für einen direkten Vergleich der beiden Verteilungen eignen sich Z-Werte. Die Berechnung des Z-Wertes wird folgendermaßen durchgeführt: Ziehen Sie das Durchschnittsergebnis des Kurses von Ihrem eigenen Wert ab und teilen dies durch die Standardabweichung. In unserem Beispiel ergeben sich dadurch Z-Werte für Ihr Ergebnis von $(70 - 68)/10 = 0{,}2$ und für Ihren Freund von $(60 - 50)/4 = 2{,}5$. Die Leistung Ihres Freundes ist also nicht nur ein wenig, sondern sogar deutlich besser, wenn man die Leistung im Licht der Verteilung der jeweiligen Gruppe (Sozialpädagog/innen und Jurist/innen) betrachtet.

Als Formel lässt sich die Berechnung des Z-Wertes wie folgt definieren:

$$Zi = Xi - \mu / \sigma$$

mit:
Z_i = der i-te Wert der z-transformierten Variablen,
X_i = der i-te Wert der zu transformierenden Variablen,
μ = arithm. Mittel der zu transformierenden Variablen,
σ = Standardabweichung der zu transformierenden Variablen.

Sind alle Messwerte einer Verteilung in Z-Werte transformiert, liegt eine neue Variable vor und auch eine neue Verteilung (der z-transformierten Werte). Diese Verteilung von Z-Werten hat zwei wichtige Eigenschaften: Das arithmetische Mittel ist immer 0 und die Standardabweichung ist 1. Die Form der Verteilung wird durch die Z-Standardisierung nicht beeinflusst.

7.4 Statistische Signifikanz

In diesem Abschnitt und den folgenden Kapiteln geht es darum, mit welchen Mitteln der Statistik man zu Ergebnissen gelangt, von denen wir sagen, es bestehe ein statistischer Zusammenhang oder es bestehe ein statistisch signifikanter Zusammenhang. Bis hierhin haben wir uns mit der Normalverteilung und Wahrscheinlichkeiten, die sich daraus ableiten lassen, befasst. In den folgenden Kapiteln stehen darauf aufbauend Verfahren im Mittelpunkt, mit denen man den Zusammenhang zwischen Variablen misst. Die Stärke dieser Zusammenhänge wird in statistischen Maßzahlen ausgedrückt. Sind diese Kennzahlen entsprechend hoch und ist die Wahrscheinlichkeit, dass dieser Zusammenhang in der Stichprobe zufällig entstanden ist, hinreichend klein, sprechen wir von einem statistisch signifikanten Zusammenhang. Die Ermittlung einer statistischen Signifikanz setzt immer voraus, dass eine Stichprobenuntersuchung auch repräsentativ ist.

Zentrale Begriffe, die einem oft begegnen, wenn von einem signifikanten Zusammenhang die Rede ist, sind Nullhypothese, Irrtumswahrscheinlichkeit und Signifikanzniveau. Ein Signifikanztest prüft die Nullhypothese, das heißt, es wird untersucht, wie groß die Wahrscheinlichkeit ist, dass der gefundene Zusammenhang sich zufällig ergibt und in der Grundgesamtheit tatsächlich nicht existiert. Die Irrtumswahrscheinlichkeit ist die Wahrscheinlichkeit, mit der man den Fehler begeht, diese Nullhypothese zu verwerfen, obwohl sie in Wirklichkeit zutrifft und kein Zusammenhang besteht. Das Signifikanzniveau wird von dem/der Forscher/in als Schwellenwert festgelegt. Es bezeichnet die Grenze der Irrtumswahrscheinlichkeit, ab der eine Beziehung als signifikant anerkannt wird. Ein Signifikanzniveau von 5 % besagt also, dass ein gefundener Zusammenhang mit einer Wahrscheinlichkeit von größer oder gleich 95 % nicht zufällig ist, sondern auch in der Grundgesamtheit besteht. Oder anders formuliert, die Irrtumswahrscheinlichkeit ist geringer als 5 %. Bei sozialwissenschaftlichen Untersuchungen geht man in der Regel von diesem Signifikanzniveau von 0,05 bzw. 5 % aus.[51] Bei einem erkannten Zusammenhang, der eine Irrtumswahrscheinlichkeit von kleiner oder gleich 0,05 aufweist, spricht man dann häufig von einem signifikanten Zusammenhang.

Aus den Ausführungen zur Normalverteilung lässt sich ableiten, dass Stichprobenergebnisse zufällig von den wahren Populationswerten abweichen können. Man geht davon aus, dass unendlich viele Stichproben zu einer Verteilung von Kennwerten führen, die normalverteilt ist. Die Gesamtfläche entspricht dem Wert 1. Die Irrtumswahrscheinlichkeit entspricht dabei der Teilfläche, die angibt, mit welcher Wahrscheinlichkeit mit dem gefundenen Wert zu rechnen ist, wenn man davon ausgeht, dass die Nullhypothese zutrifft, der Wert sich also zufällig ergibt, wie bereits dargestellt.[52]

Wenn man die Nullhypothese testet, kann es folglich zu zwei verschiedenen Typen von Fehlern kommen. Ein Fehler vom Typ I bedeutet, dass die Nullhypothese verworfen wird, in Wahrheit aber kein Zusammenhang existiert. Ein Fehler vom Typ II ist die Annahme der Nullhypothese, obwohl tatsächlich ein Zusammenhang besteht. Die einzige Chance, diese Fehler zu vermindern, besteht darin, die Stichprobe zu vergrößern. In diesen Zusammenhängen muss auch die statistische Signifikanz betrachtet werden. Sie stellt eine statistische Vorkehrung dar, um entscheiden zu können, ob eine spezifische Hypothese einen gegebenen Standard erreicht. Aus sich heraus beweist sie absolut nichts. Der Nachweis, dass eine Hypothese die Tests überstanden hat, die der/die Forscher/in vorgesehen hat, stellt praktisch fest, dass an der Hypothese etwas dran sein kann. Dies sollte festgehalten werden, bis zusätzliche Tests zeigen, dass ähnliche Stichproben genauso robust sind.[53]

Bei den Maßzahlen, die in den beiden folgenden Kapiteln dargestellt werden und die Statistikprogramme wie SPSS errechnen, werden auch immer Tests auf die statistische Signifikanz ausgewiesen. Diese Tests drücken die Irrtumswahr-

---
51 Vgl. Friedrichs 1990, 16.
52 Vgl. Bortz 1993, 109.
53 Vgl. Kennedy 1985, 210.

scheinlichkeit aus, mit der sich ein Zusammenhang, der sich in der Maßzahl ausdrückt, ergibt. Bei SPSS ist ein Signifikanzniveau von 0,05 oder 5 % voreingestellt. Bei den verschiedenen Maßzahlen, die ermittelt werden können, ist es aber auch möglich, ein anderes Niveau vorzugeben.

7.5 Fragen zur Selbstkontrolle

1) Wie lässt sich die Normalverteilung unter Verwendung des arithmetischen Mittelwerts und der Standardabweichung beschreiben?

2) Nehmen wir ein normalverteiltes Merkmal an. Wie ermitteln Sie, zwischen welchen Werten sich 68 % bzw. 95 % der Fälle befinden?

3) Was besagt der zentrale Grenzwertsatz?

4) Was ist der Nutzen einer Z-Transformation und wie führt man diese durch?

5) Wann sprechen wir von einem statistisch signifikanten Zusammenhang?

6) Definieren Sie die Begriffe Nullhypothese, Irrtumswahrscheinlichkeit und Signifikanzniveau.

8. Kreuztabellenanalyse

In den bislang dargestellten Beispielen wurde in der Regel der Mittelwert eines Merkmals ausgewertet. Meistens ist man aber nicht nur an der Verteilung eines einzigen Merkmals oder an einem Mittelwertvergleich interessiert, sondern will Zusammenhänge zwischen zwei oder mehreren Variablen untersuchen. Zu diesem Zweck eignet sich die Kreuztabelle bzw. Kontingenztabelle. Sie ermöglicht, zwei Variablen direkt miteinander in Beziehung zu setzen. Außerdem können weitere Variablen in die Analyse eingebunden werden, indem man die Kreuztabelle nach diesen zusätzlichen Variablen schichtet.

In diesem Kapitel wird der Aufbau einer Kreuztabelle erklärt und die Möglichkeiten zur Deskription, also der beschreibenden Interpretation der Ergebnisse, aufgezeigt. Weiter wird die Schichtung nach einer dritten Variable behandelt und die Vorgehensweise mit SPSS erklärt. Dabei spielt auch wieder das bereits vorgestellte Umcodieren von Werten einer Variablen eine Rolle. Der zweite Teil geht einen Schritt weiter: Nach der beschreibenden Statistik, der Deskription, beschäftigt er sich mit der statistischen Prüfung von Zusammenhängen. Dort erfahren Sie, was unter statistischen Beziehungen zu verstehen ist, und lernen Chi-Quadrat und statistische Maßzahlen kennen. Auch hier wird gezeigt, wie man dies mit SPSS durchführt.

8.1 Kreuztabellen mit zwei Merkmalen

Mit der Betrachtung der Beziehung zweier Merkmale wenden wir uns der sog. bivariaten Analyse zu. Bei der Darstellung einer solchen Kreuztabelle können verschiedene Zelleninhalte dargestellt werden. Man erhält in SPSS über den Menüpunkt *Analysieren/Deskriptive Statistiken/Kreuztabellen* eine entsprechende Dialogmaske, über welche die Auswertungen gesteuert werden. Bevor aber dargestellt wird, wie man eine solche Tabelle erhält, soll zunächst das grundlegende Prinzip eingeführt werden.

Bei der Untersuchung des Zusammenhangs zweier Merkmale unterscheidet man die beiden beteiligten Variablen nach unabhängiger und abhängiger Variable. Unter abhängig versteht man die Annahme, dass die Ausprägung dieses Merkmals in den einzelnen Kategorien der unabhängigen Variablen verschieden ist, also von dieser unabhängigen Variablen abhängt. In einem Beispiel lässt sich dies deutlich machen: Bei einer Befragung von Kindern und Jugendlichen wird angenommen, dass Jungen Sport in der Freizeit eher als Hobby betreiben als Mädchen. Die unabhängige Variable ist damit das Merkmal Geschlecht. Man nimmt an, dass die Freizeitbeschäftigung Sport (abhängige Variable) vom Geschlecht abhängt. Dreht man das Verhältnis herum, ergibt sich dagegen keine sinnvolle theoretische Annahme. Niemand wird ernsthaft auf den Gedanken kommen, die These zu vertreten, dass das Geschlecht von den Freizeitinteressen abhängt.

Die theoretische Annahme über unabhängige und abhängige Variable hat Auswirkungen auf die Gestaltung der Kreuztabelle, genauer auf die Platzierung der Variablen (siehe Tab. 16). Die unabhängige Variable definiert in der Regel die Spalten der Tabelle, die abhängige Variable die Zeilen. Die sich daraus ergebenden Zellen stellen die Ausprägungen der abhängigen Variable für die verschiedenen Kategorien der unabhängigen Variablen dar.

Geschlecht → Sport in der Freizeit ↓	Weiblich	Männlich	Gesamt
JA	A	B	R3
NEIN	C	D	R4
Gesamt	R1	R2	R

Tab. 16: Aufbau einer Kreuztabelle

In Zelle A wird die Häufigkeit der Befragten eingetragen, die weiblich sind und in der Freizeit Sport betreiben. In Zelle B stehen die männlichen Jugendlichen, die ihre Freizeit sportlich gestalten. Zelle C weist die weiblichen Sportinaktiven aus und Zelle D enthält die männlichen Sportverweigerer. Sie können damit für jede Ausprägung der unabhängigen Variablen *Geschlecht* die Aufteilung des abhängigen Merkmals nachlesen.

Neben diesen Merkmalskombinationen enthält die Tabelle weitere Felder, die grau hinterlegt und mit dem Buchstaben R und einer Ordnungsziffer beschriftet sind. In diesen Zellen wird die sog. Randverteilung dargestellt. Sie liefert Ihnen die Information über die univariate Häufigkeitsverteilung der beiden involvierten Variablen. R1 und R2 geben die Verteilung der untersuchten Population nach Geschlecht wieder und in R3 und R4 kann man ablesen, wie viele Befragte allgemein Sportmuffel sind und welche insgesamt Sport in der Freizeit betreiben. Die Zelle R enthält für beide Randverteilungen die Gesamtzahl der Befragten.

In diesem Anschauungsbeispiel ergibt sich eine Tabelle mit insgesamt vier Zellen. Je nach Anzahl der Ausprägungen, welche die zu untersuchenden Variablen haben, können die Tabellen auch mehr Zellen beinhalten. Man untersucht beispielsweise als abhängige Variable die Parteienpräferenz nach verschiedenen Parteien mit der unabhängigen Variablen Alter. Nehmen wir dafür an, die abhängige Variable *Parteienpräferenz* besteht aus den fünf Kategorien CDU/CSU, Bündnis90/Grüne, SPD, FDP und sonstige Parteien und die unabhängige Variable *Alter* setzt sich aus vier Altersgruppen zusammen. Somit ergibt sich für jede Altersgruppe eine Verteilung hinsichtlich der Parteienpräferenz. Man kommt damit auf eine Kreuztabelle mit 4 x 5 = 20 Zellen. Da eine solche Tabelle oft unübersichtlich wird, ergibt sich daraus in vielen Fällen die Notwendigkeit, eine oder beide Variablen zusammenzufassen, sodass sich weniger Ausprägungen ergeben. In diesem Beispiel betrifft dies sinnvollerweise das Alter. Ein weiterer Grund, der im Falle vieler Kategorien zur Notwendigkeit der Recodierung führt, ist, dass die Anzahl der Fälle, die sich für einzelne Zellen ergeben, nicht mehr sinnvoll zu interpretieren ist. In sozialwissenschaftlichen Untersuchungen nimmt man häufig eine Zellenbesetzung von mindestens 30 Befragungseinheiten an.

Bevor wir in die inhaltliche Auswertung tiefer einsteigen, soll zunächst einmal gezeigt werden, wie man mit SPSS eine Kreuztabelle erzeugen kann. Diese Analyseoption findet sich unter dem Hauptmenü *Analysieren/Deskriptive Statistik/ Kreuztabelle*. Die Dialogbox für Kreuztabellen sieht wie in Abbildung 22 dargestellt aus.

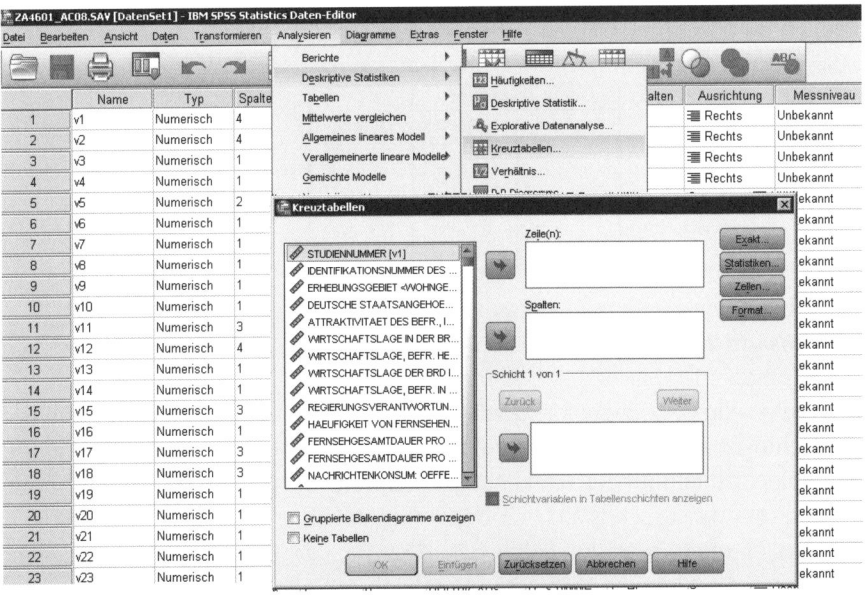

Abb. 22: SPSS-Dialog zur Erstellung von Kreuztabellen

Im linken Feld befinden sich die Variablen des Datensatzes. In diesem Fall handelt es sich um den Beispieldatensatz der Jugendbefragung zu Freizeitverhalten und -wünschen von Jugendlichen. In das Feld „Zeilen" wird die abhängige Variable eingetragen. In das Textfeld „Spalte" setzt man die unabhängige Variable. Beides geschieht, indem man die Variable im linken Feld mit dem Mauszeiger markiert und über die Befehlschaltflächen mit den schwarzen Pfeilen den Feldern hinzufügt.

Aus dem Beispieldatensatz wählen wir hierfür die Variable *Geschlecht* als unabhängige und das Merkmal *Sport treiben* als abhängige Variable aus. Über den Befehl „O.K." erzeugt SPSS daraufhin die Kreuztabelle (siehe Abb. 23). Diese besteht aus zwei Teilen. Die Tabelle „Verarbeitete Fälle" gibt darüber Auskunft, wie viele der Befragten in die Analyse eingeschlossen wurden. In unserem Fall ergibt sich für 13 Befragte ein fehlender Wert für eine der beiden Variablen. Diese Fälle werden in der eigentlichen Kreuztabelle nicht ausgewiesen.

Verarbeitete Fälle

	Fälle					
	Gültig		Fehlend		Gesamt	
	N	Prozent	N	Prozent	N	Prozent
Fr10a_Sport treiben * Fr20_Geschlecht	1367	99,1%	13	,9%	1380	100,0%

Fr10a_Sport treiben * Fr20_Geschlecht Kreuztabelle

Anzahl

		Fr20_Geschlecht		Gesamt
		weiblich	männlich	
Fr10a_Sport treiben	nie	95	70	165
	selten	155	87	242
	monatlich	82	73	155
	woechentlich	372	433	805
Gesamt		704	663	1367

Abb. 23: SPSS-Ausgabe Kreuztabelle für SPSS mit den Variablen „Geschlecht" und „Sport treiben" – absolute Häufigkeiten

Die Kreuztabelle ermöglicht es zu sehen, wie sich die Jugendlichen bezogen auf das Geschlecht zur Freizeitaktivität „Sport treiben" äußern. Es fällt aber schwer, zu erkennen, ob nun Jungen stärker sportorientiert sind als Mädchen. Dies resultiert vor allem daraus, dass sich für beide Geschlechter insgesamt verschiedene Fallzahlen ergeben, was zur Folge hat, dass wir die Zellenbesetzungen nicht direkt vergleichen können. Für einen Vergleich müssen die Häufigkeiten in den Zellen relativ zur jeweiligen Gesamtheit betrachtet werden. Zusätzlich oder an

8.1 Kreuztabellen mit zwei Merkmalen

Stelle der absoluten Häufigkeiten benötigen wir die Prozentwerte der jeweiligen Kategorie *Sport treiben* zur Ausprägung „weiblich" und „männlich" des Merkmals *Geschlecht*. Diese zusätzlich möglichen Zelleninhalte lassen sich im Dialog über den Befehl *Zellen* einstellen. Man erhält dann den in Abbildung 24 dargestellten Unterdialog.

Abb. 24: SPSS-Zelleninhalt von Kreuztabelle bestimmen

Es soll untersucht werden, ob Jungen in der Freizeit stärker sportorientiert sind als Mädchen. Für die Richtung der Prozentuierung gilt dabei allgemein, dass diese immer bezogen auf die unabhängige Variable durchgeführt wird. Da diese die Spalten der Tabelle definiert, ist die Prozentuierung *Spaltenweise* zu wählen.

Die folgende Ausgabe liefert nun neben den absoluten Zellhäufigkeiten auch die relativen Häufigkeiten. Das heißt, für jede Kategorie der unabhängigen Variable *Geschlecht* wird die relative Verteilung bezogen auf die Merkmalsausprägung der abhängigen Variablen *Sport treiben* wiedergegeben. In unserem Beispiel heißt dies unter anderem, dass 65 % der Jungen wöchentlich Sport treiben. Bei den weiblichen Jugendlichen geben dies 53 % an. Entsprechend sind die übrigen Zelleninhalte zu lesen. In der Randverteilung unter der Spalte „Gesamt" kann man sehen, dass ohne die Differenzierung nach Geschlecht insgesamt z.B. 59 % aller Befragten angeben, wöchentlich Sport zu treiben. Auf die weiteren Einstellungen, die über diesen Unterdialog zur Verfügung stehen, gehen wir an dieser Stelle nicht ein. Die erwarteten Häufigkeiten werden bei den weiteren Ausführungen noch eine wichtige Rolle spielen (Abb. 25).

8. Kreuztabellenanalyse

Verarbeitete

	Fälle					
	Gültig		Fehlend		Gesamt	
	N	Prozent	N	Prozent	N	Prozent
Fr10a_Sport treiben *F20_Geschlecht	136	99,1	1	,9	138	100,0

Fr10a_Sport treiben * Fr20_Geschlecht

			Fr20_Geschlecht		Gesamt
			weibl	männl	
Fr10a_Sport treiben	nie	Anzahl	95	70	165
		% von	13	11	12
	selten	Anzahl	155	87	242
		% von	22	13	18
	monatlich	Anzahl	82	73	155
		% von	12	11	11
	woechentlich	Anzahl	372	433	805
		% von	53	65	59
Gesamt		Anzahl	704	663	1367
		% von	100	100	100

Abb. 25: SPSS-Ausgabe Kreuztabelle für SPSS mit den Variablen Geschlecht und Sport treiben – absolute und relative Häufigkeiten

Wie bereits ausgeführt, empfiehlt es sich, bei den relativen Zellenhäufigkeiten auf Basis einer Stichprobe die Prozentuierung ohne Nachkommastellen durchzuführen. Dies kann in SPSS im Ausgabefenster unter dem Menü *Format/Zelleneigenschaften* eingestellt werden, nachdem die Zellen der Tabelle markiert wurden. Außerdem ist zu bemerken, dass neben diesem Standardformat andere Einstellungen gewählt werden können, die der Tabelle eine andere Gestaltung geben.

Auf Basis der Tabelle lässt sich vermuten, dass die These der stärkeren Sportorientierung von Jungen aufrechterhalten werden kann. Betrachtet man die Ausprägung „wöchentlich", dann finden sich immerhin 12 % mehr Befragte unter den Jungen. Um die Angaben zu verdichten und den Blick auf die zentralen Unterschiede zu konzentrieren, kann man die Ausprägungen der beteiligten Variablen zusammenfassen. Für die unabhängige Variable *Geschlecht* ist dies nicht möglich, da sie nur aus zwei Ausprägungen besteht. Anders würde es sich verhalten, wenn beispielsweise das Alter nach mehreren Altersklassen die unabhängige Variable darstellen würde. Die abhängige Variable *Sport treiben* können wir zusammenfassen. Die Kategorien „selten" und „nie" können beispielsweise zusammengefasst den Ausprägungen „monatlich" und „wöchentlich" gegenübergestellt werden. Dies wird, wie oben ausgeführt, durch den Menüpunkt *Transformieren/ Umcodieren* bewerkstelligt. Danach ergibt sich die Tabelle in Abbildung 26.

Fr10a_Sport treiben * Fr20_Geschlecht

			Fr20_Geschlecht		Gesamt
			weibl	männl	
Fr10a_Sport treiben	nie/selten	Anzahl	250	157	407
		% von	36	24	30
	monatlich	Anzahl	82	73	155
		% von	12	11	11
	woechentlich	Anzahl	372	433	805
		% von	53	65	59
Gesamt		Anzahl	704	663	1367
		% von	100	100	100

Abb. 26: SPSS-Ausgabe Kreuztabelle für SPSS mit den Variablen „Geschlecht" und „Sport treiben" – absolute Häufigkeiten mit umkodierten Kategorien

Verwendet man diese Auswertung als Grundlage der inhaltlichen Interpretation, lässt sich das Ergebnis noch etwas klarer ausdrücken. So sind 36 % der Mädchen Sportmuffel, die in der Freizeit selten oder nie Sport treiben, und 53 % sind aktive Sportlerinnen, bei denen Sport regelmäßig wöchentlich seinen Platz in der Freizeit erhält. Bei den Jungen verhält es sich dagegen anders: Hier finden sich mit 24 % weniger Sportmuffel. Sportaktive gibt es mit ca. 2/3 bzw. 65 % der Befragten häufiger.

8.2 Die Auswertung mit Kontrollvariablen

Bisher wurde untersucht, ob zwischen dem Geschlecht und der Freizeitbeschäftigung „Sport treiben" ein Zusammenhang erkennbar wird. Dabei hat sich gezeigt, dass die männlichen Jugendlichen dieser Freizeitbeschäftigung stärker verbunden sind. Oft ist es sinnvoll, die betrachteten Zusammenhänge nach weiteren Kriterien in zwei oder mehrere Gruppen aufzuteilen, um zu überprüfen, ob der Zusammenhang zwischen den Variablen in allen Gruppen vorliegt. Man könnte in unserem Beispiel annehmen, dass der Unterschied zwischen Jungen und Mädchen nur in bestimmten Altersgruppen auftritt. Eine weitere mögliche Annahme wäre, dass die Nationalität eine Rolle spielt, etwa dass sich bei deutschen Jugendlichen kein Unterschied ergibt, während bei ausländischen Jugendlichen, insbesondere bei türkischen, die Geschlechterdifferenz groß ist.

Wenn man solche Kontrollvariablen zur weiteren Untersuchung heranzieht, ist man häufig darauf angewiesen, eine Recodierung der Variablen (in unserem Beispiel der Freizeitaktivität „Sport treiben") durchzuführen. Nur auf diese Weise lassen sich in vielen Fällen aussagekräftige Zellenhäufigkeiten erreichen. Des Weiteren ergibt sich dadurch bei vielen Ausprägungen der unabhängigen Variablen oder der Schichtung durch Kontrollvariablen eine übersichtlichere Vergleichbarkeit und bessere Interpretationsmöglichkeit.

In unserem Beispielfall recodieren wir aufgrund dieser Erfordernisse zunächst die abhängige Variable *Sport treiben* auf zwei Kategorien, „selten/nie" und „monatlich/wöchentlich". Als Kontrollvariable wählen wir das Merkmal *Nationale Herkunft* mit den Ausprägungen „deutsch", „ausländisch" und „Aussiedler" (diese wurden in der Untersuchung gesondert erfasst, gemeint sind Spätaussiedler/innen). Aufgrund der Recodierung können wir nun eine Aussage ableiten, ob Sportabstinenz oder Sport treiben als mehr oder weniger intensive Freizeitbeschäftigung in den verschiedenen Nationengruppen sich nach dem Geschlecht unterscheidet.

Bevor die Tabelle als Resultat der Auswertung dargestellt wird, soll aber zunächst kurz erklärt werden, auf welchem Weg sich eine solche Kreuztabelle mit einer Kontrollvariablen erzeugen lässt. Zusätzlich zu den Definitionen der Zeilen mit der abhängigen Variable *Sport treiben* und der Spaltendefinition mit der unabhängigen Variable *Geschlecht* wird in das Textfeld *Schicht* des Dialogs für die Kreuztabellen die Variable *Nationalität* eingefügt. Die Befehlsschaltfläche *Weiter* beim Textfeld *Schicht* ermöglicht es, weitere Schichten einzuführen, d.h. mehr als zwei Kontrollvariablen zu benutzen. So könnte man unsere Frage auch nach Geschlecht für die verschiedenen Nationalitäten innerhalb verschiedener Altersgruppen untersuchen. Als weitere Schicht müsste in diesem Fall das Alter hinzugenommen werden. In unserem Fall untersuchen wir die Frage mit einer Kontrollvariablen. Als Resultat der Auswertung erhalten wir eine Tabelle, die für jede Nationalität eine Untertabelle auswirft mit der unabhängigen Variable *Geschlecht* und der abhängigen Variable *Sport treiben* (Abb. 27 und 28).

8.2 Die Auswertung mit Kontrollvariablen

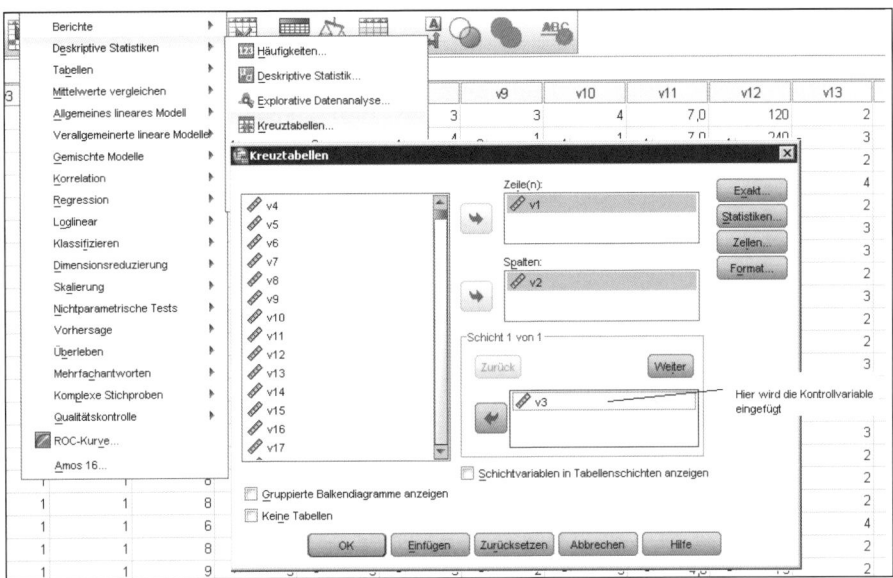

Abb. 27: SPSS-Erzeugen einer Kreuztabelle mit Kontrollvariablen

Fr10a_Sport treiben * Fr20_Geschlecht * Nationale Herkunft Kreuztabelle					Fr20_Geschlecht		
Nationale Herkunft					weibl	männl	Gesamt
deutsch	Fr10a_Sport treiben	selten/nie	Anzahl	180	120	300
			% von Fr20_Geschlecht	33	24	29
		monatlich/wöchentl.	Anzahl	360	390	750
			% von Fr20_Geschlecht	67	76	71
	Gesamt		Anzahl	540	510	1050
			% von Fr20_Geschlecht	100	100	100
ausländisch	Fr10a_Sport treiben	selten/nie	Anzahl	35	20	55
			% von Fr20_Geschlecht	45	25	35
		monatlich/wöchentl.	Anzahl	43	61	104
			% von Fr20_Geschlecht	55	75	65
	Gesamt		Anzahl	78	81	159
			% von Fr20_Geschlecht	100	100	100
Aussiedler	Fr10a_Sport treiben	selten/nie	Anzahl	30	15	45
			% von Fr20_Geschlecht	39	23	32
		monatlich/wöchentl.	Anzahl	46	49	95
			% von Fr20_Geschlecht	61	77	68
	Gesamt		Anzahl	76	64	140
			% von Fr20_Geschlecht	100	100	100

Abb. 28: SPSS-Ausgabe Kreuztabelle mit den Variablen „Geschlecht" und „Sport treiben" und der Kontrollvariablen „Nationale Herkunft"

Zunächst fällt auf, dass die strikte Recodierung der abhängigen Variablen aus Fallzahlgründen berechtigt war. Wenn man weiter die Randverteilung betrachtet, zeigt sich, dass diese nicht mehr die Verteilung bezogen auf alle Befragten abbildet, sondern das Ergebnis bezogen auf alle Personen, die unter die entsprechende Kategorie der Kontrollvariablen fallen, wiedergibt.

Betrachtet man die relativen Häufigkeiten in den drei Nationen-Schichten bezogen auf die Ausgangsfrage, zeigt sich, dass bei allen Jugendlichen, gleich welcher Nationalität, die Jungen eher Sport in der Freizeit treiben als die Mädchen. Bei den Deutschen sind 67 % der Mädchen sportaktiv und 76 % der Jungen. Bei den Jugendlichen ausländischer Nationalität stehen 55 % bei den weiblichen Personen 75 % bei den männlichen gegenüber. Bei den Aussiedlerjugendlichen ergibt sich schließlich ein Verhältnis der Sportaktiven von 61 % bei den Mädchen zu 77 % bei den Jungen. Daneben lässt sich aber auch festhalten, dass der Geschlechterunterschied bei den ausländischen Jugendlichen am stärksten ausgeprägt ist. Am geringsten ist die Differenz bei den deutschen Befragten.

8.3 Statistische Beziehungen nominal- und ordinalskalierter Variablen

Bislang haben wir die Zusammenhänge zweier Merkmale beschreibend durch Inspektion, also deskriptiv untersucht. Hier kommen wir nun zur Frage, als wie ausgeprägt sich die Beziehung bezeichnen lässt und ob ein erkannter Zusammenhang als statistisch signifikant bezeichnet werden kann. Grundsätzlich sind zwei Betrachtungsweisen zu unterscheiden, die definieren, was unter einer statistischen Beziehung oder Assoziation zu verstehen ist. Dies sind erstens das Konzept der Abweichung von der statistischen Unabhängigkeit und zweitens die Vorhersagbarkeit einer Variablen auf Basis der anderen.

Abweichung von der statistischen Unabhängigkeit: Diese Betrachtungsweise betont einen besonderen Aspekt, nämlich den der Abweichung von der Nichtbeziehung. Man vergleicht die Daten der aktuellen Tabelle mit den empirischen Werten – in diesem Zusammenhang häufig Kontingenztabelle genannt – mit den Daten der Tabelle der Nichtbeziehung zwischen der unabhängigen Variable X und abhängigen Variable Y (erwartete Werte) – in diesem Zusammenhang Indifferenztabelle genannt. Die Indifferenztabelle wird aus den Werten gebildet, die man erwartet, wenn keine Beziehung zwischen den Variablen besteht. Differieren die Daten der Kontingenztabelle und der Indifferenztabelle, so sagt man, dass die unabhängige Variable X und die abhängige Variable Y miteinander in Beziehung stehen (assoziiert sind). Ist dies nicht der Fall, spricht man von statistischer Unabhängigkeit.[54]

---

54 Vgl. Benninghaus 1998, 188.

8.3 Statistische Beziehungen nominal- und ordinalskalierter Variablen

Vorhersagbarkeit der einen Variable auf Basis der anderen: Das zweite Konzept ist das der prädikativen Assoziation, dem ebenfalls eine Reihe von Maßzahlen entsprechen, die sog. PRE-Maße (*proportional reduction in error measures*). Es geht dabei um die Frage, ob und in welchem Maße eine Schätzung oder Vorhersage der abhängigen Y-Variablen verbessert werden kann, wenn die Vorhersage nicht auf ihre eigene Verteilung, sondern auf die gemeinsame Verteilung der X- und der Y-Variablen gestützt wird. Es wird gefragt: Führt die Ausnutzung der X-Variablen zu einer Reduktion des Vorhersagefehlers (Vorhersagefehler-Reduktion) der Y-Variablen?

Allgemein lassen sich die Assoziationsmaße als statistische Maßzahlen bezeichnen, die es ermöglichen, mit einer einzigen Zahl, die sich auch leicht mit anderen Zahlen vergleichen und mitteilen lässt, den Inhalt der Tabelle summarisch zu beschreiben. Sie sind Kennwerte, die der zusammenfassenden Beschreibung der Tabelle dienen. Nach Benninghaus lassen sich bestimmte Eigenschaften dieser Kennwerte aufzählen. Aufgrund der unterschiedlichen Konzeption der Assoziation und der ihnen entsprechenden Maßzahlen ist nicht zu erwarten, dass ein bestimmtes Maß alle beschriebenen Eigenschaften aufweist:[55] Die Zahlenwerte sollen konventionell zwischen 0 und 1 variieren, wobei der Wert 1 eine perfekte Beziehung und der Wert 0 eine Nichtbeziehung anzeigen soll. Für den Fall, dass das Assoziationsmaß auch die Richtung der Beziehung angibt, kommt hinzu, dass der Wert −1 eine perfekte negative und der Wert +1 eine perfekte positive Beziehung anzeigen soll.

Der Koeffizient sollte eine eindeutige Aussage ermöglichen. Das im Folgenden betrachtete Chi-Quadrat ermöglicht dies nicht. Es ist für unterschiedlich große Tabellen auch unterschiedlich groß und damit kaum vergleichbar. Assoziationsmaße sollen für unterschiedliche Grade der Beziehung sensitiv sein. Das heißt, sie sollen nicht gleiche oder annähernd gleiche Zahlenwerte für Tabellen hervorbringen, die offensichtlich durch unterschiedlich starke Beziehungen gekennzeichnet sind.

Maßzahlen der Beziehung sollen möglichst invariant gegenüber unterschiedlichen Häufigkeiten der Tabellen sein, das heißt nicht für unterschiedliche absolute Häufigkeiten, sondern für unterschiedliche relative Häufigkeiten empfindlich sein. Auch gegenüber einer unterschiedlichen Anzahl von Variabelnkategorien sollen Assoziationsmaße unempfindlich sein.

---

55 Vgl. Benninghaus 1998, 190 f.

8.3.1 Chi-Quadrat-Test auf statistische Unabhängigkeit

Mit dem Chi-Quadrat-Test untersucht man die sog. Nullhypothese, dass der vermutete Zusammenhang zwischen den beiden untersuchten Variablen sich zufällig ergibt und negiert werden muss. Man vergleicht dabei die Ausprägungen der abhängigen Variable in der Grundgesamtheit mit den Häufigkeiten, die sich für die Kategorien der unabhängigen Variable ergeben.

Abweichungen zwischen den empirischen und den erwarteten Werten, die sich theoretisch ergeben, wenn die Variablen vollkommen unabhängig voneinander sind, können zufällig entstehen. Da man in den allermeisten Fällen eine Stichprobe und nicht die gesamte Grundgesamtheit untersucht, werden die tatsächlichen und die erwarteten Werte nur selten genau übereinstimmen. Je größer jedoch die Abweichung zwischen den Werten ist, umso unwahrscheinlicher ist, dass dieser Unterschied zufällig ist. Man wird also umso mehr vermuten, dass ein tatsächlicher Zusammenhang besteht.

Das Prüfmaß Chi-Quadrat (χ^2) wird mit folgender Formel errechnet:

$$\chi^2 = \sum_{i=1}^{k} \sum_{j=1}^{l} \frac{(fb(i,j) - fe(i,j))^2}{fe(i,j)}$$

i = Zeile (gestuftes Merkmal von 1 bis k)
j = Spalte (gestuftes Merkmal von 1 bis l)
$f_{b(i,j)}$ = Beobachtete Häufigkeit der Zelle aus Kombination der i-ten Zeile und j-ten Spalte.
$f_{e(i,j)}$ = Erwartete Häufigkeit der Zelle aus Kombination der i-ten Zeile und j-ten Spalte.

Die Differenz der beobachteten und erwarteten Häufigkeiten der einzelnen Zellen wird quadriert und durch die erwartete Häufigkeit dividiert. Die Summe dieser Einzelergebnisse ergibt χ^2. Das Quadrieren der Differenz von beobachteten und erwarteten Häufigkeiten wird durchgeführt, um zu erreichen, dass negative und positive Abweichungen gleichermaßen in die Maßzahl eingehen und sich nicht gegenseitig aufheben. Die Division durch fe ist erforderlich, da sich andernfalls bei insgesamt vielen Beobachtungen auch mehr Abweichungen ergeben würden.

8.3 Statistische Beziehungen nominal- und ordinalskalierter Variablen

Bevor in einem Beispiel die Berechnung dargestellt werden kann, muss erst noch gezeigt werden, auf welchem Weg man zu den erwarteten Häufigkeiten gelangt. Diese können aus der Randverteilung der Tabelle ermittelt werden. Nimmt man an, dass die Ereignisse voneinander stochastisch unabhängig sind, können die Wahrscheinlichkeiten für das Auftreten der Merkmalskombinationen gemäß dem Multiplikationstheorem für voneinander unabhängige Ereignisse berechnet werden. Es ergibt sich folgende Gleichung:

$$fe(i, j) = \frac{Zeilensumme(i) \times Spaltensumme(j)}{n}$$

Zur Verdeutlichung der bisher festgelegten Schritte nehmen wir eine fiktive Beispieltabelle (Tab. 17). Hier wird nach drei Altersgruppen die Teilnahme an Sportvereinen abgetragen. Die erwarteten Häufigkeiten sind kursiv dargestellt. Für die Zelle, die sich ergibt aus der Altersgruppe 10–12 Jahre (Spalte 1) und der Angabe „Im Verein aktiv" (Zeile 1), resultiert eine absolute Häufigkeit von 208. Die erwartete Häufigkeit beträgt aus der Randverteilung geschätzt 259 x 308 / 406 = 196,5.

fb / fe	Alter: 10-12 J. 1	Alter: 13-15J. 2	Alter 16-18J. 3	Insgesamt
Im Verein aktiv 1	208 *196,5*	33 *38,3*	18 *24,2*	259
Nicht im Verein 2	100 *111,5*	27 *21,7*	20 *13,8*	147
Insgesamt	308	60	38	406

Tab. 17: Kreuztabelle mit beobachteten und erwarteten Häufigkeiten zur Ermittlung von Chi-Quadrat

In Tabelle 18 sind zudem als fettgedruckte Zahlen die Ergebnisse dargestellt, die sich aus der Berechnung für Chi-Quadrat ergeben, $(fb fe)^2/fe$. Für Chi-Quadrat ergibt sich aus der Summe der ermittelten Werte für die einzelnen Zellen ein Wert von 8,3.

fb / fe	Alter: 10-12 J. 1	Alter: 13-15J. 2	Alter 16-18J. 3	Insgesamt
Im Verein aktiv 1	208 196,5 **0,7**	33 38,3 **0,7**	18 24,2 **1,6**	259 **3**
Nicht im Verein 2	100 111,5 **1,2**	27 21,7 **1,3**	20 13,8 **2,8**	147 **5,3**
Insgesamt	308	60	38	406

$\chi^2 = 8,3$

Tab. 18: Kreuztabelle mit beobachteten und erwarteten Häufigkeiten zur Ermittlung von Chi-Quadrat

Je größer die Abweichung in einer Zelle ist, ein umso größerer Wert ergibt sich auch für Chi-Quadrat. Ein großer Chi-Quadrat-Wert bedeutet also, dass zwischen den Angaben der abhängigen Variablen, die sich für die einzelnen Ausprägungen der unabhängigen Variablen ergeben, große Abweichungen bezogen auf die erwarteten Häufigkeiten bestehen. Er deutet somit darauf hin, dass zwischen den Variablen ein Zusammenhang besteht. Der Wert kann sich jedoch auch zufällig ergeben. Aus wahrscheinlichkeitstheoretischen Überlegungen lässt sich für Chi-Quadrat eine Verteilung herleiten, die in Abhängigkeit von der Anzahl der Zeilen und Spalten der Kreuztabelle angibt, mit welcher Wahrscheinlichkeit sich eine durch Chi-Quadrat bestimmte Größenordnung ergibt, wenn die Variablen unabhängig voneinander sind.

Der Zusammenhang wird mit Hilfe der *Freiheitsgrade* der Kreuztabelle dargestellt. Aus der Anzahl der Zeilen und Spalten wird die Anzahl der Felder ermittelt, denen bei gegebener Randverteilung beliebige Häufigkeiten zugeordnet werden können. Wenn man sich eine Vierfelder-Tabelle vor Augen führt, dann ergeben sich aus der Häufigkeit von einer Zelle bei gegebener Randverteilung unmittelbar die Häufigkeiten der anderen Felder. Ist die Zelle etwa mit der Häufigkeit 6 besetzt und die zeilenbezogene Randverteilung beläuft sich auf 8, dann muss die zeilenbezogene Nachbarzelle mit der Häufigkeit 2 besetzt sein. Wenn sich für die Randverteilung in der Spalte eine 7 ergibt, muss die spaltenbezogene Zelle mit 1 besetzt sein. In einer solchen Vierfelder-Tabelle kann also nur die Häufigkeit einer Zelle frei variieren. Sie hat damit einen Freiheitsgrad. Allgemein ergeben sich die Freiheitsgrade, wenn die erwarteten Wahrscheinlichkeiten aus der Randverteilung ermittelt wurden, aus folgender Formel:

Freiheitsgrade (df) = (Zeilen − 1) x (Spalten − 1)

„df" ist die Abkürzung des englischen Ausdrucks *degrees of freedom*. In unserem obigen Anfangsbeispiel ergeben sich auf diese Weise (3 − 1) x (3 − 1)= 4 Freiheitsgrade. Auf Basis der beiden ermittelten Komponenten, dem Chi-Quadrat-Wert und den Freiheitsgraden, lässt sich nun auf die Irrtumswahrscheinlichkeit schließen. Sie gibt Auskunft darüber, wie hoch die Wahrscheinlichkeit ist, dass die ermittelten Abweichungen sich zufällig ergeben. In der Sozialwissenschaft operiert man – wie bereits angegeben – normalerweise mit einem Signifikanzniveau von 5 %. Das bedeutet, dass man alle Zusammenhänge als signifikant und nicht zufällig anerkennt, für die sich eine Irrtumswahrscheinlichkeit kleiner oder gleich 5 % (0,05) ergibt.

Wenn man den Chi-Quadrat-Wert und die Freiheitgrade selbst rechnerisch ermittelt, überprüft man die Signifikanz anhand der Verteilungstabelle (z.B. abgedruckt in Statistkbüchern), welche die Werte der Chi-Quadrat-Verteilungsfunktion enthält. Wenn man aber ein Statistikprogramm benutzt, kann man sich dies ersparen. SPSS gibt bei entsprechender Einstellung die exakte Irrtumswahrscheinlichkeit aus. In unserem Beispielfall beläuft sie sich auf 0,016. Das bedeutet, dass der Zusammenhang zwischen den beiden Variablen *Alter* und *Vereinsaktivität* nicht zufällig ist. Der Chi-Quadrat-Test liefert nicht in jedem Fall zuverlässige Ergebnisse. Mit Hilfe der Chi-Quadrat-basierten Verfahren werden die Wahrscheinlichkeiten multinominalverteilter Ereignisse geschätzt, wobei die Schätzung erst bei unendlich großen Stichproben mit den exakten Wahrscheinlichkeiten der Multinominalverteilung übereinstimmt.[56] Einige Punkte müssen deshalb einschränkend beachtet werden:

- Die einzelnen Beobachtungen müssen voneinander unabhängig sein.
- Jede Beobachtungseinheit (z.B. Untersuchungsperson) muss eindeutig einer Kategorie der Variablen zugeordnet werden können.
- Die erwarteten Häufigkeiten der einzelnen Zellen der untersuchten Tabelle sollten größer 5 sein, um die Zuverlässigkeit des Testergebnisses zu gewährleisten.[57] Weniger strenge Einschränkungen fordern, dass die Anzahl der Zellen mit erwarteten Häufigkeiten unter 5 nicht mehr als 20 % betragen soll.[58] SPSS weist im Rahmen des Chi-Quadrat-Tests die Zelle mit den geringsten erwarteten Häufigkeiten aus. Falls Felder mit einem Wert von kleiner 5 vorkommen, wird zudem die Anzahl dieser Tabellenzellen benannt.

---
56 Vgl. Bortz 1993, 163.
57 Vgl. Brosius/Brosius 1996.
58 Bortz 1993, 163.

Der Chi-Quadrat-Test ist vor allem für Variablen mit Nominalskalenniveau geeignet. Grundsätzlich ist er zwar auch für höhere Skalenniveaus durchführbar, für diese stehen jedoch in der Regel wesentlich leistungsfähigere Tests zur Verfügung, die dem Chi-Quadrat-Test überlegen sind.

8.3.2 Das PRE-Modell

Nachdem zu Beginn des Kapitels bereits eine kurze Definition der sog. PRE-Maße und eine Abgrenzung zu den Tests auf statistische Unabhängigkeit eingeführt wurde, soll an dieser Stelle kurz das generelle Interpretationsmodell erläutert werden. Die Darstellung orientiert sich dabei stark an den Ausführungen von Benninghaus zu diesem Thema, die zur weiteren Vertiefung zu empfehlen sind.[59]

Wenn von PRE-Maßen die Rede ist, dann sind jene Assoziationsmaße genannt, die im Sinne der proportionalen Fehlerreduktion interpretiert werden. Für nominalskalierte Variablen werden wir weiter unten das PRE-Maß *Lambda*, für ordinalskalierte Variablen *Gamma* betrachten. Auch der Determinationskoeffizient r^2, der im abschließenden Kapitel zur Regression eingeführt wird, lässt sich als PRE-Maß interpretieren.

Bei der Berechnung von PRE-Maßen kommen zwei Vorhersageregeln zur Anwendung: erstens eine Regel für die Vorhersage der abhängigen Variablen Y ohne Auswertung der Information über die unabhängige Variable X und zweitens eine Regel für die Vorhersage von Y mit Auswertung der Information von X. Danach wird ein Verhältnis errechnet, das die graduelle Verbesserung der Vorhersage als proportionale Fehlerreduktion ausdrückt, bei der die Anwendung der beiden Regeln erzielt wird.

Plausibel wird dies an einem Beispiel. Tabelle 19 stellt eine perfekte Beziehung dar. Die Kenntnis über das Merkmal *Geschlecht* der befragten Jugendlichen ermöglicht die Vorhersage des Interesses an Sport, ohne einen Vorhersagefehler zu begehen. Alle Mädchen zeichnen sich durch ein geringes Sportinteresse aus, während dieses bei den Jungen durchweg hoch ist. Die Vorhersage ist also fehlerfrei. Solche perfekten Beziehungen kommen aber kaum vor.

---

59 Vgl. Benninghaus 1998.

8.3 Statistische Beziehungen nominal- und ordinalskalierter Variablen

Geschlecht/ Sportinteresse	Weiblich	Männlich	Gesamt
Gering	50	0	50
Groß	0	50	50
Gesamt	50	50	100

Tab. 19: Kreuztabelle einer perfekten Beziehung – Geschlecht und Sportinteresse

Im modifizierten Beispiel ergibt sich keine perfekte, sondern eine starke Beziehung (Tab. 20). Auch hier kann auf Basis der Variablen *Geschlecht* das Interesse an Sport vorhergesagt werden. Die Vorhersage ist aber nicht mehr fehlerfrei. Bei Anwendung der Regel: „Wenn weibliche Person, dann geringes Sportinteresse und wenn männlich, dann hohes Sportinteresse" machen wir in 20 von 100 Fällen (20 %) einen Fehler. In 80 % der Fälle liegen wir richtig. Betrachtet man die Randverteilung, dann ergeben sich jeweils 50 Sportinteressierte und 50 Desinteressierte. Wenn wir uns also lediglich auf die abhängige Variable stützen, um für eine befragte Person das Interesse am Sport vorherzusagen, beträgt die Wahrscheinlichkeit, dass wir damit falsch liegen, 50 %. Stützen wir uns bei der Vorhersage auf die unabhängige Variable *Geschlecht*, liegen wir nur in 20 % der Fälle daneben. Die Kenntnis, ob eine Person weiblich oder männlich ist, hilft uns die Vorhersage zu verbessern. Diese Fehlerreduktion beläuft sich auf (50 – 20)/50= 0,6 oder 60 %.

Geschlecht/Sportinteresse	Weiblich	Männlich	Gesamt
Gering	40	10	50
groß	10	40	50
Gesamt	50	50	100

▓ *Vorhersagefehler nach Regel: „Wenn weibliche Person, dann geringes Sportinteresse und wenn männlich, dann hohes Sportinteresse"*

Tab. 20: Kreuztabelle einer starken Beziehung – Geschlecht und Sportinteresse

Nehmen wir als weiteres Beispiel eine Tabelle mit sechs Feldern (Tab. 21). Das Interesse Jugendlicher am Vereinssport wird nach drei unterschiedlichen Altersgruppen untersucht. Die erste Vorhersageregel lautet: „Wenn das Alter hoch ist, ist das Interesse am Vereinssport gering." Durch die in der Hauptdiagonale liegenden Fälle kann das Interesse an Sport im Verein (52 + 50 + 52 = 154) vorhergesagt werden. Die Kategorien der abhängigen Variablen sind in der Randverteilung mit je 66 Fällen besetzt. Ohne Berücksichtigung des Alters kann die Vorhersage in nur 66 Fällen korrekt sein; 132 Vorhersagen sind dann notwendig falsch. Wissen wir dagegen, in welche Altersgruppe eine Person einzuordnen ist, sind nur 198 − 154 = 44 Vorhersagen fehlerhaft. Die Fehlerreduktion beträgt somit (132 − 44)/132 = 0,67 oder 67 %.

Alter / Sportinteresse	19–21	15–18	12–14	Gesamt
Gering	52	8	6	66
Mittel	8	50	8	66
Hoch	6	8	52	66
Gesamt	66	66	66	198

▓▓▓ *Vorhersagefehler nach Regel: „Wenn weibliche Person, dann geringes Sportinteresse und wenn männlich, dann hohes Sportinteresse"*

Tab. 21: Kreuztabelle mit mehreren Zellen und proportionaler Fehlerreduktion – Alter und Sportinteresse

Die Eigenschaften des PRE-Modells können damit folgendermaßen beschrieben werden: Jedes PRE-Modell repräsentiert die proportionale bzw. relative Fehlerreduktion, die aus der Enge der Beziehung zwischen den Variablen resultiert. Die PRE-Maße unterscheiden sich zwar nach Vorhersageregeln und nach der Definition des Vorhersagefehlers, sie haben aber eine gemeinsame Logik. Diese besteht in der zahlenmäßigen Bestimmung des Fehlers einer Vorhersage der abhängigen Variablen, die sich nur auf die Verteilung dieser Variablen stützt und in der Spezifikation des Grades, in dem dieser Fehler der Vorhersage reduziert wird, wenn in einer zweiten Vorhersage auch die Information der unabhängigen Variablen ausgewertet wird.[60]

Für die PRE-Maße lassen sich vier gemeinsame Elemente zusammenfassen:

1) eine Regel für die Vorhersage der abhängigen Variablen ohne Auswertung der Information der unabhängigen Variablen;
2) eine Regel für die Vorhersage der abhängigen Variablen mit Auswertung der Information der unabhängigen Variablen;
3) eine Fehlerdefinition, z.B. zur kategorialen Zugehörigkeit;
4) eine Definition des PRE-Maßes.

$$\text{PRE-MAß} = \frac{E_1 \text{ (Fehler nach Regel 1)} - E_2 \text{ (Fehler nach Regel 2)}}{E_1 \text{ (Fehler nach Regel 1)}}$$

Obwohl die Vorhersageregeln und die Fehlerdefinition maßspezifisch sind, haben alle PRE-Maße diese generelle Form.

---
60 Benninghaus 1998, 196.

8.3.3 Maßzahlen für nominalskalierte Variablen

Insbesondere beim Test auf statistische Unabhängigkeit ist es schwierig, den CHI-Wert zu interpretieren, da dieser von der Fallzahl und der Tabelle abhängt. Deswegen werden diverse Methoden benutzt, um die Stärke einer Beziehung in statistischen Maßzahlen auszudrücken, die diesen Nachteil beseitigen. Zur Beschreibung der Beziehung nominaler Variablen gibt es deutlich mehr Zusammenhangmaße, als hier dargestellt werden können. Wir beschränken uns auf die wichtigsten Assoziationsmaße. Dabei stellen wir solche besonders in den Vordergrund, die mit dem Statistikprogramm SPSS abgerufen werden können.

Die für nominale Variablen konzipierten Assoziationsmaße können lediglich voraussetzen, dass eine Klassifikation der Untersuchungseinheiten in rangmäßig nicht geordnete Kategorien vorgenommen wurde, die Merkmalsausprägungen also beliebig angeordnet und damit jederzeit vertauschbar sind. Deshalb kann nicht von einer negativen oder positiven Beziehung gesprochen werden, wenn auch nur eine der untersuchten Variablen nominalskaliert ist. Da die Maßzahlen für nominalskalierte Variablen nicht über eine Richtung informieren können, sind sie vorzeichenlos. Für Chi-Quadrat-basierte Maßzahlen gilt diese Bedingung in der Regel als erfüllt. Eine Ausnahme ist der Phi-Koeffizient. Die Vorzeichen können bei Anwendung dieser Maßzahl für Variablen mit höherem Messniveau von Interesse sein.[61]

8.3.3.1 Chi-Quadrat-basierte Maßzahlen

Chi-Quadrat-Maße werden häufig in der schließenden Statistik zur Überprüfung der Signifikanz der Abweichung von der statistischen Unabhängigkeit benutzt (wie oben erläutert). Maße, die auf der Chi-Quadrat-Funktion aufbauen, gehören damit zu den Tests auf statistische Unabhängigkeit. Sie basieren auf einem Vergleich der vorgefundenen Häufigkeiten der Kontingenztabelle (fb) mit den erwarteten Häufigkeiten (fe).

Chi-Quadrat ist für sich alleine schwer interpretierbar, da die Werte je nach Fallzahl verschieden ausfallen, die Werte sich also in keinem vorgegebenen Rahmen bewegen, der die Stärke der Beziehung erkennbar werden und mit Ergebnissen anderer Tabellen direkt vergleichen lässt. Die Maßzahlen, die auf Chi-Quadrat basieren, berücksichtigen die Anzahl der Fälle (N), um eine Kennzahl zu ermitteln, die zwischen 0 und 1 liegt und damit vergleichbare Aussagen über die Relevanz der Beziehung unabhängig von der Fallzahl zu ermöglichen. Kritische Betrachtungen heben hervor, dass Chi-Quadrat-Maße sensitiv auf die Anzahl der

---
61 Vgl. Benninghaus 1998, 205.

verarbeiteten Fälle reagieren. So kann ein geringer Zusammenhang durch eine hohe Fallzahl im Chi-Quadrat-Test signifikant sein. Gleichzeitig kann ein Test bei geringer Fallzahl ergeben, dass keine signifikante Beziehung besteht, obwohl ein Zusammenhang vorliegt.

8.3.3.2 Der Phi-Koeffizient (ϕ)

Ein wichtiger Spezialfall der Kreuztabelle ist die Vierfelder-Tabelle oder 2 x 2-Tabelle. Ihre Bedeutung liegt darin, dass prinzipiell jede nicht dichotome Variable durch Zusammenfassung auf eine Dichotomie reduziert und mit einer anderen Dichotomie kreuztabuliert werden kann.[62] Dichotom bedeutet dabei, dass eine Variable zwei alternative Ausprägungen hat. Ein sensibles Assoziationsmaß für 2 x 2-Tabellen ist Phi. Es nimmt den Wert 0 an, wenn die beobachteten Häufigkeiten mit den unter der Bedingung der statistischen Unabhängigkeit erwarteten Häufigkeiten übereinstimmen. Es erreicht den Wert 1, wenn Chi-Quadrat seinen maximalen Wert, nämlich N, erreicht.

$$\varphi = \sqrt{\frac{\chi^2}{N}}$$

8.3.3.3 T-Koeffizient, Cramers V, Kontingenzkoeffizient C

Für größere als 2 x 2-Tabellen kann ϕ größer 1 werden, deshalb sind für r * c-Tabellen andere Koeffizienten sinnvoll, die ebenfalls eine Funktion der Maßzahl Chi-Quadrat sind, aber den Wert 1 als Obergrenze haben.

$$T = \sqrt{\frac{\chi^2}{N\sqrt{(r-1)(c-1)}}} \quad \begin{array}{l} \text{mit} \\ r = \text{Anzahl der Zeilen} \\ c = \text{Anzahl der Spalten} \end{array}$$

T kann allerdings die Obergrenze von 1 nur erreichen, wenn die Anzahl der Zeilen und der Spalten der Tabelle gleich sind. Deswegen spielt der Koeffizient kaum eine Rolle.

Eine Variante ist Cramers V:

---

62 Benninghaus 1998, 180.

8.3 Statistische Beziehungen nominal- und ordinalskalierter Variablen

$$V = \sqrt{\frac{\chi^2}{N \min(r-1; c-1)}}$$

mit
r = Anzahl der Zeilen
c = Anzahl der Spalten

Der Ausdruck *min* steht für Minimum und besagt, dass zunächst zu prüfen ist, ob die Anzahl der Zeilen oder die Anzahl der Spalten kleiner ist. Der kleinere Wert geht in die Berechnung des Koeffizienten ein; (r – 1) oder (c – 1). Die Maßzahl erreicht Werte zwischen 0 und 1, wobei der höchste Wert 1 auch erreicht werden kann. Cramers V ist eine sehr gebräuchliche Maßzahl zur Überprüfung statistischer Zusammenhänge mit mindestens einer nominalskalierten Variablen.

Der älteste Koeffizient ist der Kontingenzkoeffizient C von Pearson. Er ist zwar für Tabellen beliebiger Größe berechenbar und nimmt im Falle der statistischen Unabhängigkeit den Wert 0 an, hat aber als Hauptnachteil praktisch eine Obergrenze von kleiner 1. Die Obergrenze nähert sich 1, wenn die Anzahl der Spalten und Zeilen zunimmt. Der Maximalwert ist abhängig von der Größe der Tabelle.

$$C = \sqrt{\frac{\chi^2}{\chi^2 + n}}$$

Der Maximalwert von C für eine Tabelle lässt sich dabei folgendermaßen berechnen:

$$C\max = \frac{r-1}{r}$$

Der Kontingenzkoeffizient C lässt sich nur für Tabellen gleicher Größe berechnen. Um unterschiedlich große Tabellen direkt vergleichen zu können, muss der Koeffizient nach folgender Formel korrigiert werden:

$$Ckorr = \frac{C}{C\max}$$

8.3.3.4 Das PRE-Maß Lambda (λ) für nominalskalierte Variablen

Dieses Maß für Nominaldaten testet nicht die statistische Unabhängigkeit, sondern die Vorhersagbarkeit der abhängigen Variablen Y auf Basis der unabhängigen Variablen X. Lambda nimmt Werte zwischen 0 und 1 an und kennt keine Restriktionen der Tabellengröße. Lambda ist ein asymmetrisches Maß, d.h. für jede Kreuztabelle sind zwei Werte errechenbar, indem man einmal die Spalten

(λc) und einmal die Zeilenvariable (λr) vorhersagt. Aus der Kombination beider resultiert λs, *lambda symmetrisch*. Letzteres kann zur Beschreibung einer symmetrischen Beziehung genommen werden, bei der keine der Variablen als von der anderen abhängig betrachtet wird.

Die Umsetzung der oben eingeführten Logik der PRE-Betrachtung gelingt am besten am Beispiel. Die Untersuchungsfrage lautet, ob das Interesse am Lesen in der Freizeit vom Geschlecht der Jugendlichen abhängt. Wir nutzen dafür wieder die Daten aus der lokalen Jugendbefragung. Wir nehmen λr, da diese Konstellation in der Regel die Abhängigkeit von Y zu X abbildet. Aus den Ausführungen zur Logik der PRE-Maße ergibt sich die allgemeine Formel aus den spezifischen Fehlerdefinitionen:

$$l_r = E_1 - E_2 / E_1$$

mit $E_1 = N - \max n.i$

mit max n.i = modale Häufigkeit der Zeilenvariable

mit $E_2 = \sum_{j=1}^{C} (n.j - \max n.j)$

n.j = Randhäufigkeit der j-ten Spalte

max n.j = modale Häufigkeit der j-ten Spalte
c = Anzahl der Spalten

	Geschlecht Weibl.	Männl.	Gesamt
nie/selten	221	350	571
	31 %	53 %	42 %
monatlich	142	136	278
	20 %	20 %	20 %
wöchentlich	341	177	518
	48 %	27	38 %
Gesamt	704	663	1.367
	100 %	100 %	100 %

Tab. 22: Kreuztabelle mit mehreren Zellen und proportionaler Fehlerreduktion – Geschlecht und Lesen in der Freizeit

Die beste Vorhersage auf Basis der Verteilung der abhängigen Variablen *Lesen* allein wäre die Kategorie „nie/selten", da sie mit 571 Fällen die größte Häufigkeit zeigt (max ni). In 571 Fällen wäre die Vorhersage richtig, in 518 + 278 = 796 Fällen falsch. Oder anders formuliert: bei Vorhersage der Modalkategorie der Randverteilung wäre die Anzahl der Vorhersagefehler 1.367 − 571 = 796.

8.3 Statistische Beziehungen nominal- und ordinalskalierter Variablen

Neben der Randverteilung werden im zweiten Schritt die konditionalen Verteilungen der abhängigen Variablen *Lesen* nach der unabhängigen Variablen untersucht. Es wird die Summe gebildet nach der Formel für E_2. Man subtrahiert die modale Kategorie der abhängigen Variablen Y von der Randverteilung der X-Variablen und bildet die Summe dieser Differenzen:

$$704 - 341 = 363$$
$$\underline{663 - 350 = 313}$$
$$676$$

Die zweite Vorhersage unter Berücksichtigung von X ergibt eine Reduktion des Vorhersagefehlers. Die proportionale Fehlerreduktion beträgt nach der Grundformel $E_1 - E_2 / E_1$: (796 – 676) / 796 = 0,15. Dies ist der Zahlenwert des Assoziationsmaßes (asymmetrische prädikative Assoziation). Man verbessert die Vorhersage der abhängigen Variablen *Lesen* um ca. 15 %, wenn man sie statt nur auf die eigene Verteilung auf die unabhängige Variable stützt, oder wenn man an Stelle der Modalkategorie der Randverteilung die konditionalen Modalkategorien vorhersagt.

Zu beachten: Ist die Modalkategorie der abhängigen Variablen in allen Kategorien der unabhängigen Variablen dieselbe, so ist Lambda ungeachtet anderer Eigenschaften der gemeinsamen Verteilung gleich 0. Und weiter: In einer Tabelle mit einem starken Übergewicht von Fällen in einer der Kategorien der abhängigen Variablen nimmt Lambda häufig sehr kleine Werte an. Lambda kann 0 sein, obwohl der Test auf statistische Unabhängigkeit ungleich 0 ist. Ist z.B. $\lambda c = 0$ und $\lambda r = 0,23$, dann verbessert die X-Variable die Vorhersage von Y, nicht aber Y die Vorhersage von X. Entscheidend ist, ob eine als Fehlerreduktion definierte Vorhersageverbesserung möglich ist, je nachdem welche Variable als abhängig betrachtet wird.

Lambda ist in der Regel ein asymmetrisches Assoziationsmaß (engl. *one-way-association*); d.h. eine der beiden Variablen wird als unabhängig, als der anderen zeitlich vorangehend betrachtet.

8.3.3.5 Beispiel für SPSS

Nachdem die Logik und die Berechnung von Chi-Quadrat, darauf basierende Maßzahlen und Lambda als PRE-Maß für nominalskalierte Variablen vorgestellt wurden, soll abschließend in einem Beispiel gezeigt werden, wie man eine solche Auswertung mit SPSS zustande bringt. Wir untersuchen dafür die bereits eingeführte Fragestellung, ob Mädchen in ihrer Freizeit dem Lesen einen höheren Stellenwert beimessen als Jungen.

Die unabhängige Variable *Geschlecht* hat Nominalskalenniveau, die Frage nach der Freizeitaktivität *Lesen* wird mit ordinalem Messniveau abgefragt. Um die entsprechende Tabelle zur Auswertung vorzugeben, wählt man auf dem beschriebenen Weg unter den dafür vorgesehenen Menüpunkten die Kreuztabelle aus. Im Eingabefenster für die Definition der Kreuztabelle aktiviert man die Befehlsschaltfläche *Statistik*. Dort müssen dann lediglich die bereits bekannten Maße Chi-Quadrat, Kontingenzkoeffizient, Phi und Cramers V sowie Lambda angekreuzt werden. Als Hilfestellung sind die zur Verfügung stehenden Maßzahlen nach den Skalenniveaus geordnet. Zur Erinnerung: Dieses richtet sich immer nach der Variable mit dem niedrigsten Niveau. Voraussetzung ist also, dass Sie zumindest über die Skalenqualität ihrer Untersuchungsmerkmale im Bilde sind (Abb. 29).

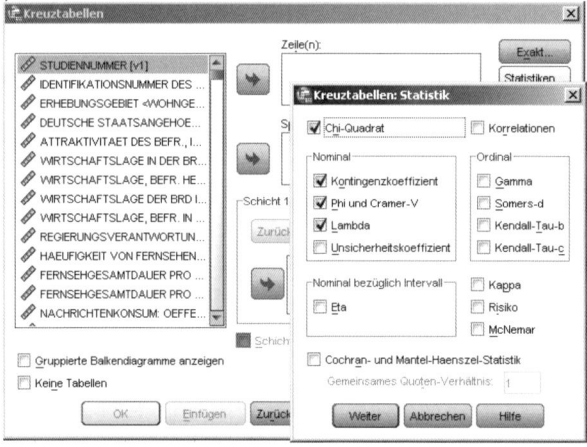

Abb. 29: Ermittlung der Maßzahlen für eine Kreuztabelle mit SPSS

Nachdem Sie sämtliche Einstellungen in der angegebenen Weise getroffen haben, liefert SPSS eine Kreuztabelle und mehrere Tabellen zu den statistischen Maßzahlen, die wir der Reihe nach betrachten wollen (Tab. 23 a–d).

8.3 Statistische Beziehungen nominal- und ordinalskalierter Variablen

a)

Fr10a_Lesen * Fr20_Geschlecht Kreuztabelle

			Fr20_Geschlecht		Gesamt
			weibl	männl	
Fr10a_Lesen	nie/seltener	Anzahl	221	350	571
		% von Fr20_Geschlecht	31,4%	52,8%	41,8%
	monatlich	Anzahl	142	136	278
		% von Fr20_Geschlecht	20,2%	20,5%	20,3%
	woechentlich	Anzahl	341	177	518
		% von Fr20_Geschlecht	48,4%	26,7%	37,9%
Gesamt		Anzahl	704	663	1367
		% von Fr20_Geschlecht	100,0%	100,0%	100,0%

b)

Chi-Quadrat-Tests

	Wert	df	Asymptotische Signifikanz (2-seitig)
Chi-Quadrat nach Pearson	80,038[a]	2	,000
Likelihood-Quotient	81,123	2	,000
Zusammenhang linear-mit-linear	79,855	1	,000
Anzahl der gültigen Fälle	1367		

a. 0 Zellen (,0%) haben eine erwartete Häufigkeit kleiner 5. Die minimale erwartete Häufigkeit ist 134,83.

c)

Richtungsmaße

			Wert	Asymptotischer Standardfehler[a]	Näherungsweises T[b]	Näherungsweise Signifikanz
Nominal- bzgl. Nominalmaß	Lambda	Symmetrisch	,171	,026	6,367	,000
		Fr10a_Lesen abhängig	,151	,027	5,110	,000
		Fr20_Geschlecht abhängig	,195	,032	5,457	,000
	Goodman-und -Kruskal-Tau	Fr10a_Lesen abhängig	,036	,008		,000[c]
		Fr20_Geschlecht abhängig	,059	,013		,000[c]

a. Die Null-Hyphothese wird nicht angenommen.
b. Unter Annahme der Null-Hyphothese wird der asymptotische Standardfehler verwendet.
c. Basierend auf Chi-Quadrat-Näherung

d)

Symmetrische Maße

		Wert	Näherungsweise Signifikanz
Nominal- bzgl. Nominalmaß	Phi	,242	,000
	Cramer-V	,242	,000
	Kontingenzkoeffizient	,235	,000
Anzahl der gültigen Fälle		1367	

a. Die Null-Hyphothese wird nicht angenommen.
b. Unter Annahme der Null-Hyphothese wird der asymptotische Standardfehler verwendet.

Tab. 23 a–d: SPSS-Ausgabe Kreuztabelle und statistische Maßzahlen

8. Kreuztabellenanalyse

Die Tabelle 23 b gibt das Ergebnis für den CHI-Quadrat-Test wieder. Für Chi-Quadrat wird der Wert von 80 ermittelt. Als Information erhalten Sie die Fußnote, dass keine Zelle eine Häufigkeit von weniger als 5 aufweist und die Häufigkeitsangabe für die am geringsten besetzte Zelle. In der zweiten Spalte werden die Freiheitsgrade ausgewiesen. In der dritten Spalte ist die Irrtumswahrscheinlichkeit aufgeführt, mit der sich dieser Wert von 80 rein zufällig ergibt. Da die Irrtumswahrscheinlichkeit nahe 0 liegt, lässt sich schließen, dass der Unterschied zwischen Jungen und Mädchen sich nicht zufällig ergibt. Es besteht ein Zusammenhang zwischen dem Geschlecht und der Freizeitbeschäftigung Lesen.

In einer weiteren Übersicht 23 c wird in der ersten Spalte das PRE-Maß Lambda dargestellt. Für die Freizeitbeschäftigung Lesen als abhängige Variable wird hier ein Wert von 0,15 oder 15 % in der zweiten Zeile ausgewiesen. Dies ist exakt das Ergebnis, welches wir bei der Berechnung von Lambda selbst ermittelt haben. Die Signifikanz, also die Wahrscheinlichkeit eines zufälligen Zusammenhangs, beträgt weniger als 5 % bzw. 0,05. Dementsprechend weist Fußnote a die Ablehnung der Nullhypothese aus. Der symmetrische Wert für Lambda ergibt sich als gewichtetes Mittel der beiden Werte für Lambda, wenn eine der Variablen als von der anderen abhängig betrachtet wird. Er wird benutzt, wenn keine Erklärungsrichtung angegeben wird.

Der auch ausgewiesene Wert für Goodman and Kruskals Tau, den wir nicht näher vorstellen, beruht auf dem gleichen Prinzip wie Lambda, nur mit anderen Vorhersagen sowohl ohne als auch mit Einbeziehung der erklärenden Variablen. Dies führt zu anderen Werten, woraus deutlich wird, wie zurückhaltend Zusammenhangmaße interpretiert werden müssen. Während Lambda eine Verringerung der Wahrscheinlichkeit eines Fehlers um 15 % ausweist, wenn die unabhängige Variable hinzugezogen wird, kommt Goodman und Kruskals Tau auf nur 3,6 %. Würde man diese Kennzahl direkt als Maß für die Stärke des Zusammenhangs heranziehen, würde Lambda einen ca. viermal höheren Zusammenhang messen.

Tabelle 23 d zeigt die Ergebnisse für Phi, Cramers V und den Kontingenzkoeffizient C. Die Werte liegen eng zusammen, bei ungefähr 0,24. Wie wir wissen, liegen die theoretischen Grenzen zwischen 0 = keine und 1 = perfekte Beziehung. Das Ergebnis zeigt, dass ein Zusammenhang zwischen dem Geschlecht und Lesen in der Freizeit besteht, dieser ist jedoch nicht sehr stark ausgeprägt. Eine absolute Aussage anhand dieser Maße über die Stärke des Zusammenhangs ist schwer möglich. Sie sind geeigneter, um eine Einschätzung der Stärke des Zusammenhangs zu erhalten und mit anderen Tabellen zu vergleichen.

8.3.4 Beziehungen zwischen ordinalskalierten Daten

Beschränkt man sich bei Variablen, die Ordinalskalenniveau besitzen, auf Maße für Nominaldaten, gehen Informationen verloren. Bei ordinalskalierten und metrischen Variablen können nämlich neben der Stärke auch die Richtungen der Beziehung untersucht werden. Hier bestehen positive und negative (inverse) Beziehungen und so kann die Richtung des Zusammenhangs interpretiert werden. Diese Assoziationskoeffizienten bewegen sich zwischen –1 und +1. Voraussetzung ist, dass beide Variablen mindestens Ordinalskalenniveau haben.

Von zentraler Bedeutung bei der Untersuchung von ordinalskalierten Variablen ist die Rangordnung der Beobachtungseinheiten (z.B. Befragte) in Bezug auf die beiden untersuchten Merkmale. Wenn wir den Vergleich zweier Personen auf zwei Variablen beziehen, können wir ein Paar von Personen daraufhin betrachten, ob für die Person, die im Hinblick auf das Merkmal Y einen größeren Wert zeigt, dies auch für die andere Variable X der Fall ist. Diese Betrachtungsweise ist für ordinale Assoziation zentral. Besteht zwischen zwei Personen im Hinblick auf beide untersuchten Variablen X und Y dieselbe Rangordnung, ergibt sich ein *konkordantes Paar* (positive Beziehung). Besteht für X oder Y eine andere Rangordnung der beiden Personen, so ergibt sich ein *diskordantes Paar* (negative Beziehung). Untersucht man alle Paare nach diesem Schema, erhält man zunächst zwei Mengen: Die Anzahl der konkordanten Paare NK und die Anzahl der diskordanten Paare ND. Daraus ergibt sich ein Übergewicht der einen oder anderen Rangordnung durch die Differenz NK – ND. Ist diese positiv, gibt es mehr konkordante Paare. Ist das Ergebnis dieser Operation negativ, ergeben sich mehr diskordante Paare.

Außerdem ist es aber auch möglich, dass die beiden Beobachtungseinheiten hinsichtlich einer oder beider Untersuchungsvariablen gleiche Werte aufweisen. Man spricht in diesem Falle von verknüpften oder verbundenen Fällen (engl. *ties*). Verknüpfungen können vorliegen als: eine Verknüpfung hinsichtlich der Variable X (X) oder eine Verknüpfung hinsichtlich der Variable Y (Y) und eine Verknüpfung hinsichtlich X und Y (XY). Die entsprechenden Mengen dieser Paare bezeichnet man mit N_x, N_y und N_{xy}.

Ein Beispiel mit sechs Fällen verdeutlicht die verschiedenen Konstellationen (siehe Tab. 24). Die Variable X gibt das Alter der Befragten wieder. Sie besteht aus fünf Altersklassen von 1 (jüngste) bis 5 (älteste). Die Variable Y gibt das Sportinteresse von 1 (gering) bis 4 (sehr hoch) wieder.

8. Kreuztabellenanalyse

Befragtenpaar	Variable X Wertepaar	Variable Y Wertepaar	Rangordnung
A / B	1 / 2	4 / 3	diskordant
A / C	5 / 3	4 / 3	konkordant
A / D	3 / 3	3 / 1	X-verbunden
B / C	1 / 5	3 / 3	Y-verbunden
B / D	2 / 2	3 / 3	XY-verbunden
C / D	2 / 1	4 / 3	konkordant

Tab. 24: Paarkonstellationen ordinalskalierter Variablen

In diesem Beispiel wird leicht deutlich, dass die manuelle Berechnung dieser fünf Mengen bei großen Fallzahlen einen hohen Aufwand darstellt. Aber auch in diesem Fall leistet die Statistiksoftware die Arbeit, um die entsprechenden Informationen zu erhalten. Die Assoziationsmaße, die auf der Ermittlung dieser Mengen basieren, unterscheiden sich im Wesentlichen in der Behandlung der Verknüpfungen, wie in den Formeln ersichtlich wird.

8.3.4.1 Assoziationsmaße für ordinalskalierte Variablen: Kendalls Tau b und c, Somers d und Gamma

Die Maßzahlen, die SPSS für die Analyse von Beziehungen ordinalskalierter Variablen zur Verfügung stellt, basieren auf dem Konzept des Vergleichs der Paare. Der Zähler dieser Assoziationsmaße ist immer gleich. Die Unterschiede im Nenner ergeben sich aus den verschiedenen Konzepten der Behandlung von Verknüpfungen. Mit SPSS können die Maßzahlen tau b, tau c, Somers d und Gamma abgerufen werden. Für den Fall, dass in den Daten keine Verknüpfungen existieren, errechnen sich für alle Koeffizienten dieselben Zahlenwerte.

$$tau(b) = \frac{Nk - Nd}{\sqrt{(Nk + Nd + Nx)(Nk + Nd + Ny)}}$$

$$tau(c) = \frac{2(Nk - Nd)}{N2(m-1/m)}$$

mit
m = Anzahl der Spalten oder Zeilen der Kreuztabelle, die die kleinere von beiden ist.
N = Anzahl aller Untersuchungseinheiten

Gamma = Nk – Nd/Nk + Nd

Somers dxy = Nk − Nd / Nk + Nd +Nx (X als abhängige Variable)

Somers dyx = Nk − Nd / Nk + Nd +Ny (Y als abhängige Variable)

Somers ds = Nk − Nd/ Nk + 0,5 (Ny + Nx) (symmetrisches Maß)

Tau b nimmt Werte zwischen +1 und −1 an. Dies gilt aber nur, falls keine der Häufigkeiten der Randverteilung den Wert Null hat. Eine weitere Einschränkung ist, dass die Werte nur erreicht werden können, wenn beide Variablen die gleiche Anzahl von Kategorien haben. Bei +1 gibt es hinsichtlich jedes Paares eine Übereinstimmung, bei −1 ist die Rangordnung der einen Variablen in jedem Fall anders als die der anderen.

Tau c ist wie tau b ein symmetrischer Koeffizient mit den Extremwerten +1 und −1. Anders als tau b können diese auch erreicht werden, wenn die Kreuztabelle nicht quadratisch ist, also auch bei unterschiedlicher Anzahl von Kategorien. In der sozialwissenschaftlichen Forschungsliteratur wird tau b bevorzugt, nicht zuletzt weil der Koeffizient ähnliche Ergebnisse wie Pearsons r liefert.[63]

Gamma ist ebenfalls ein symmetrisches Maß und nimmt Werte zwischen −1 und +1 an. Im Unterschied zu den beiden tau-Maßen ignoriert es Verknüpfungen einfach. Deswegen nimmt es auch durchgängig höhere Werte an. Ein Nachteil ist, dass der Zahlenwert oft sehr stark zunimmt, wenn eine bivariate Tabelle durch Zusammenfassung von Kategorien verkleinert wird und dadurch die Zahl der Verknüpfungen vermehrt wird, die in die Berechnung von Gamma nicht eingehen.

Für *Somers d* ergeben sich drei Berechnungsmethoden. Diese Koeffizienten sind asymmetrische Maße, die für Kreuztabellen beliebiger Größe berechnet werden können. Betrachtet man Y als die abhängige Variable, errechnet man dyx. Nimmt man die Variable X als abhängige, ermittelt man dxy. Von SPSS wird auch die symmetrische Version ausgegeben, die allerdings selten Verwendung findet. Auch diese Maßzahl nimmt Werte zwischen −1 und +1 an. Im Normalfall fällt der Zahlenwert geringer aus als bei Gamma. Nimmt man dyx, kann beispielsweise ein gleich großer Wert wie für Gamma errechnet werden, wenn die Y-Verknüpfungen gleich Null sind. In einer Tabelle, in der die Anzahl der Spalten größer ist als die der Zeilen, kann der Maximalwert 1 bei dyx nie erreicht werden, da dort immer Y-Verknüpfungen auftreten. Entsprechendes gilt für die Berechnung von dxy.

---

63 Benninghaus 1991, 250.

8. Kreuztabellenanalyse

Um die Maßzahlen für ordinalskalierte Variablen im Programm SPSS zu erhalten, muss man auf demselben Wege vorgehen, wie bereits bei den Maßen für nominalskalierte Variablen beschrieben, und im Untermenü der Eingabemaske für Kreuztabellen die entsprechenden Statistiken anfordern. Eine Auswertung aus der Jugendbefragung, die uns als Beispieldatensatz dient, zeigt dies. An dieser Stelle wollen wir jeweils ein Beispiel für einen negativen und für einen positiven Zusammenhang aufführen.

Zunächst untersuchen wir die Frage, ob jüngere Jugendliche ihre Freizeit stärker wohnortnah gestalten als ältere. Dazu untersuchen wir nach der unabhängigen Variable *Alter* (in Altersgruppen) die Angaben auf die Frage, wie häufig die Freizeit im eigenen Stadtteil verbracht wird. Bei der unabhängigen Variablen *Alter* sind die Altersgruppen aufsteigend von jung nach älter codiert (1 = 12–14 Jahre, 2 = 15–17 Jahre und 3 = 18–21 Jahre). Bei der abhängigen Variable *Freizeit im Stadtteil* wird die Einschätzung mit einer fünfteiligen Skala von 0 = nie bis 4 = täglich abgefragt. SPSS liefert uns dazu eine Kreuztabelle und Maßzahlen (Tab. 25 a–c).

a)

Fr9_Freizeit in Stadtteil * Alter Kreuztabelle

			Alter			
			12-14 Jahre	15-17 Jahre	18-21 Jahre	Gesamt
Fr9_Freizeit in Stadtteil	nie	Anzahl	28	71	134	233
		% von Alter	6	16	28	17
	selten	Anzahl	66	91	124	281
		% von Alter	15	20	26	20
	monatlich	Anzahl	18	32	32	82
		% von Alter	4	7	7	6
	woechentlich	Anzahl	124	110	94	328
		% von Alter	28	25	20	24
	taeglich	Anzahl	208	143	97	448
		% von Alter	47	32	20	33
Gesamt		Anzahl	444	447	481	1372
		% von Alter	100	100	100	100

b)

Richtungsmaße

			Wert	Asymptotischer Standardfehler[a]	Näherungsweises T[b]	Näherungsweise Signifikanz
Ordinal- bzgl. Ordinalmaß	Somers-d	Symmetrisch	-,265	,021	-12,415	,000
		Fr9_Freizeit in Stadtteil abhängig	-,284	,023	-12,415	,000
		Alter abhängig	-,249	,020	-12,415	,000

a. Die Null-Hyphothese wird nicht angenommen.
b. Unter Annahme der Null-Hyphothese wird der asymptotische Standardfehler verwendet.

c)

Symmetrische Maße

		Wert	Asymptotischer Standardfehler[a]	Näherungsweises T[b]	Näherungsweise Signifikanz
Ordinal- bzgl. Ordinalmaß	Kendall-Tau-b	-,266	,021	-12,415	,000
	Kendall-Tau-c	-,284	,023	-12,415	,000
	Gamma	-,368	,029	-12,415	,000
Anzahl der gültigen Fälle		1372			

a. Die Null-Hyphothese wird nicht angenommen.
b. Unter Annahme der Null-Hyphothese wird der asymptotische Standardfehler verwendet.

Tab. 25 a–c: SPSS-Ausgabe Kreuztabelle und Maßzahlen für ordinalskalierte Variablen – Alter und Freizeit im Stadtteil: negativer Zusammenhang

Bei der Betrachtung der verschiedenen Maßzahlen fällt zunächst auf, dass die Vorzeichen negativ sind. Es handelt sich also um einen negativen Zusammenhang. *Somers d* für die Einschätzung der verbrachten Freizeit im Stadtteil als abhängige Variable und *tau c* liefern gleiche Werte (–0,284), *tau b* liegt mit –0,266 nur unwesentlich darunter. Am größten fällt *Gamma* mit einem Wert von –0,368 aus. Für alle Kennziffern beträgt die Irrtumswahrscheinlichkeit, dass die beobachteten Unterschiede sich zufällig ergeben, weniger als 1 %, (annäherungsweise Signifikanz = 0,000). Dem entsprechend wird die Nullhypothese verworfen. Wir bezeichnen den Zusammenhang damit als statistisch signifikant. Das negative Vorzeichen besagt, dass die Anzahl der diskordanten Paare mit einem höheren Wert für die Variable *Alter* und einem niedrigen Wert für die Einschätzung „Verbringe meine Freizeit im Stadtteil" überwiegt. Das bedeutet, dass ältere Jugendliche weniger Zeit im Wohnumfeld verbringen als jüngere und ihre Freizeit mehr als diese auch außerhalb der direkten Wohnumgebung verbringen. Wenn wir in die Kreuztabelle schauen, fällt auf, dass 47 % der 12–14-Jährigen angeben, im Stadtteil täglich ihre freie Zeit zu verbringen. In der ältesten Gruppe der 18–21-Jährigen sind dies nur 20 %.

Ein Beispiel für einen positiven Zusammenhang erhält man für dieselbe Fragestellung durch eine Umkodierung der abhängigen Variablen *Freizeit im Stadtteil*. Die Reihenfolge der Items ist nun 0 = täglich bis 4 = nie. Die Prozentwerte und die absoluten Häufigkeiten der entsprechenden Angaben verändern sich nicht. Die Koeffizienten hingegen haben nun kein negatives Vorzeichen, ihre absoluten Beträge sind aber unverändert. Der Zusammenhang stellt sich als positiv dar, weil sich die Richtung der Codierung der abhängigen Variable geändert hat. Eine in Zahlen ausgedrückt werthöhere Einschätzung, dass die Freizeit weniger oder nicht wohnortnah im Stadtteil verbracht wird, geht öfter mit einem höheren Wert für die Altergruppe einher (Tab. 26 a–c).

a)

Fr9_Freizeit in Stadtteil * Alter Kreuztabelle

			Alter			Gesamt
			12-14 Jahre	15-17 Jahre	18-21 Jahre	
Fr9_Freizeit in Stadtteil	täglich	Anzahl	208	143	97	448
		% von Alter	47	32	20	33
	wöchentlich	Anzahl	124	110	94	328
		% von Alter	28	25	20	24
	monatlich	Anzahl	18	32	32	82
		% von Alter	4	7	7	6
	seltener	Anzahl	66	91	124	281
		% von Alter	15	20	26	20
	nie	Anzahl	28	71	134	233
		% von Alter	6	16	28	17
Gesamt		Anzahl	444	447	481	1372
		% von Alter	100	100	100	100

b)

Richtungsmaße

			Wert	Asymptotischer Standardfehler[a]	Näherungsweises T[b]	Näherungsweise Signifikanz
Ordinal- bzgl. Ordinalmaß	Somers-d	Symmetrisch	,265	,021	12,415	,000
		Fr9_Freizeit in Stadtteil abhängig	,284	,023	12,415	,000
		Alter abhängig	,249	,020	12,415	,000

a. Die Null-Hyphothese wird nicht angenommen.
b. Unter Annahme der Null-Hyphothese wird der asymptotische Standardfehler verwendet.

c)

Symmetrische Maße

		Wert	Asymptotischer Standardfehler[a]	Näherungsweises T[b]	Näherungsweise Signifikanz
Ordinal- bzgl. Ordinalmaß	Kendall-Tau-b	,266	,021	12,415	,000
	Kendall-Tau-c	,284	,023	12,415	,000
	Gamma	,368	,029	12,415	,000
Anzahl der gültigen Fälle		1372			

a. Die Null-Hyphothese wird nicht angenommen.
b. Unter Annahme der Null-Hyphothese wird der asymptotische Standardfehler verwendet.

Tab. 26 a–c: SPSS-Ausgabe Kreuztabelle und Maßzahlen für ordinalskalierte Variablen – Alter und Freizeit im Stadtteil: positiver Zusammenhang

8.3.4.2 Das PRE-Maß Gamma

Gamma-Werten kann zusätzlich eine PRE-Interpretation gegeben werden. Dazu ist es – wie bereits beschrieben – notwendig, Vorhersageregeln aufzustellen. Die maßzahlspezifischen Regeln für Gamma lauten:

1) Regel für die Vorhersage der Rangordnung der Untersuchungseinheiten bezüglich der Verteilung der abhängigen Variablen auf Basis ihrer eigenen Verteilung (E_1): $0{,}5(Nk + Nd)$. Bei nicht verknüpften Paaren wird für die jeweils erste Untersuchungseinheit des Paares vorausgesagt, dass sie bezogen auf die abhängige Variable größer ist.
2) Regel für die Vorhersage der Rangordnung der Untersuchungseinheiten bezüglich der abhängigen Variablen auf Basis der Rangordnung der unabhängigen Variablen (E_2). Ohne Berücksichtigung der verknüpften Paare kann ein Paar entweder konkordant oder diskordant sein. Sind die konkordanten Paare in der Überzahl (Gamma ist positiv), dann lautet die beste Vorhersageregel, dass die Untersuchungseinheiten bezogen auf beide Variablen (unabhängig und abhängig) dieselbe Rangordnung haben. Bei einer größeren Zahl diskordanter Paare dagegen, dass die Untersuchungseinheiten bezüglich der abhängigen Variable die umgekehrte Reihenfolge haben als bezogen auf die unabhängige Variable.
3) Die Gamma-Fehlerdefinition lautet: Wenn die vorhergesagte Rangordnung eines Paares von der beobachteten abweicht, ergibt sich ein Fehler. Ein Fehler ist also eine andere Rangordnung als vorhergesagt.

Die generelle Formel zu Berechnung der proportionalen Fehlerreduktion ($E_1 - E_2 / E_1$) wurde bereits oben ausgeführt. In unserem Fall lassen sich die Fehler folgendermaßen ausdrücken:

$E_1 = 0{,}5(Nk + Nd)$
$E_2 = \min(Nk, Nd)$; also die kleinere der beiden Größen

Bei Anwendung der Gamma-Formel repräsentiert der absolute Zahlenwert die proportionale Fehlerreduktion bei der Vorhersage der Rangordnung von Paaren. Er lässt sich folgendermaßen interpretieren: Ein Wert von 0,37 (siehe unser Beispiel) gibt an, dass durch Hinzunahme der unabhängigen Variablen *Alter* die Vorhersage der abhängigen Variablen *Freizeit im Stadtteil* um 37 % verbessert wird. Oder mit anderen Worten: Die Vorhersageverbesserung beträgt 37 %.

8.4 Fragen zur Selbstkontrolle

1) Beschreiben Sie das Konzept der Kreuztabellenanalyse.

2) Welche zwei grundlegenden Konzepte der Ermittelung statistischer Beziehungen lassen sich für nominal- bzw. ordinalskalierte Merkmale unterscheiden?

3) Wie führen Sie mit SPSS einen Chi-Quadrat-Test durch?

4) Wozu dienen statistische Maßzahlen und was ist bei deren Verwendung zu beachten?

5) Nach welcher Logik funktionieren Vergleiche zwischen ordinalskalierten Merkmalen?

6) Was bedeuten im Rahmen des Vergleichs ordinalskalierter Merkmale Konkordanz, Diskordanz und Ties?

9. Korrelation und einfache lineare Regression

In diesem Kapitel soll auf die Grundbegriffe der Analyse metrischer Variablen eingegangen werden. Wir greifen dabei die grundlegenden Techniken der linearen Regression und der Korrelation heraus. Bei der Darstellung der Regression sei an dieser Stelle ausdrücklich darauf hingewiesen, dass es notwendig ist, neben der Skalenqualität der Variablen streng genommen auch noch andere Bedingungen der Werteverteilung zu beachten. Da es sich um eine Einführung handelt, die das grundlegende Verständnis für die Auswertungstechnik vermitteln soll, werden diese Voraussetzungen nur ansatzweise behandelt. Insbesondere die Anforderungen an die Verteilung der Residuen und zur Kolinearität werden hier ausgespart. Zur vertiefenden Analyse empfiehlt sich als weiterführende Literatur die Einführung in die Regression von Urban und Mayerl (2006).

Der Begriff der Korrelation wird häufig in einem sehr allgemeinen Sinn verwendet. Oft will man damit ausdrücken, dass zwei Merkmale auf irgendeine Weise miteinander in Beziehung stehen. Bezieht man sich dabei auf den Korrelationskoeffizienten von Pearson, dann ist zu beachten, dass die Voraussetzung für beide beteiligten Variablen ist, dass sie metrischem bzw. intervallskaliertem Skalenniveau entsprechen. Auch die lineare Regression setzt dies voraus.

Da sowohl die lineare Regression als auch der Pearsonsche Korrelationskoeffizient r für sich genommen nur einen linearen Zusammenhang richtig messen können, sollte man vor der Berechnung der Regressionsgeraden oder des Korrelationskoeffizienten das Streudiagramm, das die Werte der beiden Variablen in Beziehung setzt, eingehend studieren. Im Streudiagramm erkennt man, ob die Beziehung der beiden Variablen annähernd linear ist. Im Programm SPSS können Sie sich ein Streudiagramm für zwei Variablen ausgeben lassen. SPSS bietet unter dem Menüpunkt *Diagramme* die Möglichkeit über die Option *Diagrammerstellung* grafische Darstellungen zu erzeugen. Allerdings ist es notwendig, dass dazu das Skalenniveau der untersuchten Merkmale korrekt definiert ist. Wesentlich einfacher und für Untersuchungszwecke am praktikabelsten ist aktuell noch die Verwendung der Menüoption *Veraltetes Dialogfeld*. Hier ist die Erstellung eines Streudiagramms (Streu-/Punkt-Diagramm) zur Betrachtung der Verteilung einfach realisierbar (siehe Abb. 30).

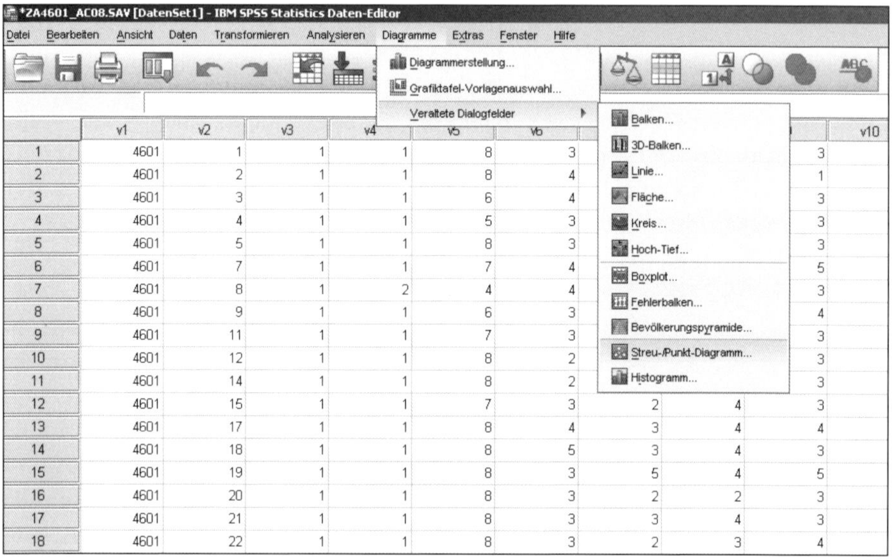

9. Korrelation und einfache lineare Regression

Abb. 30: Erstellung eines Streudiagramms mit SPSS

9.1 Das Streudiagramm

Im Streudiagramm wird die Lage jedes einzelnen Falles bezogen auf die Werte der beiden gemessenen Variablen abgetragen. Die X-Achse wird durch die unabhängige und die Y-Achse durch die abhängige Variable definiert. Unsere bisherigen Beispieldaten liefern mit Ausnahme des Alters keine Variable mit metrischem Skalenniveau. Auch der ALLBUS ist diesbezüglich sehr begrenzt. Deshalb wird zur Darstellung der Methoden und Maßzahlen für metrische Variablen auf einen anderen Datensatz aus dem Forschungsdatenzentrum der Rentenversicherung zurückgegriffen, der auch dort erhältlich ist. Dabei handelt es sich um den Scientific Use File zum Rentenzugang 2009. Betrachtet wird die Abhängigkeit der gezahlten Renten (abhängige Variable) von der Dauer der Versicherung (unabhängige Variable) (Abb. 31).

9.1 Das Streudiagramm

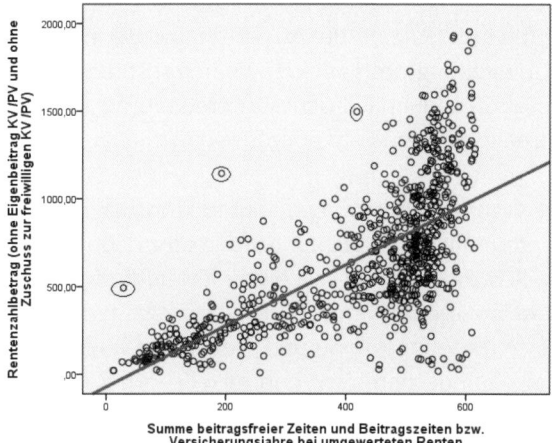

Abb. 31: SPSS-Ausgabe Streudiagramm zweier metrischer Variablen Versicherungsmonate und Rentenzahlbetrag

Das Muster der Punkteschar ermöglicht es, die Beziehung zwischen den beiden Variablen zu betrachten. Aus der Verteilung der Punkte wird deutlich, dass mit wachsender Anzahl an Versicherungsmonaten auch die Höhe der Rente steigt. Damit besteht eine lineare Beziehung zwischen den beiden Variablen *Versicherungsmonate* und *Rentenzahlbetrag*. Die Punkte streuen um eine Gerade, die durch den Punkteschwarm verläuft. Dies ist die Regressionsgerade, die rechnerisch bestimmt wird und auf die wir später noch kommen werden. Bei dieser linearen Beziehung spricht man von einer positiven linearen Beziehung, da die Rente mit steigenden Versicherungsmonaten tendenziell zunimmt. Der Trend verläuft von links unten nach rechts oben. Beziehungen, bei denen der Trend umgekehrt von links oben nach rechts unten verläuft, nennt man negative lineare Beziehungen.

Das Streudiagramm gibt uns also Aufschluss darüber, ob eine Beziehung linear ist (positiv oder negativ) oder ob sich kein linearer Trend erkennen lässt. Der erste Schritt, bevor man den Korrelationskoeffizienten r berechnet oder eine lineare Regression durchführt, ist also das Prüfen des Zusammenhangs über das Streudiagramm. Neben der Identifikation der grundlegenden Beziehung zwischen den beiden Variablen ermöglicht das Streudiagramm auch, sog. „Ausreißer" zu erkennen. Als solche bezeichnet man Fälle, die extrem von der grundsätzlich festgestellten Beziehung abweichen, die sich allgemein für die beiden Variablen ergibt. In unserem Fall sind dies beispielhaft die umrandeten Fälle. Das Erkennen und auch die weitere Behandlung von Ausreißern kann von großer Wichtigkeit sein, denn durch diese können die Werte von Maßzahlen stark beeinflusst werden. Dies ist abhängig von der relativen Anzahl der Ausreißer und der Höhe der Abweichung sowie auch der Gewichtung des Falles, soweit eine solche durchgeführt wurde. In begründeten Fällen können Fälle mit extremen Abweichungen für Berechnungen auch ausgeschlossen werden.

Das Streudiagramm liefert uns damit einen wichtigen ersten Eindruck über die Beziehung der Variablen. Es vermittelt uns einen Eindruck von Art und Stärke der Beziehung. Jedoch sind die Schlüsse, die wir aus dieser Betrachtung ziehen, subjektiv und lassen sich schwer beschreiben oder vergleichen. Mittels mathematischer Operationen lassen sich diese Ergebnisse präzisieren und vergleichbar machen. Dafür steht uns der Korrelationskoeffizient r und die lineare Regression zur Verfügung.

9.2 Pearsons R (Produkt-Moment-Korrelation)

Der Koeffizient ist so normiert, dass er Werte zwischen +1 und −1 erreicht. Ein Wert von +1 bedeutet, dass die Variable X und die Variable Y in positiver Richtung vollständig miteinander verbunden sind. Ein Streudiagramm würde in diesem Fall eine Gerade zeigen, auf der alle Punkte liegen, die sich aus den Wertepaaren ergeben. Diese Gerade würde von links unten nach rechts oben verlaufen. Ein Wert von −1 ergäbe einen umgekehrten Zusammenhang mit einer Geraden von links oben nach rechts unten. Ein Wert von 0 würde ein Streudiagramm bedingen, das eine völlig wolkige Punkteschar abbilden würde. Die Extremwerte +1 und −1 werden bei empirischen Verteilungen aber nur selten erreicht. In den meisten Fällen streuen die Fälle mehr oder minder um die angenommene Gerade.

Die Formel für r lautet:

$$r = \sum_{i=1}^{n} \frac{(Xi - AMx)(Yi - AMy)}{(n-1)SxSy}$$

n = Anzahl aller Fälle,
Xi = beobachteter Wert von X bei Person i,
Yi = beobachteter Wert von Y bei Person i,
AMx = Arithmetisches Mittel der Variable X,
AMy = Arithmetisches Mittel der Variable Y,
Sx = Standardabweichung der Variable X,
Sy = Standardabweichung der Variable Y.

9.2 Pearsons R (Produkt-Moment-Korrelation)

Der Zähler der Formel errechnet sich, indem für jeden Fall die Differenz aus den jeweiligen Werten für die unabhängige Variable (X) und die abhängige Variable (Y) mit dem arithmetischen Mittelwert der betreffenden Variable gebildet wird. Die beiden resultierenden Werte werden dann multipliziert. Der Nenner wird gebildet durch die Multiplikation der beiden Standardabweichungen für die beiden Variablen mit der um den Wert 1 verringerten Gesamtzahl der Fälle. Die Summe der Werte, die sich aus den einzelfallbezogenen Divisionen von Zähler und Nenner ergibt, bildet die Maßzahl r (auf die Bedeutung des Summenzeichens wurde bereits weiter oben eingegangen).

Für unser Beispiel ermitteln wir Pearsons r mit SPSS folgendermaßen: Unter *Analysieren* im Untermenü *Korrelation-Bivariat* wird das in Abbildung 32 dargestellte Fenster aufgerufen. In der entsprechenden Eingabemaske markiert man die Untersuchungsvariablen und zieht diese in das Textfeld *Variablen*. Als Korrelationskoeffizient wählt man Pearson aus. Die Voreinstellung für den Signifikanztest belässt man auf „zweiseitig".

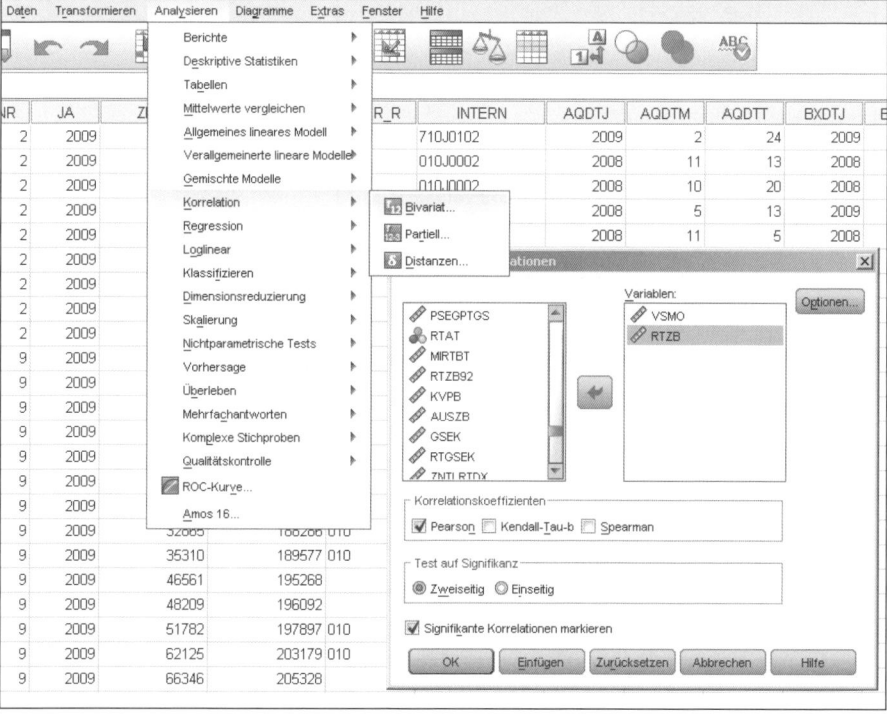

Abb. 32: SPSS-Dialog zur Ermittlung von Pearsons Korrelationskoeffizient

Der resultierende Output ergibt einen starken positiven Zusammenhang zwischen den Variablen Versicherungsmonate und Rente, wie durch das Streudiagramm bereits zu erwarten war, da dort ein starker positiver Trend offensichtlich wurde. Die einzelnen Fälle lagern sich eng um die Gerade. Pearsons r fällt mit 0,68 dementsprechend hoch aus (Tab. 27).

Korrelationen

		Summe beitragsfreier Zeiten und Beitragszeiten bzw. Versicherungsjahre bei umgewerteten Renten	Rentenzahlbetrag (ohne Eigenbeitrag KV/PV und ohne Zuschuss zur freiwilligen KV/PV)
Summe beitragsfreier Zeiten und Beitragszeiten bzw. Versicherungsjahre bei umgewerteten Renten	Korrelation nach Pearson	1	,681**
	Signifikanz (2-seitig)		,000
	N	818	818
Rentenzahlbetrag (ohne Eigenbeitrag KV/PV und ohne Zuschuss zur freiwilligen KV/PV)	Korrelation nach Pearson	,681**	1
	Signifikanz (2-seitig)	,000	
	N	818	818

**. Die Korrelation ist auf dem Niveau von 0,01 (2-seitig) signifikant.

Tab. 27: SPSS-Ausgabe Pearsons r für Versicherungsmonate und Rentenzahlbetrag

9.3 Einfache lineare Regression

Wir befassen uns an dieser Stelle ausschließlich mit der einfachen linearen Regression, bei der zwei Variablen miteinander in Beziehung gesetzt werden, eine unabhängige oder erklärende Variable und eine abhängige Variable. Mit Hilfe der weitergehenden multiplen linearen Regression ist es möglich, den Einfluss mehrerer unabhängiger Variablen auf eine abhängige simultan zu untersuchen. Diese komplexere Methode wird nicht vorgestellt, sei aber der Vollständigkeit halber erwähnt.

9.3 Einfache lineare Regression

Um den Grundgedanken der Regression zu verdeutlichen, eignet sich am besten wiederum das Beispiel mit den Rentendaten. Wir untersuchen den Zusammenhang von Beitragsjahren und Rentenhöhe für Männer in Westdeutschland ohne weitere Differenzierung. Die Gerade, die wir von SPSS errechnen und im Streudiagramm abtragen lassen haben, nennt man die Regressionsgerade. Durch Betrachten des Streudiagramms und die Berechnung des Pearsonschen Korrelationskoeffizienten wissen wir bereits, dass zwischen den beiden Variablen ein starker positiver Zusammenhang besteht. Wesentliche Voraussetzungen, dass die Anwendung einer linearen Regression möglich ist, ist ein linearer Zusammenhang der beiden Merkmale.

9.3.1 Bestimmung der Regressionsgeraden

Die Regressionsgerade lässt sich als die Linie durch die Punkteschar definieren, die deren Verteilung am besten wiedergibt. Man findet diese Gerade durch die Methode der kleinsten Quadrate. Die Gerade ist so lokalisiert, dass die Summe der vertikalen Abweichungen der empirischen Werte von der Geraden gleich Null und die Summe der quadrierten Abweichungen ein Minimum ist. Wenn man den Vorhersagewert mit y'_i bezeichnet, lautet die Gleichung der Regressionsgeraden:

$$y'_i = a_{yx} + b_{yx}(x_i)$$

b_{yx} gibt die Steigung der Geraden wieder, a_{yx} ist der Schnittpunkt mit der Y-Achse. Y bezeichnet dabei die abhängige Variable und X die unabhängige Variable. Ob die Beziehung negativ oder positiv ist, wird vom Vorzeichen der Steigung ausgedrückt. Für unser Beispiel, in dem wir die Abhängigkeit der Rentenhöhe von der Dauer der Versicherung untersuchen, kann dies in folgender Regressionsgleichung ausgedrückt werden:

Rentenzahlbetrag = $a_{yx} + b_{yx}$ * Beitragsjahre

Diese Gleichung besagt, dass ein auf Basis eines gegebenen X-Wertes vorhergesagter (geschätzter, erwarteter, theoretischer) Y-Wert, nämlich y'_i, gleich a_{yx} *$b_{yx}(x_i)$ ist. Ein solcher Vorhersagewert kann ermittelt werden, wenn a_{yx} und b_{yx} ermittelt sind. Nach der obigen Definition der Methode der kleinsten Quadrate soll die Gerade so liegen, dass die beobachteten Werte minimal um sie streuen, verglichen mit jeder anderen Gerade. Die Formeln zur Ermittlung der Steigung b_{yx} und des Achsenabschnitts a_{yx} lauten:

$$b_{yx} = \frac{\sum_{i=1}^{N}(x_i - AMx)(y_i - AMy)}{\sum_{i=1}^{N}(x_i - AMx)^2}$$

mit:
AMx = Arithmetisches Mittel von X
AMy = Arithmetisches Mittel von Y

$$a_{yx} = AMy - b_{yx}(AMx)$$

b_{yx} besagt, dass mit der Zunahme von X um eine Einheit Y um b_{yx}-Einheiten steigt. Man ermittelt b_{yx} grafisch mit dem Steigungsdreieck, das sich ergibt, wenn ich auf der x-Achse eine Linie vom Wert X1 zum Wert X2 ziehe und die Senkrechte auf die lineare Gerade abbilde (siehe Abb. 33).

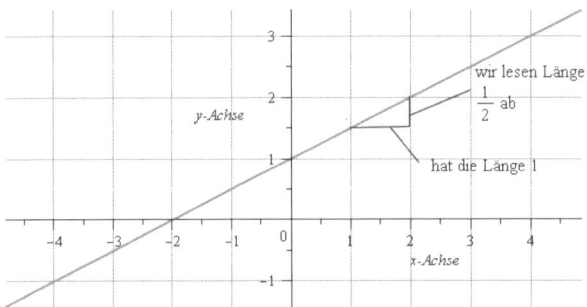

Abb. 33: Ermittelung von b_{yx} über das Steigungsdreieck (Schema)

Da wir nicht wissen, ob die Regressionsgerade jenseits der Beobachtungsdaten dieselbe Steigung hat, sind Extrapolationen mit Vorsicht zu genießen. Der Achsenabschnitt a_{yx} errechnet sich aus dem Mittelwert der abhängigen Variablen Y, der Steigung b und dem Mittelwert der unabhängigen Variablen X. Er bildet den Punkt, an dem die Regressionsgerade die Y-Achse schneidet.

Angewendet auf unser Beispiel errechnet SPSS eine Steigung von 12,97 und einen Achsenabschnitt bzw. Schnittpunkt mit der Y-Achse von 382,8 (Konstante). Die Steigung pro Einheit resultiert aus dem Sachverhalt, dass die Versicherungsdauer in Monaten und der Rentenzahlbetrag in Euro gemessen werden. Damit ergibt sich nach der obigen Formel folgende Gleichung:

Rentenzahlbetrag (Y) = 382,80 + 12,97 x Beitragsjahre (X)

Bei einer Versicherungszeit von 45 Jahren ergibt sich im Modell eine geschätzte Rente von ca. 967,50 Euro monatlich (ohne weitere Differenzierung). Bei 35 Jahren wird ein Wert von 837,77 Euro erwartet. Es ist zu beachten, dass jede Variable in ihrer Dimension gemessen wird. In Prozent ausgedrückt kann man auch sagen, dass pro Beitragsjahr die Rente um ca. 3,4 % steigt.

Die Regressionsgleichung wird oft auch als Vorhersagegleichung bezeichnet, denn man kann sie dazu verwenden, Werte für die abhängige Variable vorherzusagen, wenn die Werte der unabhängigen Variablen bekannt sind. Für unser Beispiel lässt sich formulieren, dass mit jedem zusätzlichen Beitragsjahr eine Veränderung der Rente um 12,97 Euro erwartet wird. Deshalb bezeichnet man die unabhängige Variable oft auch als erklärende Variable oder Prädikator.

9.3.2 Ermittlung der linearen Regression mit SPSS

Die praktische Durchführung mit SPSS geschieht folgendermaßen. Um eine lineare Regression durchzuführen, wählen Sie im Menü *Analysieren* das Untermenü *Regression/linear*. Im Dialogfeld *lineare Regression* werden die Untersuchungsvariablen in die entsprechenden Felder gesetzt. In unserem Beispiel sind die Beitragsjahre (BYVL1) die unabhängige und Rentenzahlbetrag (RTZB) die abhängige Variable (Abb. 34).

SPSS erzeugt einen Standardoutput (Tab. 28 a–c), auf dessen wesentliche Komponenten nun anhand unseres Beispiels eingegangen werden soll. In der ersten Teiltabelle des Outputs werden die in das Modell aufgenommenen Variablen differenziert nach „unabhängiger" und „abhängiger" aufgeführt (Tab. 28 b).

In der Tabelle 28 a wird der Pearsonsche Korrelationskoeffizient r dargestellt. Des Weiteren ist r^2 aufgeführt, der sich durch die Quadrierung direkt aus r ergibt. Man kann r^2 auch aus der Division der erklärten Streuung mit der Gesamtstreuung errechnen. r^2 nimmt Werte zwischen 0 und 1 an. Da r^2 jenen Anteil der Gesamtvariation der abhängigen Variablen repräsentiert, der durch die unabhängige Variable linear erklärt wird (genauer der X-Variablen zugerechnet werden kann), wird der Koeffizient auch *Determinationskoeffizient* oder *Bestimmtheitsmaß* genannt. Da r^2 symmetrisch ist, kann es entweder interpretiert werden als der Anteil der Variation der Y-Variablen, der mit der X-Variablen erklärt werden kann, oder als der Anteil der X-Variablen, der der Y-Variablen linear zugerechnet werden kann.

9. Korrelation und einfache lineare Regression

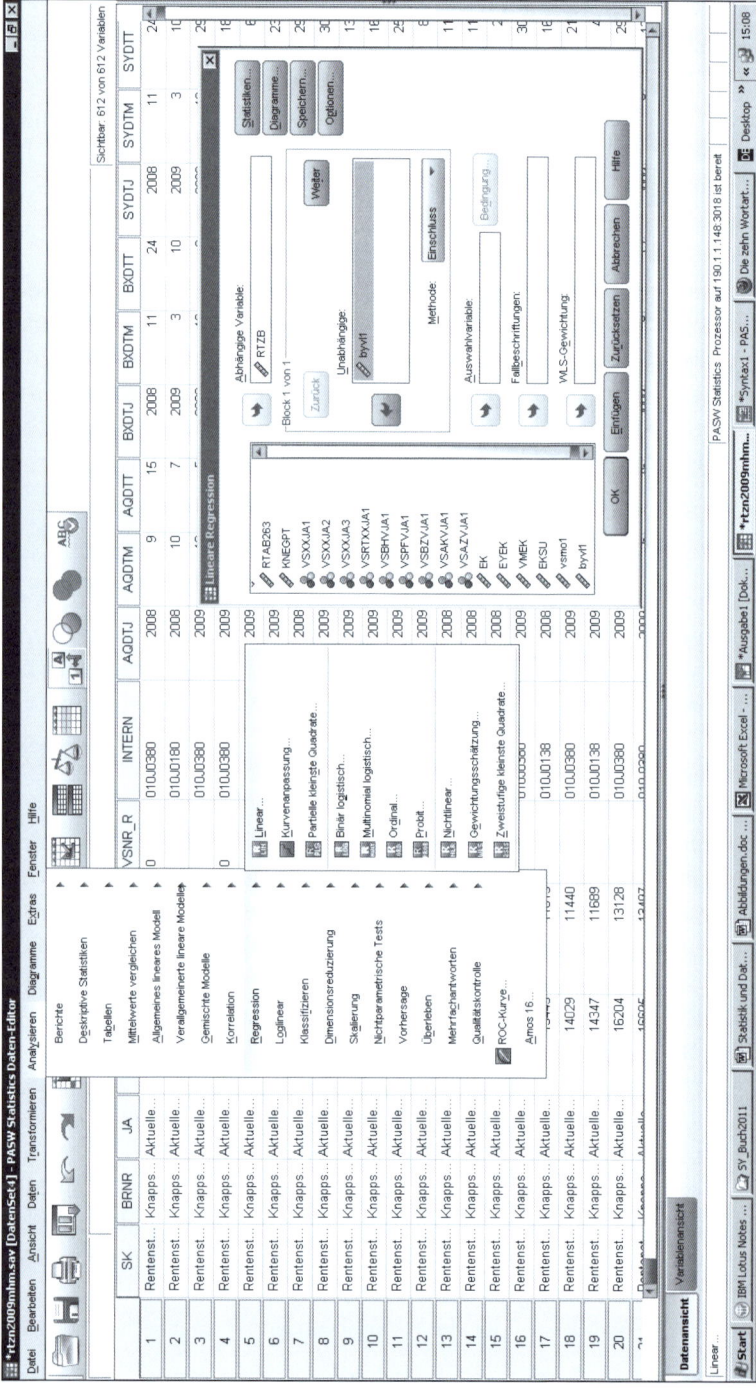

Abb. 34: Ermittlung der linearen Regression mit SPSS

Auf r^2 gestützte Aussagen sind somit prinzipiell umkehrbar. Man sollte also von Determination nur sprechen, wenn die Kausalität einer Beziehung logisch und theoretisch begründbar ist. Dieser Koeffizient gibt an, wie gut die Anpassung der Regression an die empirischen Werte der abhängigen Variable ist. Das korrigierte r^2 ist in jedem Fall kleiner als das unkorrigierte. Ohne ins Detail zu gehen, lässt sich aussagen, dass in die Korrektur der Stichprobenumfang und die Zahl der unabhängigen Variablen so eingehen, dass steigender Stichprobenumfang das korrigierte Maß näher an das unkorrigierte heranbringt. Der Unterschied von r^2 und r erscheint zunächst trivial, da eine Maßzahl aus der anderen errechnet werden kann. Doch lässt die Quadrierung von r kaum erkennen, dass r^2 jenen Teil der Variation der einen Variablen repräsentiert, der als durch die andere Variable erklärt betrachtet werden kann. Umgekehrt kann man die Quadratwurzel aus dem erklärten Variationsteil nicht als Steigung einer Geraden erkennen, wenn man r aus r^2 errechnet.

r kann am ehesten als Maß betrachtet werden, das den dynamischen Aspekt einer Beziehung misst, indem eine Veränderung der einen Variablen mit einer Veränderung der anderen einhergeht.
r^2 stellt ein Maß dar, das die Stärke der Beziehung bzw. die Stärke des Einflusses der einen Variablen auf die andere beschreibt.

r ist praktisch immer größer als r^2. So scheint ein Wert von r = 0,5 eine beträchtliche Beziehung auszudrücken. Da r^2 aber 0,25 ergibt, ist nicht die Hälfte, sondern nur ein Viertel der Variation einer der Variablen durch die andere erklärt. In unserem Beispiel erklärt die unabhängige Variable *Beitragsjahre* 45 % der Streuung der abhängigen Variablen *Rentenzahlbetrag*. Die Erklärungskraft ist damit hoch.

In der Teiltabelle 28 b sind die Quadratsummen der Residuen und der Regression aufgeführt. Unter den Residuen versteht man den Teil der Streuung der abhängigen Variablen, der durch die Regressionsgleichung nicht erklärt wird. Wenn man sich dazu nochmals das Streudiagramm anschaut, ist dies leicht zu veranschaulichen. Die Punkte scharen um die Regressionsgerade, die mit der Regressionsgleichung ermittelt wurde. Würden alle Werte durch diese Regressionsgerade richtig vorhergesagt, ergäbe sich eine perfekte Beziehung. In diesem Fall würden alle Punkte auf der Geraden liegen. Es gäbe also weder positive noch negative Abweichungen einzelner Punkte von der Regressionsgeraden.

In der Realität ist dies aber höchst selten anzutreffen; wie wir bereits herausgefunden haben, besteht zwischen den beiden untersuchten Variablen eine starke lineare Beziehung, dennoch streuen die Punkte mehr oder minder stark um die Gerade. Es gibt also einen Rest an Streuung (Abstände der Punkte von der Geraden) in der abhängigen Variablen, der nicht durch die unabhängige Variable erklärt wird. Diese nicht erklärte Differenz zwischen den beobachteten Werten und den Vorhersagewerten auf Basis der Regressionsgerade nennt man *Residuen*. Die Summe der positiven Abweichungen oberhalb der Geraden ist gleich der Summe der negativen Abweichungen unterhalb der Geraden. Man bildet aus diesen die Quadratsumme, um ein Gesamtmaß für alle Residuen zu erhalten. Damit schließt man aus, dass Residuen mit negativen und positiven Vorzeichen (Abweichung nach unten oder oben) sich gegenseitig aufheben. Die Quadratsumme der Residuen kann man als Maß für den nicht erklärten Teil der Gesamtstreuung der abhängigen Variable bezeichnen.

Der erklärte Teil der Streuung der abhängigen Variable ist die Quadratsumme der Regression, d.h. die Quadratsumme der Differenz aus den Vorhersagewerten für die abhängige Variable der Regressionsgleichung und deren Mittelwert. Aus erklärter und nicht erklärter Streuung ergibt sich die Gesamtstreuung. In unserem Beispiel 60131307,471 + 74319274,661 =1 34450582,131. Auch die Gesamtstreuung ist in der Tabelle abgetragen. Das bereits vorgestellte Bestimmungsmaß r^2 kann – wie erwähnt -aus diesen beiden Quadratsummen errechnet werden.

$$r^2 = \frac{erklärte Streuung}{Gesamtstreuung} = 60131307,471/134450582,131 = 0,447$$

Für diesen Wert von r^2 kann man prüfen, mit welcher Wahrscheinlichkeit sich ein solcher Wert ergibt, wenn in der Grundgesamtheit tatsächlich kein Zusammenhang besteht. Dazu wird ein Prüfwert F ausgewiesen. Je größer der F-Wert bei gegebenen Freiheitsgraden ausfällt, desto geringer ist die Irrtumswahrscheinlichkeit, dass der Zusammenhang zwischen den Variablen zufällig ist. Mit einer Irrtumswahrscheinlichkeit, dass der Zusammenhang sich zufällig ergibt, von nahe 0, ist unser r^2 hoch signifikant.

In der letzten Tabelle 28 e sind schließlich die Koeffizienten, die Konstante und deren Standardfehler dargestellt. Wichtiger als der Standardfehler selbst ist, dass der Quotient aus Regressionskoeffizient und seinem Standardfehler seinen T-Wert ergibt. In unserem Beispiel beträgt der T-Wert des Regressionskoeffizienten ca. 35,7. Die Wahrscheinlichkeit, dass ein solcher T-Wert sich zufällig ergibt, also wenn der Regressionskoeffizient in der Grundgesamtheit tatsächlich 0 wäre, liegt bei deutlich weniger als 1 %. Der Koeffizient ist damit hoch signifikant. Dies trifft auch für die Konstante, die den Achsenabschnitt bestimmt, zu. Im Allgemeinen wird die Konstante bei der Interpretation der Regressionsgeraden vernachlässigt.

Der *Beta-Koeffizient* hat eine klare Bedeutung. Er ist der standardisierte Regressionskoeffizient. Er ergibt sich für dieselbe Schätzung der beiden Variablen, wenn diese in Z-Werte transformiert werden. Wenn man den Wert in unserem Beispiel mit dem ausgewiesenen r-Wert vergleicht, fällt auf, dass beide identisch sind. Der Koeffizient drückt die Steigung der Regressionsgeraden mit Z-standardisierten Werten aus. Die Bedeutung des Beta-Koeffizienten ergibt sich im Allgemeinen erst bei multipler Regression. Sind mehrere unabhängige Variablen beteiligt, ermöglicht dieser Koeffizient, dass die einzelnen Koeffizienten für die erklärenden Variablen vergleichbar sind. Dies wird durch die Z-Standardisierung erreicht, da durch diese eine einheitliche Dimension für alle Variablen erreicht wird.

Der *B-Koeffizient*, der die Steigung ausdrückt, zeigt, um wie viele Einheiten die abhängige Variable sich verändert, wenn die unabhängige um eine Einheit steigt. Dabei ist zu beachten, dass jede Variable in ihrer Dimension gemessen wird. In unserem Beispiel wird die Beziehung zwischen den Beitragsjahren (Jahre) und dem Rentenzahlbetrag (Euro) gemessen. B drückt aus, dass nach der Regressionsgleichung die Rente um 12,97 Euro in dieselbe Richtung (da das Vorzeichen positiv ist) ansteigt, wenn die Beitragsjahre um eine Einheit (ein Jahr) zunehmen. Dies wurde bereits im Zusammenhang mit der Regressionsgleichung ausgeführt. Tabelle 27 zeigt die SPSS-Ausgabe, die für das Beispiel erzeugt wird, wenn man nach den oben dargestellten Schritten vorgeht.

9. Korrelation und einfache lineare Regression

a)

Modellzusammenfassung[b]

Modell	R	R-Quadrat	Korrigiertes R-Quadrat	Standardfehler des Schätzers
1	,669[a]	,447	,447	216,81274

a. Einflußvariablen : (Konstante), byvl1 (Beitragsjahre)

b. Abhängige Variable: Rentenzahlbetrag (ohne Eigenbeitrag KV/PV und ohne Zuschuss zur freiwilligen KV/PV)

b)

ANOVA[b]

Modell		Quadratsumme	df	Mittel der Quadrate	F	Sig.
1	Regression	60131307,471	1	60131307,471	1279,178	,000[a]
	Nicht standardisierte Residuen	74319274,661	1581	47007,764		
	Gesamt	134450582,131	1582			

a. Einflußvariablen : (Konstante), byvl1

b. Abhängige Variable: Rentenzahlbetrag (ohne Eigenbeitrag KV /PV und ohne Zuschuss zur freiwilligen KV /PV)

c)

Koeffizienten[a]

Modell		Nicht standardisierte Koeffizienten		Standardisierte Koeffizienten	T	Sig.
		RegressionskoeffizientB	Standardfehler	Beta		
1	(Konstante)	382,812	10,717		35,719	,000
	Beitragsjahre (BYVL1)	12,968	,363	,669	35,766	,000

a. Abhängige Variable: Rentenzahlbetrag (ohne Eigenbeitrag KV /PV und ohne Zuschuss zur freiwilligen KV /PV)

Tab. 28 a–c: SPSS-Ausgabe Lineare Regression mit SPSS-PKW-Gewicht und PS-Ausstattung

9.4 Fragen zur Selbstkontrolle

1) Was versteht man im Allgemeinen unter Korrelation und welche Art von Merkmalen können im statistisch strengen Sinn auf Korrelation geprüft werden?

2) Welche Merkmale dürfen für eine lineare Regression grundsätzlich verwendet werden?

3) Wie lässt sich im Rahmen der linearen Regression die Regressionsgerade beschreiben und wie ist diese mathematisch definiert?

4) Was misst der Regressionskoeffizient und wie lässt er sich ermitteln?

5) Mit welchem Maß beurteilen Sie die Gesamterklärungskraft einer linearen Regression?

C. Ansätze qualitativer Sozialforschung

10. Methoden – halbstrukturierte Formen
(Autor: Jürgen E. Schwab)

Die in diesem Kapitel vorgestellten qualitativen Methoden der Interviews und der Gruppendiskussion sind halbstrukturierte und somit teilstandardisierte Formen. Sie werden in ihrer wissenschaftlichen Logik, mit Hinweisen zu möglichen Einsatz- und Umsetzungsmöglichkeiten sowie mit ihren Chancen und Grenzen beschrieben. Weiterführende Fachliteratur zur Vertiefung ist angegeben.

Im narrativen Interview als der klassischen und offenen Form der qualitativen Sozialforschung gehen die Forschenden idealerweise ohne jegliches vorstrukturierte Konzept für die relevanten Themen in die Interviews. Ein theoretisches Konzept oder ein eigener ausgearbeiteter Entwurf dazu sollen nach der induktiven Logik vor und im Interview noch nicht vorhanden sein. Vielmehr sollen die Forschenden nachträglich und induktiv am erhobenen Datenmaterial ein eigenes wissenschaftliches Konzept entwickeln.[64]

Im Unterschied dazu wird in den halbstrukturierten Verfahren, wie etwa dem leitfaden- oder problemzentrierten Interview, von einem Vorwissen und den vor den Interviews bestehenden wissenschaftlichen Konzepten deduktiv ausgegangen, ohne sich darauf allerdings zu begrenzen. Theoretische Konzepte werden anhand der im Interview erhobenen Daten in der Auswertung entsprechend diskutiert. Offensichtlich geht es in beiden hier erwähnten qualitativen Formen um ein induktives Arbeiten ausgehend vom Fall im Datenmaterial mit einer explorativen Absicht. Die Konzeptgenerierung allerdings geschieht auf unterschiedlichen Wegen.

In den halbstrukturierten Formen wird an bereits bestehende theoretische Modelle deduktiv angeknüpft. In den Schritten werden so induktive und deduktive Vorgehensweise miteinander kombiniert. Theoretische Modelle werden hier von Beginn an genutzt, etwa zur Entwicklung eines Leitfadens oder von Kategorien zur Datenauswertung. In der Auswertung werden am Material mögliche Strukturen herausgearbeitet, die im Anschluss zur Modifizierung von Theorie genutzt oder zu neuen theoretischen Konzepten entwickelt werden können.

Die im Folgenden vorgestellten halbstrukturierten Formen wurden im Blick auf ihre hohe Relevanz für (Praxis-)Evaluations- und Forschungsprojekte zu Fragen der Sozialen Arbeit und Pädagogik gewählt.

---
64 Vgl. Lamnek 1995, 74.

10.1 Halboffene strukturierte Befragungen

In Abgrenzung von dem klassischen narrativen Interview werden in der Literatur insbesondere Formen halbstrukturierter Interviews, die mit Leitfäden arbeiten, beschrieben.[65] Zu nennen sind hier insbesondere folgende Formen mit frühen Vertretern:

- das (offene) leitfadengestützte Interview,
- das problemzentrierte Interview im Verständnis von Andreas Witzel (1985) und Philipp Mayring (2009),
- das Experteninterview (Meuser/Nagel 2005; Bogner/Littig/Menz 2005),
- das fokussierte Interview (Merton/Kendall 1979) und
- die Gruppendiskussion (Merton/Fiske/Kendall 1956).

Der wesentliche Unterschied zwischen den halboffenen Erhebungsformen und dem narrativen Interview liegt in der Herangehensweise und der (Vor-)Strukturierung der Interviews mit der entsprechenden Gesprächsführung. Das narrative Interview als die offenste Form verzichtet soweit irgend möglich auf die Vorstrukturierung des Themas und auf eine Vorrecherche zum Gegenstand. Dies soll die Offenheit der Interviewperson gewährleisten, die sich explorativ auf das einlässt, was ihr der/die Partner/in im Gespräch mitteilen will. Dies bedeutet, eine Gesprächstrategie zu verfolgen, die zu keinem Zeitpunkt führt oder ein Thema setzt, sondern dem folgt, was das Gegenüber anspricht. Insofern kann das, was nicht thematisiert wird, eine besondere Bedeutung erhalten. Dies macht es insbesondere bei biografischen Projekten zur Methode der Wahl. Das offene Verfahren stellt hohe Anforderungen an die Gesprächsführungskompetenz der Interviewer/innen und kann mitunter zu recht langwierigen oder auch unerwartet kurzen Interviews führen.

In allen halboffenen Formen gehört zur Vorbereitung des Interviews ein Rückgriff auf Vorwissensstände zum Thema. Dies kann gezielt über eine fachliche Recherche zu wissenschaftlicher Theoriebildung, über eigenes Vorwissen und andere Quellen geschehen. Die Vorstrukturierung geschieht in Form eines Leitfadens, der im Gespräch dafür sorgen soll, dass bestimmte Themen und Aspekte berücksichtigt werden. Der Leitfaden ist in der Anwendung keinesfalls eng zu handhaben, wie dies bei einem standardisierten Fragebogen der Fall ist. Die Strukturierung bleibt nach Möglichkeit bei den zu Interviewenden. Werden die gewünschten Themen von den Interviewpartner/innen selbst angesprochen, ist es

---

65 Vgl. dazu Witzel 1985; Lamnek 1995; Reinders 2005; Mayring 2009; Przyborski/Wohlrab-Sahr 2010; Schaffer 2009.

umso besser. Ansonsten spricht sie die Interviewperson im Verlauf des Interviews an. Als halboffen werden diese Formen bezeichnet, weil sie dem Gegenüber die Initiative im Gespräch weitgehend überlassen. Wenn es inhaltlich nach dem im Leitfaden formulierten Interesse notwendig erscheint, greift die Interviewperson selbst auch strukturierend ein.

> Bevor halboffene, leitfadenzentrierte Interviews zur Erhebung von Daten stattfinden können, müssen folgende Punkte geklärt sein:
>
> - Formulierung der Fragestellung und des Projekts,
> - Feldzugang mit Bestimmung der Zielpersonen und -gruppe, Festlegen von Anzahl, Ort, Zeit und Dauer der Interviews,
> - Entwicklung eines Leitfadens,
> - Fragen der Kontaktaufnahme,
> - Gesprächsführung und ggf. ein Probeinterview (vgl. 10.1.1),
> - Vertrautheit mit der Aufzeichnungstechnik.

10.1.1 Das offene, leitfadengestützte Interview und die Konstruktion eines Leitfadens

Das offene, leitfadengestützte Interview wird in der Forschung und in Abschlussarbeiten sehr häufig verwendet. Es eignet sich, um relativ gut fass- und begrenzbare Fragestellungen zu verfolgen und hat bestimmte Vorteile, wie mehr Klarheit in der Gesprächssituation, gegenüber der unstrukturierteren Form des narrativen Interviews zu bieten. Gleichwohl gilt auch für alle halbstrukturierten Formen das qualitative Prinzip, primär den inhaltlichen Relevanzstrukturen und kommunikativen Ordnungsmustern der Befragten im Interview zu folgen.[66] Das bedeutet, im Verlauf des Interviews die Fragen im Leitfaden nicht bürokratisch zu einer bindenden Richtschnur zu machen, sondern interaktiv dem kommunikativen Muster des/der Befragten zu folgen. Es gilt wie für alle rekonstruktiven Verfahren das paradoxe Motto, dass die Interviewperson weniger eingreifen und so mehr methodische Kontrolle erreichen soll.[67] Die offene Fragestellung im Interview soll den Befragten die Möglichkeit bieten, die Kommunikation selbst zu strukturieren.

Der Leitfaden, der in allen Formen der halbstrukturierten Interviews zum Einsatz kommt, stellt insofern Hilfe wie auch Herausforderung für kompetente Intervie-

---
66 Przyborski/Wohlrab-Sahr 2010, 139 ff.
67 Vgl. Bohnsack 2008, 20.

wer/innen dar. Er dient als inhaltliche Struktur, um ein Interview zu führen, andererseits darf er im qualitativen Ansatz nicht dazu führen, ein Gespräch damit zu „strangulieren". Die Interviewer/innen müssen ständig zwischen dem aktuellen Interviewverlauf und dem Leitfaden vermitteln.[68] Hopf warnt vor der Gefahr einer „Leitfadenbürokratie".[69] Es besteht der Anspruch, möglichst offene und alltagsnahe kommunikative Situationen herzustellen. Die zu Interviewenden sollen dabei unterstützt werden, in ihrer kommunikativen Struktur das Thema zu denken und zu entwickeln.[70]

Die Formulierung eines Problems und der Forschungsfrage steht am Anfang eines Projekts. Daran entlang werden zentrale Aspekte gesammelt und als Fragen in einem Interviewleitfaden zusammengestellt. Der Leitfaden enthält die angezielten Aspekte und Themen des Gesprächs sowie Formulierungsvorschläge für die zu stellenden Fragen. Daran entlang kann im Verlauf auf eine relative Vollständigkeit geachtet werden.

Für die Einstiegsphase wird als Stimulus eine Erzählaufforderung formuliert. Geeignet wären relativ leicht zu beantwortende Fragen, etwa: „Sie arbeiten in dem Netzwerk Frühe Hilfen schon einige Zeit mit. Wie sind sie dazu gekommen?" Die Frage oder Aufforderung sollte für den Einstieg nicht zu komplex sein. Entsprechend sind typische Überblicks- oder Sortierungsfragen hier nicht geeignet. Beispiele für ungeeignete Fragen sind: „Können sie einen Überblick geben zu ihrem Feld den Frühen Hilfen?", „Was finden sie denn gut oder schlecht am Netzwerk Frühe Hilfen?"

Steht der Entwurf des Leitfadens, folgt in einer Pilotphase seine Erprobung mit einem Probeinterview. Es ist anzuraten, mindestens ein Probeinterview in Echtsituation durchzuführen und am besten mit Video aufzuzeichnen. Daran lassen sich sowohl allgemeine Aspekte wie auch für die Interviewerschulung wesentliche Erfahrungen, Fragestellungen und Alternativen im Gesprächsverhalten anschaulich reflektieren. Der Leitfaden und das Interviewerverhalten werden am Modell erprobt und die Interviewer/innen an Echtsituation und Aufzeichnung geschult. Die Interviews werden nur mit dem Einverständnis der Befragten auf Tonband und Video bzw. digital aufgenommen (vgl. Kapitel 10.2.1 und 12.1).

---

68 Flick 2009.
69 Hopf 1978.
70 Vgl. Przyborski/Wohlrab-Sahr 2010, 144.

10.1.2 Das problemzentrierte Interview

Das problemzentrierte Interview nach Witzel ist Teil einer problemzentrierten Forschungstechnik und stellt als Technik eine „Methodenkombination bzw. -integration von qualitativem Interview, Fallanalyse, biographischer Methode, Gruppendiskussion und Inhaltsanalyse" dar.[71] Ein gesellschaftlicher Problembereich wird von verschiedenen Seiten, d.h. mit verschiedenen Methoden, betrachtet. Nur die Methode des problemzentrierten Interviews im engeren Sinn ist in unserem Kontext von Interesse.

Bezugnehmend auf das problemzentrierte Interview im Verständnis von Witzel werden alle Formen einer offenen, halbstrukturierten Befragung zusammengefasst.[72] Unter halbstrukturierten Interviews sind demnach solche zu verstehen, für die Fragen und Fragenkomplexe im Vorfeld festgelegt werden. Dies bildet eine Art von „rotem Faden" für die Durchführung des Interviews. Gleichzeitig ist auf eine grundsätzliche Offenheit während des Gesprächs im thematischen Rahmen zu achten, um eine inhaltlich ertragreiche Gesprächssituationen zu fördern. Das bedeutet, dass die Interviewperson sich interaktiv und der sozialen Situation angemessen verhalten und (Nach-)Fragen entlang des definierten Problems stellen muss. Mayring führt dazu aus:

- Der sprachliche Zugang wird gewählt, um die Fragestellung vor dem Hintergrund subjektiver Bedeutungen – von den Befragten selbst formuliert – zu eruieren.
- In der Situation soll zwischen den Interviewer/innen und den Befragten Vertrauen entstehen können.
- Das Interview setzt an gesellschaftlichen Problemen an, deren objektive Seite vorher analysiert wurde.
- Ein Interviewleitfaden leitet die Befragten auf die Fragestellungen zum Problem hin. Sie können damit frei, ohne jegliche Antwortvorgabe, kommunikativ umgehen.

Es gelten nach Mayring drei Prinzipien bezogen auf das Problem, den Gegenstand und den Prozess für das problemzentrierte Interview: die Problemzentrierung als eine thematische Eingrenzung, die Gegenstandsorientierung, d.h. Offenheit für die Besonderheit des Forschungsfelds, und die Prozessorientierung als Rückbezug von der Erhebung bis zur Auswertung der Daten.

---

71 Witzel 1985 nach Lamnek 1995, 74.
72 Vgl. Mayring 2002, 67.

10.1.3 Das Experteninterview

Das Experteninterview findet hier als eine besondere Form halbstrukturierter Interviews Erwähnung.[73] Der Name Experteninterview weist schon auf eine bestimmte Rolle der zu Interviewenden hin, die mit einer Art von Spezialwissen assoziiert wird. Häufig ist der Expertenstatus an spezifische Erfahrungen, berufliche oder andere Rollen und an eine Ausbildung oder besondere Sozialisation geknüpft. Expert/innen können etwa die pädagogischen Leitungen, die Leistungssportler/innen oder die Fachtrainer/innen an den Olympiastützpunkten sein (vgl. Kapitel 11.3). In einem anderen Projektkontext sind es die Sozialarbeiter/innen, die Erzieher/innen, die Hebammen, die Mediziner/innen, die in ihren Berufsfeldern tätig sind und in dem Netzwerk Frühe Hilfen kooperieren (vgl. Kapitel 11.2). Auch Jugendliche, die als Jugendleiter/innen aktiv sind oder waren, sich einer bestimmten Szene oder Jugendkultur zuordnen und dies leben, können Expert/innen sein.[74]

Den Expert/innen wird ein spezifisches Wissen, eine Rolle in einer Gruppe, Organisation oder Institution, die sie innehaben, und der Status als Expert/in von anderen oder sich selbst zugeschrieben. Es zeigt sich, dass sich die Rolle von Expert/innen je nach Rahmung und Definition des Untersuchungsinteresses von eher alltäglichen Erfahrungen mit einem alltags- oder lebensspezifischen Binnenwissen, (jeder ist ein Experte seines Lebens – das entspricht dem Beratungswissen!) bis zu einem fachbezogenen Spezialwissen erstrecken kann. Eine Klärung des allzuweit gefassten Expertenbegriffs empfehlen Przyborski/Wohlrab-Sahr. Sie schlagen vor, diesen Begriff nur dann zu verwenden, wenn es sich um Personen handelt, die in einem soziologischen Sinn über ein spezifisches Rollenwissen verfügen und dieses sowohl zugeschrieben bekommen als auch „eine darauf basierende Kompetenz für sich selbst in Anspruch nehmen".[75]

Entsprechend gehen Przyborski/Wohlrab-Sahr davon aus, dass drei unterschiedliche Arten von Wissen über Experteninterviews generiert werden können: einmal das sog. „Betriebswissen über Abläufe, Regeln und Mechanismen in institutionalisierten Zusammenhängen", welche die Expert/innen selbst repräsentieren; zweitens das „Deutungswissen, in dem die Deutungsmacht der Experten als Akteure einer bestimmten Diskursarena zum Ausdruck kommt", und drittens das „Kontextwissen" über andere, an das Untersuchungsinteresse angrenzende Bereiche und Fragen. Diese drei Wissensarten und Perspektiven können sich je

---

73 Vgl. Meuser/Nagel 2005; Przyborski/ Wohlrab-Sahr 2010, 131 ff.
74 Vgl. Schwab 2006.
75 Vgl. Przyborski/Wohlrab-Sahr 2010, 133 f.

nach Feld und Fragen im Feld verbinden, sie sind aber analytisch zu unterscheiden und in der Interviewdurchführung zu berücksichtigen. Es geht also einerseits um die Expert/innen, die als Fachleute (wertende) Einblicke in ein Forschungsfeld geben können (Betriebswissen) und andererseits um die Untersuchung von Expert/innen selbst als Repräsentant/innen eines Forschungsfeldes (Kontextwissen). Auf die Diskussion um Experteninterviews und mögliche Probleme, die sich daraus ergeben können, kann hier nicht näher eingegangen werden.[76]

Projektbeispiel
Im Rahmen der Praxisevaluation Netzwerk Frühe Hilfen in Freiburg wurden 20 ausgewählte Expert/innen aus verschiedenen der dem Netzwerk angehörenden 40 Institutionen zu ihren Wahrnehmungen und Einschätzungen des Netzwerks befragt.[77] Die Kooperation, Funktionsweise und Entscheidungsmechanismen des Netzwerks standen in den Interviews im Mittelpunkt. Die Auswahl der Befragten stellte darauf ab, eine Mischung aus unterschiedlichen Institutionen, Berufen und aus den Bereichen des Gesundheitssystem und der Kinder- und Jugendhilfe zu realisieren. Eine grundsätzliche Bereitschaft bei den Expert/innen wurde vorausgesetzt, da das WIKO Projekt im Rahmen einer Selbstevaluation zur Wirkungsorientierung stattfand. Alle Interviewpartner/innen waren hauptberuflich in Institutionen angestellt oder freiberuflich in eigener Praxis tätig. Hinsichtlich Ausbildung, Studium und beruflicher Rolle sind diese Expert/innen in ihren Profilen sehr unterschiedlich. Die Spanne reicht von der Hebamme über die Erzieherin in der Kindertagestätte, Krankenschwester, Sozialarbeiter bis zu Medizinern, die in freien Praxen tätig oder in Krankenhäusern angestellt sind. Dies stellte besondere Anforderungen an die Entwicklung eines gemeinsamen Leitfadens mit dem Fokus auf das Netzwerk wie auch an die individuelle Kontaktaufnahme und schwierige Termingestaltung. Viele angefragte Personen fühlten sich laut eigener Aussage nicht kompetent genug, um zu Fragen des Netzwerks Stellung zu nehmen. Terminprobleme und Zeitnot waren weitere Gründe für Absagen. Dies erfordert von den Interviewer/innen eine hohe Kompetenz, um in der Kontaktaufnahme bereits das Anliegen gut zu transportieren und eine Bereitschaft zu wecken.

10.1.4 Das fokussierte Interview

Diese Methode wurde von Merton und Kendall (1979) für die Medienforschung entwickelt. Sie geht von dem Prinzip aus, dass zunächst ein Stimulus, z B. ein

---
76 Damit beschäftigt sich der Sammelband von Bogner/Littig/Menz 2005.
77 Schwab/Wegner-Steybe 2012 c.

Film, vorgegeben wird oder dass die Proband/innen vorher bereits ein konkretes Ereignis erlebt, z.B. einen Werbespot gesehen oder ein Buch gelesen haben. Mit Hilfe eines Leitfadens werden in einem halbstrukturierten Interview die Reaktionen der Befragten auf das Reizmaterial erforscht. Der dargebotene Reiz wird vorher mit einer Inhaltsanalyse untersucht. Dies soll ermöglichen, die „objektiven" und subjektiven Interpretationen miteinander zu vergleichen. Der Leitfaden enthält dazu thematische Aspekte, die angesprochen werden. Die Fragen sind offen.[78]

> Das fokussierte Interview ist folgendermaßen strukturiert:
>
> - Die befragten Personen haben alle eine konkrete Situation erlebt.
> - Die Situation wird vor dem Interview von den Forschenden analysiert und einige Hypothesen zur möglichen Wirkung werden formuliert.
> - Diese Analyse der Situation mündet in einen Interviewleitfaden, der alle wichtigen thematischen Aspekte, die anzusprechen sind, enthält.
> - Mit dem Interview sollen die subjektiven Erfahrungen der Person im Hinblick auf die gewählte Situation erhoben werden.

Die Reihenfolge der Fragen bzw. Themen ist nicht vorstrukturiert, sondern wird dem Gesprächsverlauf flexibel angepasst. In der Gesprächsführung sollen sich die Interviewer/innen mit eigenen Bewertungen zurückhalten und an der nondirektiven Gesprächsführung von Rogers (1944) orientieren (vgl. dazu Kapitel 10.2). Für die Interviewphase gelten vier Regeln:

- Nichtbeeinflussung;
- Spezifität als der Versuch, die Reaktionen der interviewten Person auf Details der erlebten Situation herauszufinden und nicht auf einer allgemeinen Ebene zu bleiben. Die „retrospektive Introspektion" ist zu diesem Zweck zu fördern. Dies kann durch weitere Hilfsmittel, wie Bilder oder einen Text und entsprechende Fragen, unterstützt werden;
- Erfassung eines breiten Spektrums (Ausschöpfung der thematischen Aspekte);
- Tiefgründigkeit und personaler Bezugrahmen (affektive Reaktionen sollen durch Nachfragen tiefer ausgelotet werden).

Ziel der Methode ist es nach Merton und Kendall, mit fokussierten Interviews Hypothesen zu generieren, die zu weiterführenden quantitativen Untersuchun-

---
78 Vgl. Flick 2009.

gen dienen oder eine vertiefende Interpretation experimenteller Ergebnisse erreichen können. Mit der Methode lassen sich Sichtweisen unterschiedlicher sozialer Gruppen untersuchen. Die Fragestellungen sind orientiert an der Wirkung bestimmter Vorgänge oder der subjektiven Verarbeitung von Bedingungen für das eigene Handeln. Der Forschungsprozess ist linear konzipiert.[79]

Die Anwendung fokussierter Interviews in anderen Forschungsfeldern orientiert sich an den generellen Prinzipien. Die Fokussierung wird dabei auf das Thema der Untersuchung bezogen verstanden, ohne dabei unbedingt Filme zu verwenden.[80] Das Spezifikum, die Verwendung eines Gegenstands, etwa eines Films, wird in anderen Interviews kaum genutzt. Der Anspruch von Merton und Kendall, damit einen Vergleich der „objektiven" und subjektiven Interpretationen zu ermöglichen, erscheint diskussionswürdig.

10.1.5 Die Gruppendiskussion

Entstanden ist die Gruppendiskussion aus der Kritik an der standardisierten Einzelbefragung. Sie kann als eine Art von Gruppeninterview verstanden werden und stellt „ein Gespräch mehrerer Teilnehmer zu einem Thema, das der Diskussionsleiter benennt" unter Laborbedingungen dar. Das Ziel ist es, Informationen zu sammeln.[81] Zuerst wurde die Methode von Kurt Lewin (1936) und seinen Schülern für sozialpsychologische Kleingruppenexperimente eingesetzt. Ihm ging es um Gruppenprozesse und darum, Wirkungen von Variablen in Gruppensituationen in Verbindung mit Führungsstilen zu erforschen. Er wollte so mehr über die Reaktionen und Interaktionen der Gruppenmitglieder untereinander, u.a. zur Entwicklung verbindlicher gruppeninterner Normen, erfahren.[82]

In der Markt- und Meinungsforschung wurde die Gruppendiskussion in den USA zur Untersuchung von Motivationsstrukturen und in der Medienwirkungsforschung eingesetzt. Hier sind die Arbeiten von Merton u.a. zu nennen.[83] Die Anwendungsorientierung steht im Vordergrund und als sozialwissenschaftliche Methode wurde sie methodologisch vernachlässigt.[84] Krüger geht davon aus, dass die Gruppendiskussion allgemein die Erforschung folgender Aspekte zum Ziel hat:

---

79 Vgl. Merton/Kendall 1979, 202.
80 Vgl. Flick 2009, 198.
81 Vgl. Lamnek 1995, 125.
82 Vgl. Lamnek 1995, 126.
83 Merton/Fiske/Kendall 1956.
84 Vgl. Lamnek 1995.

- Meinungen und Einstellungen einer ganzen Gruppe,
- öffentliche Meinungen und Einstellungen,
- gruppenspezifische Verhaltensweisen,
- Bewusstseinstrukturen, die Meinungen und Einstellungen zugrunde liegen,
- Gruppenprozesse, die zur Bildung von individuellen oder Gruppenmeinungen führen.[85]

Nach Lamnek lässt sich in Anlehnung an eine Klassifikation von Interviews nach Koolwijk und Wieken-Mayser (1974) die Gruppendiskussion in zwei Formen differenzieren: die ermittelnde und die vermittelnde Gruppendiskussion. Bei der ermittelnden Gruppendiskussion interessieren die den Forschenden unbekannten Angaben der Teilnehmer/innen im Sinne einer sozialwissenschaftlichen Befragung.[86] Bei der vermittelnden Gruppendiskussion sollen hingegen Veränderungen und Gruppenprozesse inszeniert werden; die dadurch bewirkte Veränderung aufseiten der Befragten steht im Vordergrund. Diese Form findet in der Organisationsentwicklung Anwendung, um Gruppenprozesse in Gang zu bringen, um Verhältnisse zwischen Mitarbeiter/innen zu klären und um Kommunikationsprobleme zu lösen.

Die Gruppenstruktur wird von gemeinsamer Betroffenheit und Interessen sowie einem vergleichbaren Erfahrungshintergrund geprägt. Die Teilnehmenden einer Gruppendiskussion sind in diesem Sinn eine Art von Expert/innen zu diesem Thema. Die Organisation der Gruppenbildung in realen Organisationskontexten mit Termin, Ort und Anlass ist nicht immer leicht. Die Gruppe soll etwa fünf bis 15 Teilnehmende umfassen, die möglichst im Alltag als Gruppe bestehen bzw. auf einer Ebene (zusammen-)arbeiten. Mit der offenen kommunikativen Situation birgt die Gruppendiskussion besondere Chancen: „Dabei wird davon ausgegangen, dass die Meinung zwar nicht durch Gruppenprozesse generiert wird, aber ihre Kommunikabilität durch die Gruppe steigt."[87]

10.1.5.1 Die Gruppendiskussion in Bezug zu anderen Formen

Die Gruppendiskussion weist in ihrer sozialen Struktur eine höhere Realitätsnähe der Meinungsäußerung auf, als dies bei den Formen des Einzelinterviews oder der Arbeit mit standardisierten Fragebögen gegeben ist. Viele Einstellungen sind als subjektive Bedeutungsstrukturen stark in soziale Zusammenhänge eingebunden, sodass sie sehr gut in Gruppendiskussionen zugänglich werden. Die wechselseitige Interaktion der Personen im Austausch von Meinungen bietet

---

85 Vgl. Krüger (1983) nach Lamnek 1995, 131.
86 Vgl. Lamnek 1995, 130.
87 Lamnek 2005, 432.

besondere Chancen. Individuelle Hemmungen und psychische Sperren können leichter als in der Einzelinterviewsituation durchbrochen und kollektive Einstellungen und Ideologien in Gruppen deutlich werden.

Eine Annahme geht davon aus, dass Vorurteile und Ideologien im sozialen Rahmen einer Diskussion eher offenbart werden können. Gruppendiskussionen können demnach, wenn sie lebendige Kommunikation ermöglichen, Rationalisierungen leichter durchbrechen. Die Beteiligten legen dann Einstellungen offen, die auch im Alltag ihr Denken, Fühlen und Handeln bestimmen. Solche subjektiven Bedeutungsstrukturen sind in sozialen Alltagssituationen von Bedeutung. Die Gruppendiskussion kann ein geeignetes Instrument sein, um Konstrukte wie die „öffentliche Meinung" und kollektive Einstellungen angemessen erreichen zu können. Im Ergebnis hängt die Gruppendiskussion stark von der sozialen Situation, der Zusammensetzung der Gruppe und der Kompetenz der Diskussionsleitung ab, damit ad hoc angemessen umzugehen.

Die Stärke der Gruppendiskussion liegt in ihrer kommunikativen Offenheit, den sozialen Interaktionen und der Alltagsnähe. Sie geht wie ein Gruppenexperiment von einem bzw. mehreren Grundreizen aus. Im Unterschied zum Gruppenexperiment kann sie allerdings keine Reproduzierbarkeit von Befunden oder eine Vergleichbarkeit von Gruppen sicherstellen. Sie ist nicht standardisierbar.

Typische Konstellationen und Probleme in der Forschungspraxis sind:

- Die Zusammensetzung der Gruppe nach Vollzähligkeit oder differenzierenden Merkmalen, wie Geschlecht und Bildung, ist aus aktuellen Gründen, wie Krankheit und Wetterlage, nicht gegeben, was die Aussagekraft in Frage stellen kann.
- Die Gruppe oder einzelne Teilnehmende sehen wenig Sinn in der Gruppendiskussion und der Zeit, die dafür aufgewendet werden soll; Fragen nach Anlass und der Motivation oder auch Befürchtungen werden geäußert.
- Einzelne Personen sind durch andere Mitglieder in der Gruppe gehemmt, Kritik zu äußern, z.B. durch asymmetrische Konstellationen, wenn Vorgesetzte oder Koordinator/innen eines Projektes dabei sind.
- Der/die Moderator/in als externe wissenschaftliche Begleitung wird als Gefahr oder Eindringling gesehen, dem man besser manches nicht sagt. Reaktion ist dann eine defensive Grundhaltung in der Kommunikation.
- Zwischen Moderator/in und Teilnehmenden droht sich ein Frage-Antwort-Spiel zu entwickeln anstatt einer Diskussion zwischen den Gruppenmitgliedern.

10.1.5.2 Forschungsinteresse, Moderation und Strukturierung

Nach Forschungsverständnis und -interesse, dem Feld und der Zielgruppe ist zu klären, wie eine Gruppendiskussion angemessen gestaltet werden kann. Dass eine Gruppendiskussion möglichst wenig Strukturierung enthalten sollte, etwa um die Personen nicht zu beeinflussen, stellt eine Option dar. Alternativ kann eine didaktisch strukturierte Gruppendiskussion mit Impulsen die Chance einer Diskussion erhöhen, indem sie Rahmenbedingungen bietet, um kommunikative Prozesse zwischen den Teilnehmenden zu fördern.

Die Gesprächsführung in einer Gruppendiskussion stellt eine zentrale Aufgabe dar, die für den Zugang und die Güte möglicher Ergebnisse und Daten entscheidend ist. Im interaktiven Prozess zwischen Forscher/in als Moderator/in auf der einen und den Teilnehmenden auf der anderen Seite gilt es die Interessenslagen im Blick zu haben und dynamisch damit umzugehen. Die Forschenden sind daran interessiert, Informationen zu erhalten, und sie sind darauf angewiesen, dazu das Interesse und das Vertrauen der Teilnehmenden zu gewinnen. Davon hängt letztlich ihr und der Erfolg des Projektes ab.

Die Teilnehmenden könnten über einen indirekten Nutzen, etwa dass sie die Ergebnisse zur Verfügung gestellt bekommen, das Wohlwollen der Träger oder der Projektpartner, wenn sie teilnehmen, oder auch direkt durch neue Informationen von Mitgliedern der Gruppe profitieren.

Die Moderation einer Gruppendiskussion ist inhaltlich anspruchsvoll. Ein/e erste/r Moderator/in, der/die die Gruppendiskussion leitet, sollte unterstützt werden von einem/einer zweiten, der/die auf bestimmte Aspekte achtet und unterstützen kann. Eine Aufgabenteilung der beiden nach Ablauf, Themenfeldern, Aufgaben der Dokumentation und Aufnahmetechnik kann vorher besprochen werden. Das Verhalten der Moderator/innen orientiert sich daran, eine natürliche und offene Gesprächsatmosphäre zu ermöglichen. Von Beginn an muss es ihr vorrangiges Interesse sein, eine positive Grundhaltung zur Diskussion zu ermöglichen. Dies erfordert es, Vertrauen aufzubauen, Auskunft über sich selbst, die eigene Rolle als Forscher/in und das Anliegen im Rahmen des Forschungsprojekts zu geben. Die Zusicherung von Anonymität und die Verwendung der dokumentierten Informationen und Daten sind wesentliche Standards, die es zu klären gilt (vgl. Kapitel 12.1). Eine Aufzeichnung des Gesprächs, am besten mit Videokamera, ist als Dokumentation wichtig, um Interaktionsprozesse analysieren und Aussagen transkribieren zu können. Gelingt es, dies zu Beginn zu klären und Vertrauen aufzubauen, wird das Gerät in der Diskussion von vielen Teilnehmenden schlicht vergessen.

Die Vorbereitung und Einführung erfordert von Moderator/innen eine angemessene Seriosität, um die Zustimmung aller Gruppenmitglieder zu bekommen. Ihre Rolle enthält die folgenden Aufgaben:

- Formulierung der Fragestellung und eines Leitfadens,
- Ableitung von Grundreiz und Reizargumenten für die Diskussion,
- Gruppenbildung,
- Klärung von Rolle, Zeiten, Dokumentation etc.,
- Darbietung des Grundreizes,
- freie Diskussion,
- Einführung der weiteren Reizargumente,
- ggf. provokante Statements, Nachfragen, Paraphrasierungen, Verschärfungen, Aufzeigen von Konsequenzen, kontrastierende Fragen, Rekapitulationen,
- Metadiskussion zur Bewertung der Diskussion.

Die vermittelnde Gruppendiskussion geht davon aus, dass es hilfreich sein kann, Impulse und kommunikative Methoden einzusetzen, die eine Beschäftigung mit relevanten Themen, mit eigenen Einstellungen und das Gespräch untereinander fördern. In der Anwendung mit Kindern und Jugendlichen kann dies eine Diskussion anstoßen und gestalten. Auch mit Erwachsenen sind didaktische Mittel hilfreich, um Impulse zu setzen, die die Gruppe in Bewegung bringen, das Gespräch untereinander anregen und die Struktur der klassischen Frage-Antwort-Interaktion zwischen Forscher/in und Befragten aufzubrechen. Möglichkeiten zu strukturieren können u.a. der Einsatz von Bildern, Fotosprache, Meta-Plan, Rede-Ball und die Arbeit mit Symbolen sein.

10.1.5.3 Hinweise zu Dokumentation und Auswertung
Neben der Komplett-Transkription gibt es die Möglichkeit einer thematischen Teilauswertung mit Passagen der Gruppendiskussion, die auf Aspekte des Themas hin ausgewertet werden (vgl. Kapitel 10.3). Ralf Bohnsack entwickelte in den 1980er-Jahren ein Verfahren der Auswertung von Gruppendiskussionen unter Bezug auf Karl Mannheim. Danach können Diskussionen wie auch Einzelinterviews und visuelle Materialien (Bilder, Filme), in vier Schritten ausgewertet werden:[88]

---

88 Vgl. Bohnsack 2008.

- eine formulierende Interpretation, in der die im Datenmaterial vorkommenden Themen differenziert nachvollzogen werden,
- eine reflektierende Interpretation, die sich im Sinne Mannheims auf den „dokumentarischen Sinngehalt" bezieht,
- eine Diskursbeschreibung in Form einer zusammenfassenden Fallbeschreibung (der Begriff Diskursbeschreibung wird gewählt, weil der Analysegegenstand Gruppendiskussionen und die ihnen innewohnenden diskursiven Dynamiken sind), und schließlich
- eine Typenbildung.

10.1.6 Fragen zur Selbstkontrolle

1) Beschreiben Sie allgemein das qualitative, rekonstruktive Forschungsinteresse, ohne auf eine einzelne Methode breiter einzugehen.

2) Vergleichen und diskutieren Sie zwei qualitative Erhebungsmethoden, z.B. das leitfadenzentrierte Interview und die Gruppendiskussion, nach ihren Zielen, Möglichkeiten und Grenzen.

3) Wählen Sie eine qualitative Methode und entwickeln Sie ein dazu geeignetes Evaluations- oder Forschungsbeispiel. Beschreiben Sie eine passende Forschungsfrage mit dem Erkenntnisinteresse, dem Feld und der Untersuchungsgruppe.

4) Stellen Sie am Beispiel des fokussierten Interviews das Vorgehen, das Ziel und die Prinzipien dar. Gehen Sie auf mögliche Grenzen der Methode ein.

5) Skizzieren Sie Unterschiede und Gemeinsamkeiten zwischen der Gruppendiskussion und einem anderen qualitativen Verfahren.

10.2 Die Datenerhebung – Vorbereitung und Durchführung

Sind die empirischen Instrumente gewählt und entwickelt, gilt es die Erhebung im Feld vorzubereiten. Dazu gehört der Zugang zu den Personen und der richtige Umgang mit den Instrumenten.

10.2 Die Datenerhebung – Vorbereitung und Durchführung

10.2.1 Das Interview – soziale Situation, Ort und Kontaktaufnahme

Das qualitative halbstrukturierte Interview als Methode im Forschungsprozess unterscheidet sich von alltäglichen und zufälligen Gesprächen, wie sie in der Mensa, am Bahnhof oder privat zu Hause zwischen Freunden stattfinden. Es gibt ein bestimmtes Interesse und eine zu diesem Zweck eigens hergestellte soziale Situation. Wie bei allen sozialen Kontakten und in jedem Gespräch zwischen Menschen gelten auch hier übliche soziale Normen und Rituale. Es gilt einen möglichst positiven und angenehmen Kontakt zu Beginn im freundlichen und lockeren Gespräch herzustellen, um im folgenden Interview eine offene und konzentrierte Gesprächsatmosphäre zu ermöglichen.

Der äußere Rahmen des Interviews, der Ort und Raum, die Zeit und das Thema sollten allen Beteiligten vorher bekannt und für sie angenehm sowie störungsfrei sein. Die Bedingungen sollen dem Zweck und Inhalt des Interviews angemessen sein. Geht es um berufliche und sachliche Themen oder um private und persönliche Fragen, ist der passende Ort ein zu berücksichtigender Faktor. Dies kann je nach Thema ein neutraler Raum, ein Büro, ein öffentlicher Rahmen wie ein Café oder ein vertrauter Rahmen wie das eigene Zuhause sein.

Die Anwesenheit weiterer Personen neben der Interviewperson und dem/der Interviewten, wie einem Freund oder der Freundin, dem Sportkollegen oder der Eltern kann manchmal förderlich für die Teilnahmebereitschaft sein. Bei Themen wie dem Freizeitverhalten kann sich dies, etwa im Falle der Eltern, aber auch negativ beeinflussend auswirken.

Das Interview wird meistens mit einer Aufnahme mit Ton oder auch Bild dokumentiert. Dies erleichtert die spätere Transkription und Analyse für die Auswertung. Nebengeräusche, etwa durch offene Fenster oder ein Hintergrundgemurmel, können sehr störend für die Aufnahme sein. Gedächtnisprotokolle stellen nur in besonderen Ausnahmesituation akzeptable Lösungen dar. Mit der notwendigen Technik für die Aufzeichnung sollte sich die Interviewperson vorher vertraut machen und vor dem eigentlichen Interview eine kurze Testaufnahme vor Ort machen.

Damit ein Interview zustande kommen kann, muss der Kontakt mit den zu Interviewenden vorher gesucht werden. In manchen Evaluationsprojekten werden über bekannte Kontaktpersonen im Feld erste Informationen zum Anliegen und der Interviewanfrage bereits vorher vermittelt. Eine mögliche und angemessene Form der direkten Kontaktaufnahme zwischen dem/der Interviewer/in und der zu interviewenden Person – persönlich, telefonisch oder per E-Mail – ist adressatenorientiert zu überlegen. Es gilt sich selbst, das Projekt und das Anliegen des Interviews vorzustellen, das Forschungsinteresse zu formulieren und über den zeitlichen Ablauf und Umfang des Interviews zu informieren. Allerdings sollte hier keinesfalls vorab der Leitfaden an die Interviewpartner/innen gehen. Das würde einer spontanen Beantwortung im Gespräch und der Alltagsnähe nicht mehr entsprechen. Das Bestehen von Anreizen und Motivationshilfen oder von möglichen Hürden bei den Interviewpartner/innen ist vorher zu reflektieren.

In der Vorbereitung und bei der Vereinbarung eines Interviews ist auf folgende Punkte einzugehen und dazu ausreichend zu informieren:

- eine geeignete und werbende Form der Kontaktaufnahme, persönlich, Telefon, per E-Mail etc. wählen,
- das eigene Institut bzw. die Hochschule und den Auftrag erläutern,
- das Untersuchungsinteresse erklären, ohne auf Details oder Fragen einzugehen,
- mögliche Motive oder Hürden der potenziellen Interviewpartner/innen antizipieren, u.a. Terminproblem, Unlust,
- Verschwiegenheit und Anonymität garantieren,
- den zeitlichen Rahmen besprechen und klären,
- einen geeigneten Raum, möglichst ohne Störungen, mit ruhiger Atmosphäre finden.

Vor dem Beginn des Interviews hat es sich bewährt, mit einem kurzen Test eine ausreichende Ton- und Aufnahmequalität am Ort sicherzustellen. Es gilt mögliche Störungen auszuschließen, wie (Hintergrund-)Geräusche, Telefon. Zu Beginn des Gesprächs stellt die Interviewperson ihr Anliegen knapp und seriös vor. Sie sichert Vertraulichkeit zu und weist auf die Bedeutung des Interviews hin. Es kann sinnvoll sein, ein Informationsblatt zu erstellen, aus dem Näheres hervorgeht, etwa dass die Daten anonymisiert verarbeitet und nach der Auswertung gelöscht werden (vgl. Kapitel 12.1). Bei der Kontaktaufnahme und zu Beginn ist der/die zu Interviewende über den „Sinn, Zweck und Gegenstand des Interviews aufzuklären", ohne allerdings den inhaltlichen Verlauf des Gesprächs vorzubestimmen.[89]

---

89   Vgl. Lamnek 1995, 107.

10.2.2 Rollen, Gesprächsführung, Fragen und Leitfaden

Im Vorfeld eines Interviews gilt es, sich die Rollen der beteiligten Personen bewusst zu machen. Zuerst schauen wir auf die Interviewer/innen: Zwischen den unterschiedlichen Rollen als Sozialforscher/innen oder als Akteur/innen im Handlungsfeld, wie intervenierenden Sozialpädagog/innen, die helfen, beraten und unterstützen, ist klar zu differenzieren. Ein Rollenkonflikt kann leicht entstehen, wenn sich Schwierigkeiten andeuten, die die Interviewer/innen verunsichern. Zum Beispiel kann das Thema des Interviews, wie in einer Untersuchung zum Freiwilligen Sozialen Jahr, dem zu Interviewenden, z.B. einem jugendlichen Hauptschüler mit Migrationshintergrund, gar nicht oder kaum bekannt sein. Dies kann bei dem/der Forschenden einen Impuls auslösen, darüber zu informieren und dem Interviewpartner so einen inhaltlichen Zugang zu liefern und eine Stellungnahme zu ermöglichen. Der Wunsch und das Verhalten von ungeübten, unreflektierten Forschenden zielt so darauf, dem Gegenüber eine Einstellungsbildung erst zu ermöglichen. Darum geht es im Interview aber nicht. Das markante Ergebnis an dieser Stelle kann sein, dass die Bildung einer Einstellung eben noch gar nicht stattgefunden hat, da die Informationen über die Möglichkeit eines Freiwilligen Sozialen Jahrs nicht bekannt war.

Die beiden Partner/innen eines Interviews stehen in einem asymmetrischen Verhältnis zueinander. Zumindest zu Beginn liegt die aktivere Rolle und die Initiative bei der Interviewperson. Sie leitet ein, erklärt sich, ihr Anliegen und das Interesse, sie wirbt um Vertrauen und beginnt mit Fragen. Um sich die interviewte Person mehr entfalten zu lassen, führt die Interviewperson so zurückhaltend wie möglich im weiteren Verlauf Regie. Je besser es im Interview gelingt, selbstexplorative Anteile für die zu Interviewenden zu ermöglichen, desto näher kommt man dem rekonstruktiven Interesse. So steigen die Chancen, im Interview subjektive Muster zu kommunizieren und nicht bei einem Frage-Antwort-Spiel zu enden. Gegenüber einem standardisierten Interview kann die interviewte Person den Verlauf in weiten Teilen mit ihren Ausführungen und ihrer Sprache selbst mitbestimmen. Der/die Interviewer/in sollte sich dessen bewusst sein und sich entsprechend verhalten.[90]

Häufige geschilderte Schwierigkeiten und Blockaden auf der Seite der Interviewer/innen sind:

- mangelnde Rollensicherheit und Erfahrung mit der Methode,
- eine unsichere Gestaltung des Einstiegs,

---
90 Vgl. Lamnek 1995, 106.

- zu hohe Erwartungen an sich selbst, etwa nichts vergessen zu wollen,
- ein zu schnelles Durchgehen von Fragen,
- Befangenheit, die durch ein Aufnahmegerät oder durch die Vertrautheit des Gegenübers aus privaten Bezügen bedingt sein kann,
- technische Probleme mit dem Aufnahmegerät,
- die Unsicherheit, Fragen richtig zu formulieren, u.a. so zu formulieren, dass nichts vorweggenommen wird,
- Unsicherheit im Umgang mit der zur Verfügung stehenden Zeit.

Um eine offene und vertrauensvolle Atmosphäre zu fördern und die Authentizität von Personen zu ermöglichen, ist der/die Interviewer/in bestrebt, alles zu tun, was eine persönliche Situation für das Gespräch fördert. Er/sie soll als ein freundlicher und zugewandter Mensch erlebbar und sich seiner eigenen Rolle als interessierte/r Forscher/in bewusst sein. Grundlagen dafür bilden u.a. ein sicheres persönliches Auftreten, eine gute Kenntnis des Forschungsinteresses mit einem möglichst internalisierten Leitfaden, die Zusicherung von Vertraulichkeit und Verschwiegenheit sowie Kompetenzen in der Gesprächsführung. Nach Struktur, Art und Thema des Interviews gilt es, die Gesprächsführung im zeitlichen Rahmen möglichst natürlich und offen zu gestalten. Dies betrifft insbesondere leitfadenzentrierte Interviews.

10.2.2.1 Entwicklung, Sprache und Einsatz eines Leitfadens

Die Interviewperson muss sich auf die Sprachebene und den subjektiven Bezugsrahmen des Gegenübers einstellen. Die Gesprächsführung ist eine sehr wesentliche und beeinflussende Variable für die (Selbst-)Exploration der zu Interviewenden sowie für die Qualität der zu erzielenden Daten und Ergebnisse. Die Art und Haltung der Interviewperson soll davon geprägt sein, dem/der Gesprächspartner/in im kommunikativen Prozess möglichst authentisch gegenüberzutreten und die Atmosphäre mitzugestalten, um Selbstexploration bei dem/der Interviewpartner/in zu fördern. Während des Interviews ist auf eine relative Vollständigkeit der Themen und Fragen zu achten. Die Reihenfolge von Themen und Aspekten im laufenden Interview ist für die Auswertung nicht erheblich. Der lebendige Gesprächsverlauf ist wesentlich für die Offenheit des Gegenübers. Es ist hilfreich, den Interviewleitfaden möglichst gut zu internalisieren, um das Gespräch nicht rigide durch eine vorgegebene Struktur zu „strangulieren".

Die Fragen eines Interviewleitfadens sollten so formuliert werden, dass sie in der Regel nicht mit einem ja oder nein zu beantworten sind. Suggestivfragen sind unbedingt zu vermeiden, da sie überhaupt keine wirklichen Fragen darstellen – etwa: „Bevorzugen Sie auch, mit ihren Jugendlichen erlebnispädagogische Zugänge zu realisieren?".Ebenso ist die Vorgabe von möglichen Antwortoptionen, die die Interviewten bereits in ihrem Denken von Möglichkeiten einengen, zu vermeiden – etwa: „Gehen Sie bei solchen Entscheidungen eher partizipativ oder eher autoritär vor?"

Statt „Warum-Fragen", die häufig kausal mit „weil-Begründungen" beantwortet werden, sind Formulierungen zu bevorzugen, die sich hinsichtlich der subjektiven Bedeutung von etwas erkundigen. Alle Frageformen, die einen Versuch ausdrücken, etwas besser zu verstehen, sind geeignet, um den erwünschten Prozess der Selbstexploration zu unterstützen.

Der Leitfaden stellt eine Orientierung für ein qualitatives Interview dar, der aber nicht in der Reihenfolge stringent abzuarbeiten ist. Die Inhalte und Fragen dienen dazu, in einer alltagsnahen und offenen Situation ins Gespräch zu kommen. Zur Strukturierung eines Leitfadens findet sich ein Beispiel im Anhang (12.4). Im Leitfaden formulierte Inhalte sollen im Interview auch zur Sprache kommen. Sollte es nicht gelingen, die relevanten Inhalte zu vertiefen, ist zu prüfen, woran es gelegen haben könnte, inwieweit es der Interviewperson nicht gelungen ist, dies anzusprechen, oder wodurch sich der/die Interviewpartner/in diesen Versuchen entzogen hat.

Die Sprache und Ausdrucksweise im Interview sollte verständlich, adressatengerecht und alltagsnah sein. An zwei unterschiedlichen Adressatengruppen und Forschungsbeispielen wird dies deutlich. Werden Expert/innen wie Sozialarbeiter/innen, Erzieher/innen, Mediziner/innen oder Hebammen in einem Netzwerk Frühe Hilfen interviewt, kann und sollte selbstverständlich das gültige Fachvokabular, soweit es bekannt ist und angebracht erscheint, benutzt werden (vgl. den Leitfaden in Kapitel 12.4). In Interviews mit Jugendlichen zur Filmnutzung erscheint es allerdings unpassend, sich als ein außenstehender und erwachsener Interviewer jugendsprachlicher Formen zu bedienen. Dies wirkt anbiedernd. Der Interviewer macht sich dadurch eher lächerlich und erscheint als Person wenig authentisch.[91]

Der Leitfaden soll vor einem Interview dem Anspruch der Authentizität folgend den Interviewpartner/innen nicht zugänglich gemacht werden. Dies käme ansonsten einer Vorbereitung gleich und würde die Ergebnisse, nicht nur auf der Wissensebene, verfälschen, indem nicht mehr von einer alltagsnahen Situationen und Einschätzung auszugehen ist.

---

91 Vgl. Reinders 2005, 32.

10.2.2.2 Ablauf und Gesprächsführung

Das Verhalten der Interviewer/innen ist darauf gerichtet, eine offene und natürliche Gesprächsatmosphäre zu fördern. „Natürlich" bedeutet hier, eine angenehme und vertraute Atmosphäre zu ermöglichen, die zu Thema und Rahmen der Untersuchung passt. Dies geschieht durch ein zugewandtes und wertschätzendes Verhalten, das Interesse an der Person und dem Inhalt ausdrückt. Entsprechende verbale und nonverbale Signale des Interesses fördern den Prozess der Selbstexploration beim Gegenüber.

Als Sprachebene ist eine auf den/die Gesprächspartner/in abgestimmte Sprachform zu wählen, die ein Verstehen ermöglicht, ohne anbiedernd zu wirken. Wenn eine Frage nicht wirklich beantwortet wurde, sollte man sie noch einmal anders formulieren. Stockt das Gespräch, gilt es sensibel auf mögliche Ursachen und Blockaden einzugehen. Möglicherweise geht es um Themen, die den/die Interviewpartner/in anstrengen, weil sie emotional besetzt sind oder lange schon zurückliegen. Wenn Verständnisprobleme auftauchen, kann man versuchen, das Unverstandene zu benennen und gemeinsam zu klären. Antwortoptionen auf eine Frage, etwa im Sinne einer Auswahl (a, b, c, d) sollen auf keinen Fall angeboten werden. Suggestive Formulierungen von Fragen sind zu vermeiden.

Ein Beispiel aus dem Projekt mit jungen Nachwuchssportler/innen am Olympiastützpunkt, hier im Interview mit einer Fussballspielerin, kann die unterschiedlichen Frageformen und die Gesprächsführung verdeutlichen:

Fußball\Interview Nr. 10

I: Bist du in Fußball einfach so mit reingerutscht? Oder was genau hat /ehmm/ dich dazu bewegt Fußball zu spielen?
P: /hm/ Jaa, also …
I: Also hat, zum Beispiel …, das was definitiv mit deinem Vater und deinem Bruder zu tun?
P: /Mh/ Ja also, die haben mich halt dazu gebracht und … jaa … ich hab´ … gerne
I: (gleichzeitig mit S) Kannst du sagen inwiefern? (lachend)
P: … ich hab´ gerne (…) also bei uns im Garten Fußball gespielt und Nachbarn und … /mh/ ja es ist ein Mannschaftssport, Tennis war alleine, Turnen ist eigentlich auch bisschen alleine und das hat mir eigentlich zugesagt, soo … Jaa, also, so direkt kann ich das jetzt nicht sagen warum genau, es war …
I: (lachend) Es gab keinen ausschlaggebenden Punkt?
P: Neee.

> I: Ok.
> P: Also von klein auf ist das, war Fußball halt ... ja ... Gang und Gebe, und so halt ...
> I: (lachend)
> I: (lachend) War mit in deinem Leben?!
> P: Ja genau.

In dem Interviewausschnitt wird gleich zu Beginn eine suggestive Frageform des Interviewers deutlich. Er gibt auch kaum Zeit zum Nachdenken und schlägt die Antwortoptionen von Vater und Bruder vor. Die werden beide von P. erstmal angenommen. Daran schließt sich eine Detaillierungsfrage an, die klären will, auf welchem Weg diese Beeinflussung geschehen ist. Schließlich zeigt die Antwort von P. darauf doch wieder Unsicherheit bezüglich der Ausgangsfrage. P. weiß nicht, wie es war. Das greift der Interviewer auf und spiegelt es gut zurück. Daraufhin wird Fussball als eine vage Normalität während des Aufwachsens beschrieben, die in ihrem Leben einfach da war.

Zusammenfassende Hinweise zur Entwicklung eines Leitfadens und zum Gesprächsverhalten der Interviewer/innen:

- Einstiegsfrage als Erzählimpuls – eine offene und leicht zu beantwortende Frage;
- Interesse an der Person und am Thema zeigen und offenlegen;
- immer aussprechen lassen, wenn es zum Thema ist;
- aktiv den thematischen Erzählfluss bei den zu Interviewenden fördern durch verbale und non verbale Zeichen der Aufmerksamkeit und des Interesses, wie „aha, interessant", eine passende Mimik, wie Nicken, aufmunternde Blicke;
- aber: bei Abschweifungen unterbrechen – zum Beispiel: „Ich möchte auf die Frage von vorhin zurückkommen";
- offene Fragen, auch als Sondierungsfragen bekannt, stellen: geeignet sind „Wie- und Was-Fragen", zum Beispiel: „Was machst du besonders gerne in deiner Freizeit? Wie verbringst du die gemeinsame Zeit mit Freunden?";
- Fragen und angefangene Sätze können manchmal bewusst vage sein und offen bleiben, um zur Ergänzung aufzufordern;
- den zu Interviewenden Zeit geben und auch Pausen aushalten;
- aufdeckendes und klärendes Nachfragen mit Detaillierungs- und Ad-hoc-Fragen bei kurzen, allgemeinen und vagen Antworten, zum Beispiel: auf die Antwort: „Ich schaue gerne unterschiedliche Filme", folgt die Frage des Interviewers: „Was sind das für Filme im einzelnen?";

- durch (Zurück-)Spiegeln eine Bedeutungsverstärkung herstellen, zum Beispiel durch die Frage: „Habe ich dich richtig verstanden, dass du Horrorfilme nicht anschaust?" und dann weiteres Nachhaken: „Wie kommt das?";
- in der Regel keine konfrontativen Fragen stellen. Die Antworten der Interviewten haben Gültigkeit. Provokante Impulse können allerdings in seltenen Fällen nach Gegenstand, Personen, Thema oder Situation angemessen sein;
- keine Suggestivfragen stellen, zum Beispiel: „Leihst du dir deshalb DVDs aus, weil dir das Kino zu teuer ist?";
- keine geschlossene Fragen stellen – also Fragen, die mit ja oder nein zu beantworten sind, zum Beispiel: „Schauen Sie häufig Komödien?", „Mögen Sie Serien?", „Gefällt Ihnen die Schauspielerin Angelina Jolie"?;
- keinerlei Antwortoptionen vorgeben, auch beim Nachhaken nicht durch die Angabe von Optionen animieren wollen, zum Beispiel, wenn auf die Frage: „Welche Filme schaust du am liebsten?" nichts oder nur sehr wenig kommt, beim Nachhaken zu fragen: „Sind es etwa Grusel- oder Science Fiction-Filme?", entspräche der Vorgabe von Optionen;
- den Mut haben Störungen, die den Gesprächsverlauf erkennbar verändern, anzusprechen;
- die Möglichkeit zu abschließenden Ergänzungen anbieten für Punkte, die bedeutsam sind, aber noch nicht angesprochen wurden, zum Beispiel: Was ist Ihnen noch wichtig zu äußern?", „Was ist für Sie sonst noch wichtig, das bislang nicht besprochen wurde?", „Möchten Sie noch etwas ergänzen?";
- es gilt auch die paradox anmutende Aufforderung, nicht zu viel über Gesprächsregeln nachzudenken. Dazu ist Vorbereitung und Übung hilfreich.

10.2.3 Fragen zur Selbstkontrolle

1) In Dreiergruppen wird mit verteilten Rollen, einer Interviewperson, einer zum Thema befragten Person und einem/einer Beobachter/in (achtet auf Fragen und nonverbale Interaktion), ein Interview (Leitfaden in Teilen) in Sequenzen durchgespielt. Die Rollen sollten getauscht werden. Im Anschluss dazu findet ein Austausch darüber, wie es gelaufen ist, statt.

2) Wie sind Fragen in einem qualitativen Interview zu formulieren? Gehen Sie auf die Zielsetzung in halbstrukturierten Interviews ein und klären Sie, welche Fragearten besser oder schlechter dazu passen.

> 3) An dem transkribierten Material eines Interviews sind relevante Merkmale der Gesprächsführung und der Art der Fragestellungen als gute oder ungeeignete Beispiele herauszuarbeiten. Die so provozierten Antworten sind kenntlich zu machen und in ihrer Bedeutung fachlich zu kommentieren.

10.3 Dokumentation des Materials

Die allgemeinen Regeln wissenschaftlichen Arbeitens erfordern es, über die einzelnen Schritte von der Formulierung der Untersuchungsfrage, der Wahl und Entwicklung des Erhebungsinstruments über die Datenerhebung und -verarbeitung bis zur Interpretation und Formulierung der Ergebnisse Transparenz herzustellen. Dies bedeutet, die sozialen, örtlichen und theoretischen Bedingungen, unter denen die Daten erhoben wurden, nachvollziehbar zu dokumentieren. Das Postskript beschreibt die Rahmenbedingungen der Erhebung bezogen auf einzelne Interviews und Gruppendiskussion. Die empirischen Daten sind nach den üblichen Regeln zu dokumentieren. Eine Transkription bringt das aufgezeichnete Audio- oder Video-Material in eine lesbare Textform als Grundlage für die weitere Verarbeitung. Dieses Verfahren ermöglicht, den Evaluations- oder Forschungsprozess intersubjektiv nachzuvollziehen, und liefert die Datenbasis der Ergebnisse und Schlüsse.

10.3.1 Das Postskript

Der Begriff des Postskripts bedeutet wörtlich das „danach Geschriebene". Zeitnah, am besten gleich nach Interview oder Gruppendiskussion wird es von der Interviewperson angefertigt. Dies erscheint wesentlich, um flüchtige Informationen und Informationen, die nicht verbalisiert werden, zu sichern. Die zentrale Funktion besteht darin, die Bedingungen, unter denen die Daten erhoben wurden, näher zu beschreiben und nachvollziehbar festzuhalten. Die Beschreibungen von Ort und Raum, der anwesenden Personen, der zeitlichen Dauer, ggf. der Störungen sind Bestandteile eines Postskripts. Die reflektierten Wahrnehmungen zur Interviewperson und zur Atmosphäre, in der ein Interview stattfand, etwa wie ruhig, sachlich, ängstlich oder gehetzt, sind relevant.

Eindrücke von der interviewten Person, die Art der sozialen Interaktion im Interview und das (Gesprächs-)verhalten vor, während und nach dem Interview, mögliche Irritationen und Assoziationen zum Geschehen können von Interesse sein. Wahrnehmungen der Interviewperson, wenn sie zunächst auch unwichtig erscheinen mögen, können in der Verarbeitung der Daten eine Rolle spielen, um die kommunikative Situation einordnen zu können. Beobachtungen zu sozialen Interaktionen, Gestik, Köperhaltungen und andere Signale, die nonverbal kommuniziert wurden, werden registriert.

Über die detaillierte Beschreibung der Bedingungen hinaus können am Ende des Postskripts abgesetzt Vermutungen stehen, die sich während und nach dem Interview bei der Interviewperson entwickeln, und als erste Annahmen Eingang finden. Thesen zum relevanten Thema und zu Haltungen der interviewten Person, die angesprochen oder vielleicht vermieden wurden, sind zu formulieren. Der Umfang eines Postskripts kann entsprechend der angestrebten Differenzierung variieren.

Abschließend kann eine selbstkritische Einschätzung des eigenen Gesprächsverhaltens als Interviewer/in auf der Metaebene einen Platz im Postskript finden. Etwa Fehler in der Gesprächsführung, wie die zu interviewende Person nicht ausreden zu lassen oder suggestive Frageformulierungen, Missverständnisse und verpasste Chancen, etwa für Detaillierungsfragen, können reflektiert werden. Auch Schlüsselstellen als Wendungen im Gespräch können benannt werden. Diese Reflexion hat in Lehrforschungsprojekten eine besondere Bedeutung und sollte als ein eigener Kommentar erkennbar abgesetzt werden.

Das Postskript kann der Überprüfung des Interviewerverhaltens, der eigenen Gesprächsführung und des Instruments dienen. In der folgenden vierten Phase der Auswertung des erhobenen Materials kann es auch Hinweise zur Prüfung von Interpretationen enthalten.

10.3.2 Transkription und Transkriptionsregeln

Die Transkription des aufgezeichneten Materials aus den Interviews und Gruppendiskussionen stellt für alle halbstrukturierten qualitativen Verfahren die Basis der weiteren Verarbeitung und Auswertung dar. Der Vorgang der Transkription kann als eine „Verschriftlichung menschlicher Kommunikation, meist auf der Grundlage von Tonband- oder anderen Aufzeichnungen" beschrieben werden.[92] Das umfangreiche akustische Material, häufig zwischen 20 und 90 Minuten pro Interview lang, muss in eine lesbare Form gebracht werden.

---

92 Ludwig-Mayerhofer 2008.

Um die in Interviews und Gruppendiskussionen erhobenen Daten zu dokumentieren, lassen sich folgende Varianten der Dokumentation unterscheiden:

1) gedächtnisbasierte Auswertung, d.h. die Analyse geschieht auf der Basis des eigenen Gedächtnisses und der während des Interviews erstellten stichwortartigen Notizen;
2) protokollbasierte Analyse, d.h. es wird ein schriftliches summierendes Protokoll unmittelbar nach dem Interview erstellt;
3) bandbasierte Analyse:
   a) ein abgekürztes Transkript von ausgewählten Passagen wird angefertigt, das einen Teil des Originaltextes enthält und den Inhalt der Aufzeichnung ansonsten paraphrasiert:
   b) eine vollständige Transkription wird erstellt und eine transkriptbasierte Analyse vorgenommen.

Die Variante einer gedächtnisbasierten Auswertung ist, außer in ethnografischer Feldforschung, wo es gute Gründe dafür gibt, nur im Journalismus gebräuchlich. Die zweite Variante, das Arbeiten mit einem von der Interviewperson erstellten Interviewprotokoll, war im Vor-Computer-Zeitalter die Regel. Die protokollbasierte Form der Dokumentation ist heute, teils zu Unrecht, fast in Vergessenheit geraten. In der modernen rekonstruktiven Sozialforschung stellt sich somit die Entscheidung zwischen den letzten beiden Varianten. Soll man alles transkribieren, was relativ zeitaufwendig ist? Die Antwort hängt neben inhaltlichen Kriterien entscheidend auch von finanziellen Faktoren ab. Texte zu transkribieren, ist zeitaufwendig und verursacht Kosten. Wieviel Stunden für die Transkription eines Interviews anfallen, steht in Bezug zum gewünschten Genauigkeitsgrad einer Transkription. Auch für Transkriptionen nach einfacheren Regeln kann der benötigte Zeitaufwand leicht das Vier- bis Achtfache der Interviewzeit ausmachen. Sollen die Gleichzeitigkeit der Sprechenden sowie Dialektfärbungen und Intonationen dokumentiert werden, können Aufwand und Kosten sich vervielfachen. Häufig wird deshalb entschieden, selektiv vorzugehen und nach der Sichtung des gesamten Materials relevante Teile für eine Teiltranskription auszuwählen.

10.3.2.1 Transkriptionsregeln
Wie die gesprochene Sprache in eine fixierte Form übertragen werden soll, dazu existieren verschiedene Transkriptionsregeln. Solche Regeln legen systematisch einen Grad der Genauigkeit fest, in der die Aufzeichnung in eine schriftliche Textform umgewandelt werden soll. Da es zu Informationsverlusten kommt, ist zu entscheiden, ob bzw. welche nach dem Ziel und Zweck der Analyse hinnehmbar sind und welche nicht. Einzelne Transkriptionsregeln unterscheiden

sich vor allem dadurch, ob und wie verschiedene Merkmale des Textes in der Übertragung berücksichtigt werden. Solche Merkmale sind u.a.:

- sprachliche Betonungen und Dehnungen von Worten,
- Dialektfärbungen,
- Lautstärke,
- Sprechpausen mit ihren Längen,
- Überlappungen zwischen den Äußerungen verschiedener Sprecher/innen,
- Gestik, Mimik und nonverbale Äußerungen, wie Brummen, Lachen, Hüsteln,
- unverständliche oder nur zum Teil verständliche Äußerungen.

Als ein nicht allzu aufwendiges Beispiel für die Transkription von Interviewmitschnitten können folgende Vereinbarungen angesehen werden:

Die unmittelbare Übernahme aller verbalen Äußerungen ohne grammatikalische oder sonstige Korrekturen gilt. Es findet eine konventionelle orthografische Verschriftung statt. Dialekt (bzw. gebrochenes Deutsch) wird in einer hochsprachlichen Form transkribiert.

Beispiel für Transkriptionsregeln	
I.:	Abkürzung für Interviewer/in (I 1 bzw. I 2 bei zwei Interviewer/innen)
P.:	Abkürzung der interviewten Person
(lange Pause)	Absetzen einer sprachlichen Äußerung, evtl. in Sekundenangabe z.B. 3 Sek. Pause
/eh/ehm	„Planungspausen"
(laut oder leise)	Erklärungen, die bei Verschriftung wichtig sind, in einfache Klammern
(Ereignis)	nichtsprachliche Handlungen, z.B. (Schweigen) (zeigt auf ein Bild)
(lachend)	Begleiterscheinungen des Sprechens z.B. (erregt), (verärgert)

jaaa	Dehnung (Je mehr Vokale aneinandergereiht sind, desto länger die Dehnung)
s i c h e r	gedehntes Sprechen
(…)	unverständlich, deswegen Auslassung
(so schrecklich?)	nicht genau verständlich, vermuteter Wortlaut
[…]	Auslassung durch die transkribierende Person bei Teiltranskriptionen zu vereinbarten Passagen
[mhm]	abwartende Zustimmung – Ermunterung des Interviewers, weiter zu sprechen

10.3.2.2 Technische Hinweise und Dateiformat der transkribierten Texte
Sind die Transkriptionen erstellt, werden sie häufig zur Analyse mit einer entsprechenden Software am Computer eingelesen, codiert und nach bestimmten Kriterien und Verfahren ausgewertet. Gemeinsame Vereinbarungen sind in einem arbeitsteiligen Forschungsprojekt einer Gruppe wichtig. Sie sind unbedingt zu beachten, um den Austausch und die stringente Bearbeitung der Daten in aufbauenden Schritten und Phasen nicht zu gefährden. Die Standards, etwa zu vereinbarten Dateiformaten, Schriftarten oder (Computer-)Programmen, stellen technisch eine reibungslose Weiterverarbeitung der Daten sicher. Ansonsten kann es zu Problemen und erheblichem Mehraufwand in der digitalen Weiterverarbeitung kommen.

Zur Transkription von Interviews und Gruppendiskussionen können übliche Programme zur Textverarbeitung, wie Microsoft Word oder die freie Software Open Office in aktuellen Versionen verwendet werden. Wenn die Weiterverarbeitung mit einer Analyse- und Auswertungssoftware beabsichtigt ist, gilt es spezifische Standards dafür im Blick zu haben. In dem folgenden Beispiel geht es um die weitere Verarbeitung mit dem Programm MAX QDA in den Versionen 2007 bzw. 2010:

- *Datei:* Die Textdatei des transkribierten Interviews soll als Datei im RTF-Format in Arial und möglichst ohne weitere Formatierungen, wie einrücken, fett machen etc. oder auch digitale Codierungen des Aufzeich-

nungsgeräts, gespeichert werden.[93] Die Datei kann in eine entsprechende Software (i.e. das Programm MAX QDA) eingelesen und dort weiter bearbeitet, u.a. codiert, werden (vgl. Kategorienbildung als Codings).
- *Dateibezeichnung:* In einer Forschungsgruppe sollten gemeinsam vereinbarte Dateibezeichnungen verwendet werden, z.B. [lfd. Interviewnummer] und weitere „sprechende Abkürzungen" zur Zuordnung, wie Geschlecht, Ort, Alter, Bildungs- oder Migrationshintergrund z.B. [W_Ort_18_Interviewer_Bildung]. Diese Kürzel und die Bezeichnungen der Interviews sind in einer Gesamtliste aller Interviews des Projekts zu führen.
- *Abkürzungen im Text:* Im transkribierten Interview ist auf einheitliche Abkürzungen zu achten, wie für die Interviewer/innen (I1 oder I2) und die befragte Person (P). Zur Verschriftlichung von Interviews werden bestimmte Regelungen vereinbart, die am jeweiligen Forschungs- und Auswertungsinteresse auszurichten sind.

Ein Alltagsgespräch in einen Schrifttext zu Papier zu bringen, sollte möglichst inhalts- und situationsgetreu geschehen. Es gilt zu klären, ob nonverbale Informationen, wie Pausen, Weinen oder Lachen zu erfassen sind. Je nach Untersuchungszweck kann die Transkription dazu mehr oder weniger umfassend solche Informationen enthalten. In mehreren Schritten, die Sorgfalt und Übung erfordern, ist das Interview von der auf Band aufgezeichneten Audioform in eine schriftliche zu übertragen. Zuerst ist dem Inhalt des Interviews folgend das Gehörte zu übertragen. In einer zweiten Bandkontrolle können mögliche Tipp- oder Hörfehler korrigiert und fehlende Aspekte ergänzt werden. Zuletzt ist das Transkript noch einmal auf Unstimmigkeiten zu lesen.

10.3.3 Transkription und Auswertung von Gruppendiskussionen

Die allgemeinen Hinweise zu Transkription und Transkriptionsregeln für qualitative Interviews können auch für Gruppendiskussionen Geltung beanspruchen und dort angewendet werden. Das Transkript soll als unformatierte Textdatei im DOC- oder RTF-Format abgespeichert werden, wenn eine weitere Bearbeitung etwa mit MAX QDA (2007 oder 2010) erfolgen soll.

Als strukturelle Besonderheit ist allerdings die kommunikative Situation zu beachten, da an der Gruppendiskussion mehrere Personen teilnehmen. Der Grup-

---

93 Hyperlinks in transkribierten Textdateien, etwa digitale Signaturen in Texten, die mit dem Audiotranskriptionsprogramm Programm F 4 erzeugt wurden, verursachen in der Weiterverarbeitung mit MAX QDA erhebliche Formatierungsprobleme. Deswegen ist darauf zu verzichten oder nachzubearbeiten und nur passende Dateien sind in MAX QDA zu importieren.

pendiskurs, der interaktive Prozess und der Kommunikationsstil zwischen den Akteuren sind hier relevant. In Form der Tonbandaufzeichnung wird eine personale Zuordnung der einzelnen Diskussionsbeiträge relativ schwer. Eine Videoaufzeichnung zur Dokumentation, unterstützt mit Namensschildern der Akteur/innen, erleichtert eine Zuordnung von Beiträgen in der Transkription.

Insbesondere sind die weiteren Hinweise zur Auswertung zu beachten: Ausgehend von einer (video-)bandbasierten Analyse kann, wenn es dem Forschungsinteresse entspricht, ein gekürztes Transkript von ausgewählten Passagen angefertigt werden. Dies enthält einen Teil des Originaltextes und paraphrasiert die anderen Inhalte der Aufzeichnung. In der Dokumentation und der sich anschließenden Auswertung der transkribierten Daten sind folgende Schritte und spezifischen Möglichkeiten zu berücksichtigen:

1) Die anwesenden Akteur/innen können mit ihren Rollen in einem Verzeichnis mit anonymisierenden Abkürzungen erfasst werden.
2) Wesentliche Passagen, Inhalte und Themen des Gesprächs sind in der Ablaufstruktur zu erfassen und festzuhalten.
3) Dazu sind Ankersätze und entsprechende Original-Passagen als Belegzitate zu verwenden und den Akteur/innen zuzuordnen. Mit Anführungszeichen „…." (Akteur x) werden die Zitate kenntlich gemacht. Unterschiedliche Positionen der Teilnehmenden sind auszuweisen und zu belegen.
4) Es ist zu prüfen, welche Themen und Inhalte nicht oder kaum im Gespräch vorkommen. D.h. nicht nur was gesagt, sondern auch, was nicht gesagt wurde, ist wichtig für eine Interpretation.
5) Zu jedem inhaltlichen Block des Leitfadens soll ein zusammenfassender Kommentar als Interpretation verfasst werden. Kommentare sind im Schriftbild abzusetzen.
6) Zentrale Aussagen der Gruppendiskussion, etwa Konsensaussagen oder differente und strittige Positionen, sind in Form von Thesen zu bündeln.
7) Analyse: Kommunikationsstrukturen und Rollen zwischen den Akteur/innenen sind zu beachten, etwa wenn ein Akteur bei einer Frage und neuen Themen (immer) beginnt oder wenn bestimmte soziale Konstellationen sich abzeichnen, z.B. als Kontrahent/innen oder als gegenseitige Unterstützer/innen, oder wenn jemand dazu neigt, eine vermittelnde Position einzunehmen.
8) In der Auswertung kann dazu ein Soziogramm erstellt werden, das die Akteur/innen in ihren Rollen und mit ihren Interaktionen abbildet.
9) An den Schluss ist ein Postskript zu stellen.

Als Beispiel für die Punkte 3 bis 5 kann die Auswertung eines Codes aus Sportlerinterviews im Projekt des Olympiastützpunkts in Kapitel 12.5 herangezogen werden.

10.3.4 Fragen zur Selbstkontrolle

1) Welche Bedeutung hat ein Postskript? Klären Sie die Inhalte eines Postskripts. Wann und wozu wird es angefertigt?

2) Die Rohdaten eines Interviews müssen dokumentiert werden. In welchen Varianten lassen sich Interviews dokumentieren? Welche Form zu dokumentieren ist für die qualitative Forschung zeitgemäß und für die weitere Verarbeitung von Interviews die gebräuchlichste? Was ist dazu notwendig?

3) Welche Bedeutung kommt Transkriptionsregeln im Forschungsprozess zu? Woran lassen sich die wünschbare Genauigkeit von Transkriptionsregeln in einem Projekt klären?

4) Mit welcher Begründung können Teile des Textmaterials aus einem Interview ausgewählt werden, um sie (nicht) zu codieren und in der weiteren Auswertung (nicht) zu berücksichtigen?

5) Welche Besonderheiten sind bei der Transkription und der Auswertung von Gruppendiskussionen zu beachten?

10.4 Datenverarbeitung und Auswertungsverfahren

Die Auswertung empirisch erhobener Daten geschieht in einem näher zu bestimmenden theoretischen Horizont und mit entsprechendem methodischen Vorgehen. In einem Projekt oder einer Studie ist eingangs ein theoretischer Rahmen für das Verfahren zu klären. Die Wahl von geeigneter Theorie und Auswertungsverfahren hängt u.a. vom Forschungsgebiet, von vielfältigen Rahmungen eines Projekts, der Fragestellung und nicht zuletzt von Vorlieben, Ausbildung und Erfahrungen der durchführenden Wissenschaftler/innen ab.

In der Literatur finden sich zu Theorien und Auswertungsverfahren qualitativer Daten verschiedene Konzepte, die im einzelnen mehr oder weniger stringent klären, wie vorzugehen ist. Als prominente Verfahrensweisen können hier die von Barney Glaser und Anselm Strauss entwickelte Grounded Theory, die Narrationsanalyse nach Fritz Schütze, die objektive Hermeneutik nach Ulrich Oevermann, die qualitative Inhaltsanalyse nach Philipp Mayring, die Diskursanalyse nach Keller und Jäger und die dokumentarische Methode nach Ralf Bohnsack gelten.[94]

Gemäß dem roten Faden dieser Einführung geht es hier nicht darum, alle diese Methoden und ihr Procedere im Einzelnen vorzustellen. Dazu wird die Leserschaft auf die umfangreiche Fachliteratur verwiesen. Im Folgenden wird vielmehr passend zum pragmatischen Interesse des Bandes eine eigene Version der inhaltsanalytischen Auswertung mit einzelnen Schritten als ein anwendbares Verfahren beschrieben. Die Formulierung von Ergebnisthesen mit Ankerzitaten sowie einem Kommentar dazu wird an Beispielen in einem inhaltsanalytischen Vorgehen dargestellt. Das dargestellte Verfahren nimmt Bezug auf die Inhaltsanalyse nach Mayring. Die Schritte der Datenverarbeitung und Auswertung werden in der praktischen Umsetzung unter Verwendung des Computerprogramms MAX QDA (2007 und 2010) beschrieben.

10.4.1 Datenformat und sprechende Bezeichnungen

Wenn die Interviews transkribiert sind, kann die Vorbereitung der inhaltlichen Auswertung beginnen. Alle Interviewtexte werden mit laufenden Nummern oder sog. sprechenden Bezeichnungen versehen. Sprechende Bezeichnungen bedeuten, für die einzelnen Interviews Dateinamen mit Abkürzungen zu verwenden, die soziodemografische oder andere relevante Merkmale repräsentieren, etwa das Geschlecht, die Sportart, das Alter, ein Migrationshintergrund, die Verbandsmitgliedschaft etc. – z.B.: w_triathlon_22.rtf. Das bietet mehrere Vorteile in der weiteren Auswertung. Einmal geschieht eine Anonymisierung, die in der Phase der internen Verarbeitung über eine Interviewerliste immer noch zurückverfolgt werden kann, wenn dies notwendig erscheint, weil Fragen auftreten. Zum Anderen weisen diese Angaben bereits auf relevante Überlegungen zu Gruppen und Vergleiche von Aussagen hin. In der Auswertung und Zusammenfassung von Belegzitaten nach Codes/Kategorien ist die Herkunft des Ankersatzes über die sprechenden Bezeichnungen leicht nachvollziehbar. Querverbindungen oder Ähnlichkeiten von Gruppen nach ihren Antworten, Einstellungen und Deutungen können so untersucht werden. Die benannten Dateien werden im RTF-Format in das Programm MAX QDA eingelesen. Das Programm bietet die Möglichkeit, je

---
[94] Glaser/Strauss 1965; Strauss 1991; Schütze 1987; 1993; Oevermann 2001; Mayring 2002; Keller 2003; Jäger 2004; Bohnsack 2008.

nach Projekt Gruppen von Interviews nach selbst zu erstellenden Kriterien, wie Sportart, Geschlecht, Alter, Migrationshintergrund etc., zu bilden.

10.4.2 Kategoriensystem und Codierung

Die inhaltliche Auswertung beginnt mit der Codierung von Textstellen aus allen Interviews nach einem Kategoriensystem (Codes in MAX QDA). Dies stellt eine Fokussierung auf relevante verschriftlichtete Daten aus der breiteren Datenbasis des gesamten Roh- oder Interviewmaterials dar. Jedes Interview wird dazu gemäß eines gemeinsamen Kategoriensystems, den sog. Codes der Forschungsgruppe, in der Regel von dem/der Interviewer/in selbst codiert. Die einzelnen Sinn-Kategorien (Codes) werden vorher in der Forschungsgruppe anhand des Forschungsinteresses, an reflektierten Erkenntnissen aus den Interviews, an den Annahmen im Projekt und den einzelnen Fragebereichen des Leitfadens gebildet.

Diese Kategorien werden in der Software MAX QDA als zentrale Zuordnungsstruktur des Projekts für alle Interviews, bevor diese eingelesen werden, eingerichtet. Eine spätere Veränderung an den Kategorien/Codings, etwa um weitere Codings zu ergänzen, ist möglich. Eine alphabetisch strukturierte Ordnung der Codings mithilfe vorangestellter Buchstaben und einer jedem Coding zugeordneten Farbe hat sich in der Bearbeitung bewährt. Das folgende Beispiel zeigt ein Kategoriensystem der Konzeptevaluation am Olympiastützpunkt Freiburg, bei der junge Sportler/innen mit leitfadenzentrierten Interviews befragt wurden (vgl. dazu Anlage 11.3, 12.3–12.5):

A_Sport
B_Familie
C_Schule
D_Freunde-peers
E1_Internat
E2_Internat
F1_Gegenwart
F2_Zukunft
G_Bilanz

Der Vorgang des Codierens bedeutet, in jedem akzeptierten und eingelesenen Interview die inhaltlich passenden Textpassagen der Befragten zu einer Kategorie zu markieren. Ein Textausschnitt kann auch mehreren Codes nacheinander zugeordnet werden. Diese Zuordnung durch das Codieren geschieht, indem Textteile der Antworten, meistens zusammen mit der Interviewerfrage, mit dem jeweiligen Code markiert werden. Die zur Kategorie inhaltlich passende Passage ist im transkribierten Text des Interviews zu identifizieren und dem oder auch den Kategorien/Codes zuzuordnen.

Ein praktischer Hinweis: Dies ist im ersten Schritt nicht nur für manche Anfänger/innen leichter an einer ausgedruckten Papierversion, also mit „paper-and-pencil" als Vorbereitung zu bewerkstelligen. Das transkribierte Interview, in gedruckter Version und in relevanten Passagen markiert, wird dann am Bildschirm und mit Software den Codes zugeordnet. Inhaltliche Fragen oder Unklarheiten lassen sich auf diese Weise vor Eingabe am Computer gut ausmachen und ggf. in Rücksprache klären. Diese Codierung geschieht mit allen Interviews, die zur Verfügung stehen und für eine Auswertung geeignet sind.

Mit Blick auf die weitere Verwendung der kodierten Textausschnitte ist darauf zu achten, dass die gewählten Textstellen treffend und nicht zu knapp markiert werden. Es sollen keinesfalls sog. Textschnipsel entstehen, die aus dem Zusammenhang gerissen später kaum noch angemessen zu interpretieren sind. Am besten sollte die gestellte Frage dazu markiert werden. Es soll nicht nur ein einzelner Satz oder gar ein Teilsatz codiert werden, der verständnisnotwendige Kontext muss mitgenommen werden. Wichtig ist dies auch, um erkennen zu können, wann eine originäre Frage im Interview durch eine Detaillierungsfrage erweitert wurde. Schwächen oder Fehler im Gesprächsverhalten der Interviewer/innen, wie Suggestivfragen, das Anbieten von Alternativen oder eigenen Skalen, bleiben so der kritischen Reflexion in der Interpretation des Textes zugänglich.

Das bereits oben zur Gesprächsführung dokumentierte Beispiel aus Interviews mit Nachwuchssportler/innen am Olympiastützpunkt (siehe Kapitel 10.2.2.2) kann verdeutlichen, was passieren kann, wenn eine Gesprächssequenz zu eng codiert wird. In dem Interviewausschnitt wird neben dem bereits erwähnten problematischen Gesprächsverhalten – suggestive Frageform, kaum Zeit zu geben, die Antwortoptionen „Vater und Bruder" vorzuschlagen – auch die Bedeutung einer angemessenen Codierung deutlich. Der Aspekt des Mannschaftssports wird benannt und erst am Ende wird Fußball als eine Normalität beschrieben, die im Leben einfach da war. Inwiefern sie in der Familie und Nachbarschaft auch da war, wird durch die Detaillierungsfrage gut deutlich. Wäre nur eine Teilsequenz codiert worden, wären möglicherweise wesentliche Informationen verloren gegangen.

Ein weiteres gelungenes Beispiel aus dem Projekt mit den jungen Sportler/innen mit zwei Belegzitaten zeigt, wie codierte Stellen aus einem Interview und einem Code noch erkennbar zuzuordnen sind:

> **Fußball\Interview 8**
> **Code: D_Freunde-peers**
>
> I 1: Ja, sehr schön. OK und wenn du jetzt an die Zeit vorm Internat denkst, wie hast du da deine Freizeit so verbracht, also in Bezug auf deinen Freundeskreis zum Beispiel?
> P: Ja, es war halt eben schon … das Jahr davor war ich in C. oder … OK… ähm ja … in C. war es noch nicht so, also es war auch schon klar Leistungssport durch die erste Bundesliga, aber hier in F. hatten wir … haben wir auch viel mehr Training und dementsprechend hatte ich auch in C. viel mehr Zeit. Die Schule, ich war als … war 11. Klasse, natürlich noch nicht so Kollegstufe.
> I 1: Noch nicht so anspruchsvoll?
> P: Ja, genau und da hat' ich auch mehr Zeit, ja.
> I 1: Und wie hat sich dein Freizeitverhalten jetzt im Hinblick auf die Zeit vor'm Internat verändert?
> P: Ja, also, ich leb strukturierter. Also, alles ist sehr … ähm … durchgeplant, aber ich fahr damit ganz gut, also, das muss auf jeden Fall so sein, ich bin so ein Typ.
> I 1: OK und wie hältst du dann den Kontakt zu deinen früheren Freunden?
> P: Ja, durchs … vor allem durchs Internet, SMS und ja.
>
> **Fußball\Interview 8**
> **Code: D_Freunde-peers**
>
> P: Ja, aber ich hab' mir jetzt hier schon 'nen Freundeskreis aufgebaut, also wir treffen uns auch oft in der Stadt, an der Dreisam…

Das auf diese Weise codierte Interview-Material wird zur weiteren Auswertung der codierten Textstellen mit MAX QDA aus allen Interviews zusammengefasst und zur Auswertung an sog. Interpretationsgruppen gegeben. Die Gruppe arbeitet zu einer inhaltlichen Kategorie anhand des Materials aus allen Interviews. In der mehrmaligen Sichtung werden relevante Themen identifiziert und Thesen

10.4. Datenverarbeitung und Auswertungsverfahren

dazu fomuliert. Zentrale Aussagen zur Kategorie werden am Ende in einen Kommentar zusammengefasst. Die Gruppe nimmt interpretative Auswertungen vor.

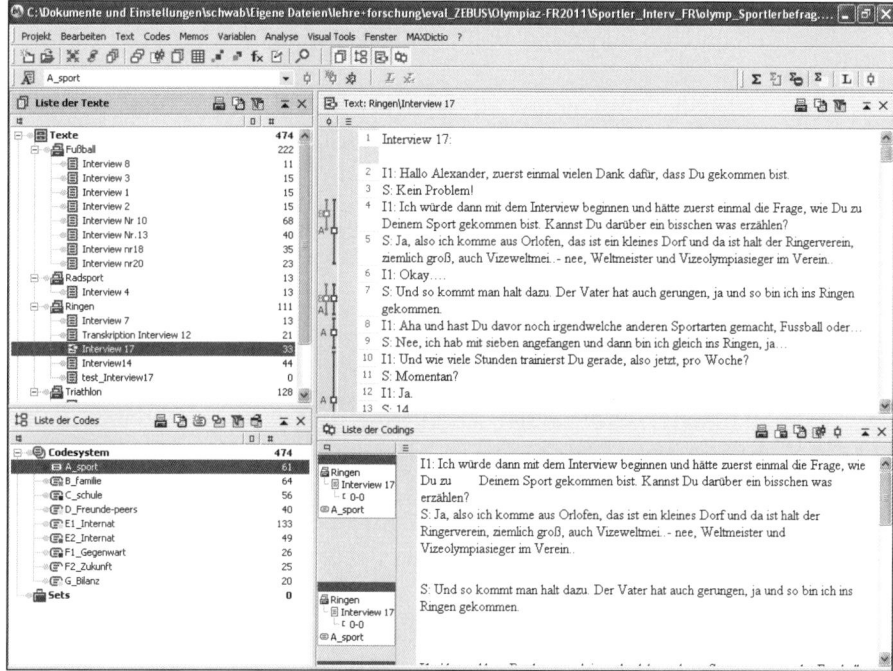

Abb. 35: Interviews codieren im Programm MAX QDA

In mehreren Schritten werden die transkribierten Daten der Interviews strukturiert, zugeordnet und ausgewertet:

1) Im Einzelinterview wird zuerst in MAX QDA nach inhaltlichen Kategorien codiert. Es ist darauf zu achten, die codierten Textstellen ausreichend lang zu markieren. Dies ist wesentlich, damit die später zusammengestellten Codings aus allen Interviews aus ihrem Zusammenhang heraus verständlich bleiben.
2) Die Sinn-Kategorien (Codings) werden über alle Interviews als markierte Textstellen (Zitate) zusammengezogen und ausgedruckt. Etwa als A_Ziele, G_Werte, etc. Einzelne Textstellen können durchaus mehreren Codings zugeordnet werden.
3) Die Komplexität des Materials wird reduziert, indem Thesen formuliert, mit Ankersätzen (Zitaten) belegt und Inhalte so gebündelt werden. Dabei soll darauf geachtet werden, dass es in der qualitativen Sozialforschung zunächst keinen Anspruch auf eine Repräsentativität des Materials gibt. Repräsentativi-

tät müsste ggf. in einer quantitativen Studie mit einer ausreichenden Anzahl, ab mindestens 100 Befragten, hergestellt werden. Vielmehr sollen qualitativ die Einstellungen, Sichtweisen, Erklärungen deutlich und verstehbar werden. Dies kann in Thesen formuliert und unter den Perspektiven des Normalen, des Besonderen und des Interessanten für die Frage wiedergegeben werden.

Um eine arbeitsteilige Auswertung zu ermöglichen und die Qualität der Ergebnisse des Forschungsprojekts sicherzustellen, sind Standards in einer Forschungsgruppe unabdingbar. Als Modell dient die folgende Checkliste, die Hinweise zu Formatierung, Import und Bearbeitung der einzelnen Dateien und transkribierten Interviews umfasst

Checkliste Textformatierung und Codierung

- Die transkribierten Texte sind in Schrift „Arial 12 Punkt" zu schreiben.
- Als ein importfähiges Dateiformat ist RTF zu wählen. Andere Formate, wie DOC- oder ODT-Dateien sind vor dem Import in MAX QDA unter Word oder Open Office entsprechend als RTF abzuspeichern.
- Die Datei jedes Interviews ist nach einem vereinbarten System zu benennen.
- Im Text des Interviews stehen oben zu Beginn die (beiden) Namen der Interviewer/innen (I 1 und I 2) und der interviewten Person (P) mit einer Ortsangabe. Wenn Sie eine Textdatei in MAX QDA importieren wollen, darf diese nicht gleichzeitig in einem anderen Programm geöffnet sein. Der Import von Texten in MAX QDA ist intuitiv einfach zu erfassen, man klickt den RTF-Text oder mehrere im Windows Explorer an und zieht sie mit der Maus in die Liste der Text hinein.
- Um einen Text ansehen und bearbeiten zu können, muss er ins Fenster des Text-Browsers geladen werden. Dies geschieht entweder durch einen Doppelklick im Fenster „Liste der Texte" mit linker Maustaste auf den Textnamen oder mit der rechten Maustaste und Auswahl aus dem Kontextmenü. Weitere Hinweise dazu sind im Tutorial von MAX QDA zu finden.

Ein Software-Hinweis zu MAX QDA: Eine Bezeichnung der unter MAX QDA zu importierenden Interviewdaten oder eine Projektdatei, die alle importierten Interviews und Codierungen bereits umfasst, sollte keine Sonderzeichen oder Unterstriche enthalten. Dies ist eine Voraussetzung, um sie ohne technische Schwierigkeiten in MAX QDA exportieren und importieren zu können.

10.4.3 Qualitative Inhaltsanalyse nach Mayring

Eine Auswertung der erhobenen Daten muss in der Logik des gewählten theoretischen Denk- und Forschungsansatzes geschehen. Der explorierende Ansatz der qualitativen Forschung ist darauf orientiert, die Vielfalt an persönlichen Interpretationen und Einstellungen abzubilden und die individuellen Sinn-, Deutungs- und Verstehensmuster der Befragten nachvollziehbar zu machen. Dies erfordert, den Variantenreichtum an erhobenen Antworten vollständig zu erfassen und in der Auswertung zugänglich zu machen. Es ermöglicht somit eine differenzierte Wahrnehmung der sozialen Realität, ohne die Häufigkeit der Nennungen zum entscheidenden Kriterium zu machen. In der Forschungslogik klassisch weitergedacht, kann dies z.B. als eine optimale Grundlage in Form einer explorativen Vorstudie dienen. Dies ermöglicht für eine sich anschließende quantitative Befragung mit einem standardisierten Fragebogen, anhand der Auswertung zutreffende und möglichst umfassende Items für die geschlossenen Antwortoptionen zu entwickeln. Das Kriterium der Vollständigkeit, d.h. möglichst alle relevanten Informationen und Varianten zu dokumentieren, erscheint im qualitativen Ansatz als wesentlich, allerdings nicht die zahlenmäßige Auswertung nach Häufigkeiten.

Die qualitative Inhaltsanalyse stammt aus der Kommunikationswissenschaft und hat sich neben Befragung und Beobachtung zu einem wichtigen und weitverbreiteten Instrument der Erhebung sozialer Wirklichkeit entwickelt. Auf der Basis von Texten, und Videoaufzeichnungen, z.B. aus Gruppendiskussionen und Interviews, von Bildern, Filmen, TV- und Radio-Sendungen kann mit der Methode der Inhaltsanalyse ausgewertet werden. Die relevanten Kommunikationsinhalte werden transparent nach festgelegten Regeln den einzelnen Inhalts-Kategorien oder Dimensionen zugeordnet. Die Kategorien können entweder an einer dem Forschungsprojekt zugrunde liegenden Theorie deduktiv oder am jeweiligen Datenmaterial und Forschungsinteresse induktiv gebildet werden. Beim induktiven Vorgehen wird nach der Sichtung des Materials ein System von Kategorien festgelegt, anhand dessen durch interpretative Techniken der Zusammenfassung, Explikation und Strukturierung bedeutsame Aussagen aus dem Text herausgefiltert werden. Die Codierung des Materials, also die Zuordnung von Inhalten zu einer Kategorie, erfolgt nach klaren und transparenten Regeln.

Bei der Analyse des Materials von Einzelinterviews und Gruppendiskussionen wird häufig das Instrumentarium der Inhaltsanalyse eingesetzt. Für jede Dimension wird eine Analysekategorie entwickelt, der inhaltlich passendes aus dem vorliegenden Material zugeordnet wird. Eine quantitative Inhaltsanalyse hingegen nimmt auf dieser Basis eine statistische Auswertung vor, z.B. als ein Gruppen- oder Zeitvergleich.

Die qualitative Inhaltsanalyse als methodisch kontrollierte Textauswertung bezieht sich auf die Kommunikationsinhalte; sie kann aber auch Inhalte, die nicht explizit ausgesprochen werden, einbeziehen. In einer systematischen Interpretation wird die inhaltliche Bedeutung von Aussagen ermittelt, ohne das Material auf quantifizierbare Aussagen zu reduzieren. Um nicht beliebig frei zu interpretieren sind folgende Kriterien bei einer qualitativen Inhaltsanalyse besonders im Blick:

- *Einordnung in ein Kommunikationsmodell:* Es soll festgelegt werden, was das Ziel der Analyse ist. Die Variablen des Textproduzent/innen, deren Erfahrungen, Einstellungen, Gefühle, der Entstehungssituation des Materials, des soziokulturellen Hintergrunds, der Wirkung des Textes sollen bewusst gemacht werden.
- *Regelgeleitetheit:* Das Material wird in Analyseeinheiten zerlegt und in diesen schrittweise bearbeitet.
- *Arbeiten mit Kategorien:* Die Analyseaspekte werden in begründete Kategorien gefasst, die im Lauf der Auswertung überarbeitet werden können.
- *Gütekriterien:* Das Verfahren soll intersubjektiv nachvollziehbar sein; es soll die Ergebnisse mit anderen Studien vergleichbar machen und Reliabilitätsprüfungen einbauen.[95]

10.4.4 Ein inhaltsanalytisches Verfahren – Ergebnisthesen, Ankerzitate und Kommentar

Dem pragmatischen Anliegen des Bandes folgend wird hier eine weitere, eigene Version der inhaltsanalytischen Auswertung mit den einzelnen Schritten als ein anwendbares Verfahren beschrieben. Der erste Schritt einer Inhaltsanalyse ist, das erhobene und dokumentierte Interview zu sichten, die Texte zu lesen und sich eine kritische Einschätzung von der Verwertbarkeit des Materials zu verschaffen. Das Postskript kann Hinweise zu möglichen Ansatzpunkten und zum Verständnis der Aussagen liefern. Die Transkription des Interviews ist auf weitere Verwendbarkeit in der Auswertung zu prüfen. Auf folgende Kriterien sollte bei der Sichtung besonders geachtet werden:

- die Art der Interviewführung und Fragestellungen des/der Interviewer/in,
- unklare Aussagen und Passagen der interviewten Person,

---

95 Vgl. Przyborski/Wohlrab-Sahr 2010, 353.

- etwaige widersprüchliche Aussagen und Positionen der interviewten Person an verschiedenen Stellen des Interviews.

Suggestive Fragestellungen der Interviewer/innen sind zu markieren und Antworten darauf im transkribierten Material entweder gar nicht oder nur nach weiterer Prüfung zu verwenden. So ist zu klären, ob Antworten auf suggestive Fragen im Verlauf des Interviews und im Abgleich mit anderen Stellen als plausibel einzustufen oder als durch die Frage induziert anzusehen sind. Im zweiten Fall könnten diese Stellen als Interviewerfehler gelten und dürfen nicht verwertet werden.

Relevante Ergebnisse zur Forschungsfrage als Kernaussagen der Interviews werden in der qualitativen Sozialforschung an empirisch gewonnenen Daten gebildet und müssen den Regeln entsprechend belegt werden. Solche Kernaussagen bündeln beschreibend verhaltens- oder einstellungserklärende Aspekte. Die zu Thesen komprimierten Aussagen machen die Verhaltens- und Sichtweisen, eine Einstellung oder Orientierung der interviewten Personen verstehbar. Das gesamte Interviewmaterial wird nach der Sichtung auf zentrale Aussagen reduziert. Als einen Zwischenschritt schlägt Mayring in seiner Inhaltsanalyse die Paraphrasierung der Originalaussagen vor.[96]

Gemäß der Forschungsfrage, bedeutsamen Aspekten und den zum Teil vorab nach den Fragen gebildeten Kategorien sowie in der offenen Auseinandersetzung mit dem vorliegenden Material werden Erkenntnisse in Thesen als Kernaussagen formuliert. Die subjektive Differenzierung und Originalität, das Erklärende und das Spezifische ist in den Kernaussagen unbedingt zu erhalten und abzubilden. Die Vielfalt der Optionen aus Sicht der befragten Personen ist angemessen zu rekonstruieren. Die einzelnen Kernaussagen in den Ergebnisthesen über alle Interviews einer Gruppe von Befragten formuliert, müssen demnach keineswegs nach ihren Bedeutungen zueinander konsistent sein. Diese Ergebnisthesen stellen keine Mehrheitsaussagen dar. Die Häufigkeit über alle Befragten bei den Aussagen steht im Sinne der qualitativen Sozialforschung nicht im Vordergrund. Entsprechend sollte man quantitativen Formulierungen von Ergebnisthesen eher zurückhaltend und kritisch gegenüberstehen.

Die Kernaussagen als Ergebnisthesen können Zusammenhänge beschreiben, die sich auf zwei oder mehr Variablen beziehen. Als Belege für eine gewonnene These dienen Zitate, sog. Ankersätze, die aus dem transkribierten Material stammen. Eine Ergebnisthese wird so knapp wie möglich und so umfassend wie nötig

---

96 Vgl. Mayring 2002.

gefasst. Die Thesen sollen eindeutige und einfache Aussagen formulieren. Bei der Ausarbeitung von Thesen ist auf prägnante, kurze und klare Sätze zu achten.

Gelungene ebenso wie einige weniger gelungene Beispiele zur Erarbeitung von Kernaussagen in Ergebnisthesen finden sich in den folgenden Beispielen. Die Aussagen und Ergebnisthesen sind verschiedenen Projekten und Studien entnommen, u.a. der genannten Befragung junger Sportler/innen am Olympiazentrum Freiburg und einem im Weiteren ausgeführten Projekt zur Untersuchung der Filmrezeption bei jungen Erwachsenen. Hinter der Ergebnisthese ist kenntlich gemacht, wie die Formulierung der These eingestuft wird:

1) „Die jungen Sportler sind mit ihren alltäglichen Lebensumständen im Sportinternat überwiegend zufrieden" *(gelungen)*.
2) „Die Athleten kommen mit ihren Zeiten für Schule und Sport klar. Eine Minderheit der Athleten sieht im Trainingsplan eine zu enge Zeittaktung" *(zweiter Teil quantitativ, eher schwierig)*.
3) „Filme sind als ein Zeitvertrieb und zur Unterhaltung wichtig, wenn Menschen allein sind" *(gelungen)*.
4) „Ehemals in Jugendverbänden aktive Jugendleiter sind später häufiger in Parteien engagiert" *(diese Aussage mag an der Auswahl der Interviews stimmen, müsste aber, um allgemeingültig und repräsentativ zu sein, ggf. quantitativ überprüft werden)*.
5) „Aus der Sicht erfahrener Mitarbeiter bringt das Netzwerk Fr. H. nichts Neues. Allerdings wird ein Gewinn in der allgemeinen Sensibilisierung von Stellen und der erhöhten politischen Aufmerksamkeit gesehen" *(gelungen)*.
6) „Nichtmedizinische Professionen haben Schwierigkeiten, gegenüber Vertretern des medizinischen Systems ihr berufliches Selbstverständnis klarzumachen. Gewinnbringend wird allerdings gesehen, unterschiedliche professionell geprägte Verständnisweisen zu verstehen und sich im Netzwerk kennenzulernen" *(gelungen)*.

Im Folgenden wird das Vorgehen exemplarisch an einem Projektbeispiel zur Erarbeitung von Kernaussagen in Form von Ergebnisthesen gezeigt. Die Forschungsfrage des gewählten Projekts zur Filmrezeption lautet: Welche Bedeutungen haben Filme im Alltag der jungen Menschen? Wie lassen sich Umgang und Rezeption von Filmen bei Jugendlichen und jungen Erwachsenen rekonstruieren und verstehen?

Modell einer Einzelinterview-Auswertung mit Hinweisen zur Erstellung eines Thesenpapiers

Zu beachten sind auch die Hinweise zu Leitfaden, Kategorien und zur Auswertung. Für eine Präsentation mit Beamer ist auf eine Schriftgröße von mindestens 14–16 pt. zu achten.

Beispiel: zu Interview 1 – Interviewer: x
Hinweis zur Reihenfolge:

1) beginnend mit A_Film ist zuerst je das Coding und die Frage anzugeben, dann
2) die am Material gebildeten Auswertungs- oder Ergebnisthesen und
3) (mehrere) Beleg- oder Ankerzitate.
4) Am Schluss nach dem letzten Coding L_sonst folgt eine bilanzierende Kommentierung in Rückbezug zur Forschungsfrage und den Erkenntnissen aus diesem Interview.

Kategorie Coding I_Alltag (Hier mit zwei Thesen als Beispiel):
Frage:
Wie würde sich dein Alltag, die Alltagsgestaltung verändern, wenn es keine Filme gäbe?

These:
Meine Gewohnheit, wenn ich alleine bin, zum Mittag- oder Abendessen sowie vor dem zu Bett gehen Fernsehen zu schauen, würde sich verändern. Da entstünde Langeweile.

Ankersätze:

I 1: Wenn es Filme nicht gäbe.

P: Was ich dann machen würde?

P: Tjaa, ungewohnt, auf jeden Fall (Pause) Ehm. Abends beim Essen, oder mittags, wüsste ich jetzt nicht, was ich da machen sollte, alleine.

P: Wenn ich alleine bin, würde sich etwas verändern, weil ich ja auf keinen Fall Fernsehen mehr schauen kann.

> P: Ja immer, wenn ich aus der Schule komme, was zu essen mache und dann setze ich mich vor den Fernseher. Und dann abends halt. So vor dem ins Bett gehen.
> (Interview 1)
>
> I 1: …und was könnte das dann bei dir auslösen, wenn einfach gar keine Filme da sind?
>
> P: Langeweile (lacht)
> (Interview 1)
>
> *These:*
> In der Zeit gemeinsam mit Freunden kann er sich an Stelle eines Kinobesuches, auch anderes vorstellen: etwa Gesellschaftsspiele oder Fußball zu spielen.
>
> *Ankersätze:*
>
> P: … Aber es könnte auch gut sein also, weil es wenn man jetzt mit Freunden eigentlich einen Film schauen wollt, aber es das ja nicht gibt, dann kann man ja ehm, ein Gesellschaftsspiel, oder so irgendetwas machen …
>
> P: Man kann halt nicht mehr ins Kino gehen. … Was ehm wiederum dann halt eh, Platz macht, für neue Sachen. Eh, weiß nicht, Fußballspielen, oder so
>
> Im Folgenden werden die weiteren Kategorien bis zur letzten, etwa „X_sonst" u.a. mit der Frage im Leitfaden: „Was ist für Dich sonst noch wichtig, was bislang nicht besprochen wurde. Möchtest Du noch etwas ergänzen?", ausgewertet.
>
> Im letzten Coding, „X_sonst", ggf. erweitert um andere relevante Passagen des Materials, wird eine bilanzierende Kommentierung in Bezug zur Einzelfrage und dem jeweiligen Coding vorgenommen.

Die Erkenntnisse, die entweder aus einem einzelnen Interview oder aus allen Interviews der Untersuchung gewonnen wurden, werden in einem Kommentar zusammengefasst. Der Auswertungstext nimmt Bezug auf das Forschungsinteresse und die Fragestellung, die gebildeten Ergebnisthesen und deren Inhalte werden eingebunden. Je nach Forschungsfrage, dem Auswertungsinteresse und der sozialen Zusammensetzung der untersuchten Gruppe gilt es zu prüfen, inwieweit gruppenspezifische Muster, etwa nach geschlechts-, bildungs- oder altersspezifischen Merkmalen, eine Rolle spielen für bestimmte Verhaltens-, Sichtweisen und Einstellungen, sowie die beschriebenen Erklärungsmuster.

Das hier beschriebene Verfahren der inhaltsanalytischen Auswertung aller Interviews eines Projekts formuliert zu den einzelnen Kategorien der codierten Textstellen allgemeine Ergebnisthesen. Diese Thesen werden mit Ankerzitaten belegt und zusammenfassend zu der Kategorie kommentiert. Die Teilergebnisse müssen als Ergebnis einer Forschungsgruppe diskursiv validiert werden. In folgenden Schritten, lassen sich die entwickelten Thesen und die Kommentierung kritisch von allen in der Forschungsgruppe gegenseitig prüfen (*peer review*).

Modell eines Ablaufs:

1) Ein/e Teilnehmer/in oder Team bringt den eigenen Entwurf zur Auswertung eines Codings, etwa „A_film", in die Gruppe ein. Der Text enthält die Ergebnisthesen, je mit mehreren Ankerzitaten belegt und zu einer Kategorie zusammenfassend kommentiert.
2) In einer ersten Diskussion findet eine gemeinsame Prüfung und ggf. eine Überarbeitung der Formulierungen statt.
3) Im dritten Schritt wird die überarbeitete Auswertungsversion der Codierung an ein anderes Mitglied oder Team in der Gruppe zum kritischen Gegenlesen und für weitere Anmerkungen gegeben.
4 a) Falls notwendig, wird das zweite Produkt dann in der Forschungsgruppe nochmals abschließend diskutiert.
4 b) Andernfalls wird die Auswertung der Kategorie als gemeinsame Schlussversion allen zur Verfügung gestellt und in einen Bericht eingebunden.

10.5 Ergebnisse und Berichtserstellung

Zu Beginn eines Forschungs- oder Evaluationsprojekts werden Etappen oder Punkte vereinbart, etwa zur Halbzeit und zum Ende des Projekts, zu denen Rückmeldungen geschehen und schriftliche Dokumentationen oder (Teil-)Ergebnis-Präsentationen erstellt werden sollen. Je nach dem Ziel, Ansatz des Projekts und den Adressat/innen, für die Ergebnisse präsentiert werden sollen, sowie nach dem realen Verlauf der Erhebung, ist dies flexibel zu handhaben. Unwägbarkeiten und Verzögerungen, die in der Regel bei angewandter Forschung dazu gehören, Ausfälle von Personen oder Daten, notwendige Anpassungen im Prozess der Evaluation oder auch besonders markante und interessante Ergebnisse können dabei eine Rolle spielen. Dem Adressatenkreis angemessen sind die Form der Präsentation und Diskussion der Daten zu entwickeln. Gibt es einen (wissenschaftlichen) Projektbeirat, wird dieser mit Zwischen- und Endergebnissen informiert. In einer formativen Evaluation etwa spielen Rückmeldungen an Auftraggeber und Gremien bereits während des Evaluationsprozesses eine wesentliche Rolle. Ergebnisse ermöglichen es, im laufenden Projekt schon zu diskutieren und ggf. Veränderungen einzuleiten.

Um Ergebnisse zu verdichten und Berichte aufzubauen, werden hier zwei Zugänge und Schreibtechniken empfohlen. Die erste, sog. „Bottom-up"-Schreibtechnik beginnt mit dem Sammeln der vorliegenden Teile und Materialien und stellt ausgehend von Details einen Überblick her. In Stichworten werden unterschiedliche Aspekte auf verschiedenen Blättern als Ideensammlung notiert und dazu spontane Niederschriften erstellt. Dies kann in einer Gruppe auf Plakaten geschehen und einen Einstieg in die Abschluss- und Dokumentationsphase darstellen. Darauf Bezug nehmend werden eine Gliederung und ein Inhaltsverzeichnis für den Bericht erstellt. Jetzt kann damit begonnen werden, einzelne Inhalte in Arbeitsgruppen, nach inhaltlichen Teilen und zuständigen Personen aufgeteilt, auszuformulieren. Dies setzt bei allen aktive Teilnahme und die Kenntnis der einzelnen Forschungsphasen, sowie aller Materialien voraus.

In der Logik der zweiten, der „Top-down"-Schreibtechnik beginnt man mit dem Inhaltsverzeichnis und gliedert unter den großen Blöcken in kleinen Schritte die Unterabschnitte, z.B. die Beschreibung des evaluierten Projekts und des methodischen Designs mit den empirischen Instrumenten, dem Anlass der Untersuchung und den Phasen als Überblick der Studie.

Immer wieder sollte man sich den oder die Adressat/innen, den „Leser- oder Hörerbezug" bewusst machen. Für wen wird der Bericht mit welchem Ziel erstellt? Hier spielen Interessenslagen und das Verwertungsinteresse, das fachliche und sonstige Vorwissen und der Zeitrahmen wichtige Rollen für die geeignete Aufbereitung des Materials. Mit dem Abschluss von Evaluationsprojekten sollen die Daten, Ergebnisse und Erfahrungen dokumentiert und in einer Präsentation zusammengefasst werden. Dies geschieht in einer sog. Meta-Evaluation, bekannt als Abschlussbericht. Die Ergebnisse der Prozess- oder Ergebnisevaluation sind darzustellen und in Reichweite und Aussagewert fachlich einzuschätzen, d.h. im Hinblick auf ihre Relevanz im Rahmen des Settings oder darüber hinaus.[97]

Am Ende eines Berichts sind in einem Fazit wesentliche Erkenntnisse eines Forschungsprojekts reflexiv zur Forschungsfrage oder zu den Ausgangshypothesen zu bündeln. An dieser Stelle sind nicht nur sog. Erfolgsmeldungen relevant, sondern auch Schwierigkeiten und Prozesse, die zu Beginn des Projekts so nicht absehbar waren, den Verlauf aber entscheidend beeinflusst haben. Dies können Probleme beim Feldzugang sein, mögliche Ausfälle von relevanten (Beobachtungs-)Situationen oder von Personen, allzu eng begrenzende Faktoren, u.a. die Zeit oder Schwierigkeiten bei der Operationalisierung zentraler Begriffe und Konstrukte, die eine Messung erschweren.

Bei qualitativen Projekten, die ausgehend von Einzelfällen ihre Ergebnisthesen formulieren, kann ein besonderer Ertrag in der Gewinnung neuer Zugänge und Erkenntnisse liegen. Dies kann es ermöglichen, Hypothesen und theoretische Konzepte aufbauend zu entwickeln, etwa um Menschen besser zu verstehen, warum sie sich wie verhalten und wie sie selbst ihr Leben deuten. Ausblicke weisen etwa auf weitere Schritte zukünftiger Forschung oder andere interessante Projekte dazu hin.

Es gilt die Illusion zu vermeiden, Mehrheitsmeinungen abzubilden. Eine Generalisierung am Material darf nur insoweit stattfinden, als daneben spezifische Sichtweisen auch Platz finden. Die Gefahr einer Banalisierung des Materials durch die Reduzierung auf Allgemeinplätze muss beachtet werden. Dies geschieht etwa, wenn nur noch Selbstverständlichkeiten, die man vorher bereits ahnte oder wusste, stehenbleiben und interessante, alternative Sichtweisen untergehen.

10.5.1 Interpretation und Bedeutung qualitativer Erkenntnisse

Bei qualitativen Erhebungen und Projekten ist von einem explorativen Charakter auszugehen. Die befragten Gruppen einer qualitativen Studie sind in der Regel zu klein, um allgemeingültige Aussagen im Sinne einer Repräsentativität zu formulieren. Dies kann mit quantitativen Ansätzen und einer entsprechend großen Stichprobe geschehen. Idealtypisch können qualitative Daten zu bestimmten Gruppen aber deren Zugänge, Sicht- und Verständnisweisen oder Einstellungen gut explorieren und sehr differenziert abbilden. Mögliche Erkenntnisse empirischer Forschung sind seriös zu formulieren, zu interpretieren und zu kommentieren vor dem transparenten Hintergrund des Feldzugangs, der Auswahl der Befrag-

---
97 Vgl. Wottawa/Thierau 2003, 32 ff.

ten, der Vorannahmen und weiterer zur Verfügung stehender Bezugsdaten und Quellen. Im besten Fall gelingt es, plausible Erklärungsmodelle herauszuarbeiten und diese Interpretationen argumentativ zu stützen. Der Bezug zur Forschungsfrage, zum empirischen Vorgehen und zu weiteren Daten liefert entscheidende Hinweise zur Reichweite und Tragfähigkeit der Ergebnisse und Aussagen.

Wenn überhaupt, dann sollten nur sehr vorsichtig quantifizierende Angaben im Interpretationstext bezogen auf kleine Gruppen bis etwa 50 Befragte verwendet werden, wie etwa: „Die Mehrheit der Interviewpartner/innen zeigt sich interessiert... ". Dies kann nur als ein Hinweis auf bestimmte Konstellationen bzw. Fälle im konkreten Untersuchungssample verstanden werden. Es kann nicht ohne Weiteres eine darüber hinausgehende Verallgemeinerung postuliert werden. Wenn entdeckte und am Material belegbare Phänomene und Aussagen in der Fachliteratur bereits Erwähnung finden, ist allerdings zu vermuten, dass diese über die kleine interviewte Gruppe hinaus eine Bedeutung haben könnte.

Die einzelnen Schritte der Dokumentation und Datenauswertung reichen von einer ersten Kenntnisnahme des gesamten Interviews mit der anschließenden (Teil-)Verschriftlichung (Dokumentation) über eine Anonymisierung der Daten bis zur Formulierung einer möglichen, allgemeinen Typik (Ergebnis). Die Auswertungskategorien, als Codierungen in MAX QDA bezeichnet, entstehen in aller Regel entlang des Interviewleitfadens, der zentralen Forschungsfrage und der Auseinandersetzung mit dem Material. Der transkribierte Text ist nach den Auswertungskategorien (sog. Codings) in seinen thematischen Teilbereichen zu kennzeichnen. Diese Codings werden mit den markierten Textstellen über alle Interviews nach Kategorien gebündelt, um sie weiter auszuwerten. Daran schließt sich eine Interpretation und ein Vergleich zwischen den vorliegenden Daten und einem vorhandenem Theoriebestand an. Am Schluss können, je nach Frage und Datenlage, allgemeine Typiken entworfen und formuliert werden.
Das Material ist auf eine weitere Verwendbarkeit kritisch zu prüfen. Suggestive Fragestellungen sind im transkribierten Material des Interviews zu identifizieren und die Antworten darauf sollten keinesfalls ungeprüft in die Auswertung einfließen. Eine Codierung dieser Antworten zur Weiterverarbeitung soll nicht vorgenommen werden. Solche Auffälligkeiten zum Interview können in einem Kommentar zum Postskript, am besten mit Datum, festgehalten werden.

Zentrale Aussagen eines Interviews bzw. eines Codes aus einem oder über alle Interviewtexte werden als sog. Ergebnis-Thesen allgemein formuliert und mit Ankersätzen, d.h. Zitaten mit Quellennachweis, belegt. Die geäußerten Meinungen und Positionen werden so deutlich und vollständig herausgearbeitet, ohne zu quantifizieren. Grundsätzlich gilt es alle Daten zu anonymisieren, d.h. die Namen der Interviewpartner/innen sowie ggf. Orts- und Eigennamen, aufgrund derer Befragte zu identifizieren sind, durch allgemeine Bezeichnungen oder Kürzel zu ersetzen.

In etwa fünf bis zehn Ergebnisthesen können Antworten aus Interviews mit Zusammenfassungen zu zentralen Fragen, in der Regel sind dies die Kategorien/Codings, gebündelt werden. Dies kann entweder über ein Interview oder über alle Interviews Sinn machen. Die prägnant formulierten Thesen zu den einzelnen Interviews geben somit Teilergebnisse zu einem Coding/einer Kategorie in der Gesamtauswertung wieder. Im Fazit können diese inhaltlich dann über alle Interviews zusammengefasst und ggf. kommentiert werden. Das Fazit fasst Ergebnisse aus allen Interviews über eine Inhaltskategorie/ein Coding zusammen, die inhaltlich Bezüge zur Ausgangs- und Forschungsfrage haben oder zu anderen interessanten Aspekten, die sich im Forschungsprozess erst ergeben haben. Im Fazit werden so wesentliche Deutungen der Interviewpartner/innen zu bestimmten Fragen, in Codings strukturiert, reformuliert.

Das Fazit am Ende kann keine quantitativen Aussagen als Zahlen („fünf meinen dieses...") oder Prozentangaben enthalten. Im Gesamtblick auf die markierten Zitate eines Code über alle Interviews sind sozialstrukturelle Unterschiede der befragten Personen (Alter, Geschlecht, Bildung, Migration...) und Auffälligkeiten zu beachten und zu kommentieren.

Projektbeispiel
Fiktive Befragung zu erlebnispädagogischen Maßnahmen (EP): Ergebnisthesen zur Kategorie „Motivation"

These 1: EP wird als kleineres Übel zum Knast gesehen und deswegen gewählt (belegt mit Zitat x Interview Z. und R.).
These 2: Jugendliche sind am Anfang motiviert, später lässt ihre Motivation stark nach (belegt mit Zitat x Interview K.).
These 3: Jugendliche sind am Anfang gar nicht motiviert, im Verlauf des Kurses entsteht aber eine neue Motivation, die deutlich (...) spürbar ist (belegt mit Zitat x aus Interview W.).
Fazit: Die Motivation für einen EP-Massnahme fehlt möglicherweise zu Beginn gänzlich oder wird aus externen Quellen und Vermeidungsstrategien gespeist. Allerdings scheint es klare Hinweise zu geben wie (...), die darauf hinweisen, dass während der Massnahme Motivationstrukturen neu entstehen.

10.5.2 Auswertung in Interpretationsgruppen

In der diskursiven Auswertung eines Forschungsprojekts gilt es, die einzelnen, aufeinander bezogenen Phasen nach dem realen Verlauf zu dokumentieren und kritisch zu bilanzieren (vgl. Kapitel 1.2.5). Die Ergebnisse müssen angemessen dazu formuliert werden. Einzelne Arbeitsschritte sind darzustellen, von der Formulierung des Forschungsinteresses, der Auswahl des Forschungsdesigns und der Entwicklung von möglichst passgenauen Instrumenten, dem Feldzugang mit der Datenerhebung und der Datenaufbereitung mit Transkription, Postskript, Bildung von Kategorien und der Codierung. Dies bedeutet, Transparenz herzustellen und eine Nachvollziehbarkeit, wie die Ergebnisse zustande gekommen sind, zu ermöglichen. Es gilt das qualitative Datenmaterial in Form von Texten strukturiert auszuwerten, sowie den Ertrag, die Aussagekraft, Reichweite und mögliche Belastbarkeit des empirischen Bemühens herauszuarbeiten.

Um in der Fokussierung von Ergebnissen zu angemessenen Formulierungen zu kommen, gilt es Kriterien zu beachten, um dem Besonderen des qualitativen Vorgehens gerecht zu werden. Das explorierende, am Verstehen von Denk- und Handlungsweisen ausgerichtete Forschungsinteresse erlaubt keine vorrangig quantifizierenden Aussagen, die auch von der Begrenztheit der kleinen Anzahl der Befragten nicht getragen wird. Der qualitative Ertrag drückt sich in Formulierungen der Erkenntnisse aus, die unterschiedliche Sicht-, Deutungs- und Handlungsweisen differenzieren und diese als Ergebnisse in den Forschungsprozess einordnen können.

Die folgenden acht Schritte sind für eine Auswertung von Projekten entwickelt worden, die mit halbstrukturierten, leitfadenzentrierten Interviews und Gruppendiskussionen arbeiten. Für Teams, nicht nur in Lehrforschungsprojekten, können sie eine gemeinsame Struktur und inhaltliche Hilfestellung anbieten, nach der die Interpretationsgruppen arbeiten können.

1) Die Datengrundlage bilden die nach Kategorien geordneten, codierten Textstellen (Codings) aus allen geführten, akzeptierten und transkribierten Interviews. Es ist in der Auswertung der Kategorien anzugeben, wie viele Codings je Kategorie vorliegen und aus wie vielen der geführten Interviews sie stammen. Dies legt die breite oder enge Grundlage offen, ohne die Bedeutung und Einzigartigkeit von Aussagen durch eine Zahl zu schmälern. Die Kategorien der Auswertung werden den Ergebnissen der jeweiligen Codings vorangestellt.

10.5 Ergebnisse und Berichtserstellung

2) Im Blick auf die Codings gilt es offen zu sein für das gesamte codierte Textmaterial und daran Thesen als Reduktion wesentlicher Aussagen zu bilden (induktives Arbeiten). Alle Aspekte und (Selbst-)Deutungen von Verhalten, gerade auch die nicht erwarteten, sind von Bedeutung für ein explorierendes Interesse. In der Thesenbildung sind keine quantifizierenden Aussagen, wie: „die (klare) Mehrheit...", zu formulieren. Das entspräche nicht dem qualitativen Vorgehen. Die Varianz der Selbstinterpretationen von Individuen und das Typische steht im Mittelpunkt (vgl. Kapitel 1.2.4).

3) Wenn sog. A-priori-Thesen formuliert wurden, gilt ein prüfender Bezug diesen in einer frühen Phase der Untersuchung bereits formulierten Annahmen. Dazu sollen in der Auswertung nach Möglichkeit entsprechende Aussagen als Ergebnisthesen am Material formuliert und belegt werden.

4) Die einzelnen Ergebnis- oder Auswertungsthesen werden je mit einem oder mehreren Ankerzitaten, unter Angabe der anonymisierten Quelle des Interviews und mit Zeilenangaben, belegt. Die Thesen zu belegbaren Verhalten, Erlebens- und Deutungsweisen der Befragten werden auf zentrale Aussagen hin am Material formuliert.

5) Ein zusammenfassender Kommentar am Schluss der Auswertung einer Kategorie soll die Bilanz formulieren und einen Bezug zur Ausgangsfrage herstellen. Zentrale Aspekte der gebildeten Ergebnisthesen werden zusammengefasst und der Ertrag des vorliegenden Ergebnisses der Kategorie deutlich. Die Sprach- und Ausdrucksfähigkeit der Befragten kann ggf. kommentiert werden. Der/die Autor/in bündelt wesentliche Erkenntnisse, ordnet diese in den eigenen Forschungsprozess und den bisherigen Erkenntnistand mit Bezug zu anderen Autor/innen ein. Mögliche Schlüsse, eigene Stellungnahmen und weiterführende Überlegungen finden hier ihren Platz.

6) Im forschungsbezogenen Kommentar finden inhaltliche und (selbst-)kritische Anmerkungen zu Vorgehen und dem Forschungsprozess einen Platz. Dies kann der Fall sein, wenn zu bestimmten Fragestellungen (fast) keine Codierungen vorliegen. Auch das Gesprächsverhalten der Interviewperson kann Thema sein, z.B. wenn Fragen im Interview suggestiv formuliert wurden oder wenn offensichtlich viele unpassende oder zu kurze Textstellen zur Kategorie codiert sind.

7) Die Ergebnisse der einzelnen Codings sind in einem abschließenden Bericht zusammenzufassen, einzuordnen und zu diskutieren. Der Rahmen des

Forschungsdesigns mit den Methoden ist zu berücksichtigen, wie ggf. Überraschungen und mögliche Probleme in der Durchführung des Projekts, etwa des Feldzugangs.

8) Ein Modell zur Auswertung einzelner Kategorien kann so aufgebaut sein: der Frage aus dem Interviewleitfaden folgen, falls vorhanden, dazu gebildete Annahmen als A-priori-These. Dann sind Angaben zu dem zugrunde liegenden Datenmaterial zu machen, die Anzahl aller Codings, die zur Kategorie vorliegen und der Angabe, aus wie vielen der verarbeiteten Interviews diese Codings stammen. Es folgen einzelne Ergebnisthesen, die je mit mindestens einem Ankerzitat belegt werden. Zum Abschluss der Kategorienauswertung bündelt ein paraphrasierender Kommentar als Zusammenfassung wesentliche Erkenntnisse. Er ordnet auch die Ergebnisse in den Forschungsprozess ein.

In der Diskussion der Ergebnisse des Gesamtprojekts sollte dies mit dem Erkenntnistand in der Fachliteratur, u.a. empirische Studien, in Bezug gesetzt werden. Mögliche Schlüsse und weiterführende Überlegungen finden hier ihren Platz (vgl. Kapitel 12.5).

10.5.3 Fragen zur Selbstkontrolle

1) Gehen Sie auf die Bedeutung sog. Ergebnisthesen ein. Formulieren Sie dazu zwei Beispiele, die angemessen Bezug nehmen auf ein qualitatives und ein quantitatives Design der Evaluationsdaten. Grenzen Sie den Begriff der Hypothese als A-priori-These davon ab.

2) Kommentieren Sie am Beispiel eines Untersuchungsdesigns X mögliche Ergebnisse einer qualitativen Untersuchung.

3) Klären Sie die Ziele und das Vorgehen in interpretativen Auswertungsgruppen. Gehen Sie auf die Bedeutungen von Kategorien bzw. Codings und Ankerzitaten näher ein.

D. Evaluations-
design und
Anlagen

Im Teil D finden sich Hinweise zu Kriterien der Methodenwahl, der Design-Entwicklung und praxisnahe Modelle und Beschreibungen von Abläufen und Projekten. Zuerst wird allgemein das Modell eines Forschungsdesigns beschrieben. Daran schließen sich einige Projektbeschreibungen mit den zugehörigen Evaluationsdesigns aus Feldern der Sozialen Arbeit an. In den Anlagen finden sich weitere prozessbezogene Beispiele.

11. Designentwicklung und Projekte
(Autor: Jürgen E. Schwab)

Bei qualitativen Ansätzen ist die kommunikative Situation sehr entscheidend für die Güte der zu erwartenden Daten, die man erhalten kann. Ausgehend von der Art der Forschungsfrage und dem jeweiligen Feldzugang ist eine möglichst passende Methode zu suchen, die nach den Vorkenntnissen und Bedingungen gute Chancen dafür bieten kann, die gewünschten Daten zu erhalten. Die Auswahl der Methode soll dazu an mehreren Kriterien geprüft werden und möglichst allen entsprechen:

- dem Forschungsinteresse und der Forschungsfrage,
- dem Feldzugang und der Adressatenorientierung,
- der Forschungskompetenz der Forschenden,
- den Ressourcen (zeitlich, finanziell etc.) und dem machbaren Aufwand des Projekts.

Diese Kriterien sind bei der Wahl einer Methode wesentlich zu berücksichtigen. Die weiteren Rahmenbedingungen eines Projekts, wie Zeitpunkt, Ort, Laufzeit etc. sind in eine Entscheidung einzubeziehen. Das Instrument zur Erhebung der Daten muss den Bedingungen des Projekts und dem Feld angepasst werden und entsprechend adaptiert, neu konstruiert und erprobt sowie revidiert werden.

11.1 Modell zur Entwicklung eines Designs

Im Folgenden wird ein allgemeines Modell beschrieben, wie ein Design für Forschungs- oder Praxisevaluationsprojekte entwickelt werden kann und welche Fragen dazu relevant sind.

Das Ziel: Im Entwurf eines Forschungs- oder Evaluationsdesigns wird das Projekt mit Fragen, dem methodischen Vorgehen und den Instrumenten als Ganzes entworfen und mit Rahmenbedingungen reflektiert. Ausgehend von dem Evaluationsinteresse und der zentralen Untersuchungsfrage soll das gewählte empirische Vorgehen begründet werden. Mögliche Erkenntnisprozesse können angedeutet und auf den Stand der Dinge und andere Ergebnisse verwiesen werden. Mögliche Varianten, die ggf. auch nicht realisiert werden, können aufgezeigt werden.

11. Designentwicklung und Projekte

Titelblatt, Gliederung, Einleitung

1) Evaluations- oder Forschungsprojekt:
   - Evaluations-/Forschungsinteresse darlegen mit Ziel, Forschungsfragen, und erkenntnisleitendem Interesse,
   - Projekt mit Vorwissen um Formen und Ziele von Evaluation beschreiben,
   - Recherche: Vorüberlegungen, Stand der Fachdiskussion, Schlüsselbegriffe und Definitionen, Literatur, Problemaufriss,
   - ggf. Hypothesen zu möglichen Ergebnissen formulieren,
   - Rahmenbedingungen klären: Auftragsforschung, Forschungsgruppe, Einrichtung ggf. mit Organigramm, Handlungsfeld, Vorwissen, etc.

2) Forschungs- oder Evaluationsdesign:
   - begründete Methodenwahl, Vor- Nachteile der Methoden, Möglichkeiten einer Triangulation, Beschreibung der Methoden, etc.,
   - „Meilensteinplan" zur Durchführung der einzelnen Teile: Zeitplan und Zeiträume zum projektierten Verlauf des gesamten Forschungsprozesses, Darstellung der empirischen Untersuchungsteile.

3) Reflexion und Perspektiven:
   - Einstieg in den Forschungsprozess reflektieren und dokumentieren,
   - mögliche Perspektiven und Schwierigkeiten formulieren,
   - mögliche Reichweite der Ergebnisse kritisch abschätzen.

4) Literatur/Quellen:
   - Anhang: Instrumente wie Leitfäden, Fragebögen, Materialien, etc.

11.2 Projektdesign: Netzwerk Frühe Hilfen – Selbstevaluation und Wirkungsorientierung

WIKO ist ein landesweites Modellprojekt zur Wirkungsorientierung in der Jugendhilfe. Das Projekt wurde initiiert vom Kommunalverband für Jugend und Soziales in Baden-Württemberg. Der WIKO-Standort Freiburg mit dem Netzwerk Frühe Hilfen ist unter den vier WIKO-Projekten das einzige im Bereich Kinderschutz. Es beschäftigt sich mit Wirkungen von Kooperationsformen, im besonderen Fall zwischen der Kinder- und Jugendhilfe und der Gesundheitshilfe. Zur Entwicklung von Kooperationsformen ist es notwendig, die systemimmanenten Differenzen zwischen den beiden Systemen Jugend- und Gesundheitshilfe zu

11.2 Projektdesign: Netzwerk Frühe Hilfen

erkennen, zu überwinden und eine Begegnung der Partner auf Augenhöhe unter Wahrung der Besonderheiten zu ermöglichen.

Im Frühjahr 2007 wurde durch den Leiter des Sozial- und Jugendamtes der Prozess zur Initiierung eines Netzwerks Frühe Hilfen angestossen. Auslöser war die Novellierung des § 8 a Achtes Buch Sozialgesetzbuch (SGB VIII) zum Kinderschutz sowie das Bekanntwerden mehrerer Todesfälle von Säuglingen und Kleinkindern in Deutschland, u.a. des Falls Kevin 2005 in Bremen. Dieser Top-down-Impuls, der zur Entstehung des Netzwerks führte, bedeutete, einen entscheidenden Rückhalt in Verwaltung und Gemeinderat sowie darüber hinaus Einfluss bis in Kliniken und die Standesvertretung der Kinder- und Jugendärzt/innen hinein zu haben. Dies führte 2010 zu einer finanziellen und personellen Ausstattung der Frühen Hilfen in Freiburg mit der Gründung des Kompetenzzentrums „Frühe Hilfen", als einer interdisziplinären Fachberatungsstelle für Prävention und Kinderschutz. Die Aussagen zur Analyse des Netzwerkes Frühe Hilfen beziehen sich wesentlich auf den Einsatz der in Tabelle 29 aufgeführten Instrumente und ihrer Ergebnisse.

Instrument	Art der Evaluation	Zeitpunkt
Verlaufsdokumentation	Fremdevaluation teilnehmende Beobachtung	seit Projektbeginn fortlaufend
Leitfadenzentrierte Interviews	Fremdevaluation	2008/09
Fallvignetten	Fremdevaluation	2009
Gruppengespräche	Selbst- und Fremdevaluation	2011

Tab. 29: Instrumente nach Evaluationsansatz und Projekteinsatz

Im Laufe des WIKO-Prozesses wurden die Fragestellungen für eine Selbstevaluation mit der Projektgruppe stärker eingegrenzt und detailliert formuliert:

1) Auf der Netzwerkebene:
   - Was hält das Netzwerk zusammen?
   - Was ist der Mehrwert im Netzwerk für die einzelnen Akteur/innen?

2) Auf der Ebene der zu installierenden Fach- und Koordinationsstelle, dem Kompetenzzentrum „Frühe Hilfen":
   - Entwicklung eines Instrumentariums zum Nachweis der Wirksamkeit der Kooperation innerhalb einer multidisziplinär besetzten Fachberatungsstelle „Kompetenzzentrum Frühe Hilfen".

11.3 Projektdesign: Olympiastützpunkt – eine Konzeptevaluation
(Autoren: Jürgen E. Schwab, Werner Nickolai)

Der Olympiastützpunkt Freiburg-Schwarzwald betreibt zwei Sportinternate, zum einen für Mountainbiker/innen, Ringer/innen und Fussballer/innen in Freiburg, zum anderen für Wintersportler/innen in Furtwangen. Alle Akteur/innen, derzeit etwa 50 Athlet/innen, ihre Trainer/innen und die pädagogischen Teams bewegen sich mit ihren Aktivitäten in einem Feld zwischen Sportförderung, Schule und Förderung der persönlichen Entwicklung. Sie erleben zum Teil strukturelle Defizite, die derzeit aber nicht ausreichend fundiert beschrieben werden können. So zeigen z. B. Drop-out-Quoten und Umwälzungen im Bereich der Nachwuchskader einen Entwicklungsbedarf an. Trotz intensiver Betreuung erreichen wenige Athlet/innen eines Jahrgangs im Erwachsenenalter internationale Erfolge.

Als wichtige Ziele für die Arbeit in den Sportinternaten werden benannt:

- Erfolg im Sport,
- Erfolg in der Schule,
- leistungsgerechter Lebenswandel,
- Förderung des „mündigen Athleten",
- Vorbereitung auf selbstständige Lebensführung nach dem Sportinternat,
- Vorbereitung auf ein Leben nach dem Sport.

Zur Prüfung des Konzepts sollen Sichtweisen und die Zusammenarbeit rund um die Sportinternate evaluiert werden. Ziel ist es, eine bessere Datenbasis zu gewinnen für die Weiterentwicklung des pädagogischen Konzepts dieser Einrichtungen. Dabei soll eine Annäherung an die Beantwortung folgender Fragen möglich werden:

1) Wie erleben und verarbeiten junge Athlet/innen die Förderungs- und Erziehungskonzepte ihrer Herkunftsfamilien, des Internats, der Schule und der Sportstätten sowie der Trainer/innen?
2) Welche Ziele werden aus den Perspektiven der beteiligten Personen in unterschiedlichen Institutionen realisiert und wie werden sie bewertet?
3) Wie steht es um die Bereitschaft der jungen Athlet/innen, sich auf eine bestimmte Lebensweise einzulassen? Ist ihnen diese Frage bewusst?
4) Welche Erwartungen, Vorstellungen und Wahrnehmungen prägen die Sichtweisen der jungen Athlet/innen?

11.3 Projektdesign: Olympiastützpunkt

Die wissenschaftliche Begleitung unterstützt das pädagogische Team des Olympiastützpunkts darin, die Situation der Athlet/innen in Freiburg und Furtwangen mit empirischen Daten beschreibbar zu machen und so eine Grundlage für die Weiterentwicklung des Handlungs- bzw. Rahmenkonzepts des Olympiastützpunkts zu gewinnen. Beteiligte Gruppen und Personen, die in die Erhebung einbezogen werden, sind die Athlet/innen, pädagogische Betreuer/innen, Lehrkräfte und Trainer/innen.

Am Standort Freiburg (Basismodul) werden die Athlet/innen interviewt und mit dem Betreuerteam wird eine Gruppendiskussion geführt. Für den Standort Furtwangen (Ergänzungsmodul) werden auf der Basis der Befragungsergebnisse des Standorts Freiburg geschlossene Fragebögen für die Athlet/innen entwickelt. Daraus ergibt sich der folgende Projektablauf:

Zeitraum	Vorhaben und empirische Umsetzung
10–12/2010	Projekteinstieg mit Konzeptionierung und Entwicklung empirischer Instrumente Leitfadenzentrierte Interviews und Kurzfragebögen für die jungen Athlet/innen
01–03/2011	Einsatz des Instruments leitfadenzentriertes Interview
03–04/2011	Sichtweisen der pädagogischen Teams und Personen in unterschiedlichen Institutionen (Gruppendiskussion)
Ab 05/2011	Dokumentation der erhobenen Daten aus Interviews und Gruppendiskussion
Ab 12/2011	Auswertung und Aufbereitung für Präsentation der Daten und Berichterstellung
2012	Präsentation von Ergebnissen im Workshop Bericht
Ergänzungsmodul zum Standort Furtwangen (Wintersport)	
10/2011	Sichtweisen der jungen Athlet/innen (standardisierte Fragebögen online)

12. Anlagen und Materialien

12.1 Information für zu Interviewende – Projekt, Vertraulichkeit und Datenschutz

Im Folgenden wird ein Entwurf mit allgemeinen Vorinformationen vorgestellt, die projektbezogen zu aktualisieren sind:

Gerne informieren wir Sie über das Evaluations-/Forschungsprojekt (X). Die Leitung des Projekts liegt bei N.N. Insgesamt werden xx Personen befragt. Im Rahmen dieses Projekts möchten wir Sie gerne interviewen. Die Vorgaben des Datenschutzes verlangen Ihre informierte und ausdrückliche Einwilligung, um das Interview zu dokumentieren, zu speichern und auszuwerten.

Eine Veröffentlichung der Forschungsergebnisse ist derzeit nur im Rahmen von (X)/(nicht) geplant. Die Durchführung der Studie geschieht auf der Grundlage der Bestimmungen des Bundesdatenschutzgesetzes. Die Interviewer/innen unterliegen der Schweigepflicht und sind auf das Datengeheimnis verpflichtet. Die Arbeit dient allein wissenschaftlichen Zwecken. Wir sichern Ihnen folgendes Verfahren zu, damit Ihre Angaben nicht mit ihrer Person in Verbindung gebracht werden können:

- Wir gehen sorgfältig mit dem Erzählten um. Das Gespräch wird auf Band aufgenommen, das nach der Weiterverarbeitung und Auswertung wieder gelöscht wird.
- Alle Personenangaben werden anonymisiert. Angaben zur genauen Adresse werden nicht erhoben bzw. der Bezug der Kontaktdaten (Name, Telefon, E-Mail) zum Interview anschließend wieder gelöscht. Personenbezogene Daten werden nur als allgemeine Kategorien dem einzelnen Interview zugeordnet und zu Auswertungszwecken gespeichert, etwa nach sozialer Gruppe, wie männlich oder weiblich, nach Altersgruppe oder dem Bildungsabschluss.
- Die von Ihnen unterschriebene Erklärung zur Einwilligung in die Auswertung wird in einem gesonderten Ordner an einer gesicherten und nur der Projektleitung zugänglichen Stelle aufbewahrt. Sie dient lediglich dazu, bei einer Überprüfung durch den Datenschutzbeauftragten nachweisen zu können, dass Sie mit der Auswertung einverstanden sind. Ein Bezug zum Interview kann nicht mehr hergestellt werden.
- Die Abschrift/Transkription des Interviews wird nicht veröffentlicht. Sie ist nur den der Schweigepflicht unterliegenden Mitarbeiter/innen projektintern für

die Auswertung zugänglich. In Veröffentlichungen gehen nur einzelne Zitate ein, ohne dass erkennbar wird, von welcher Person sie stammen.

Die Datenschutzbestimmungen verlangen ausdrücklich den Hinweis, dass Ihnen bei Nichtteilnahme keinerlei Nachteile entstehen. Antworten zu einzelnen Fragen können verweigert werden. Auch diese Einwilligung ist freiwillig und kann jederzeit von Ihnen widerrufen werden. Herzlichen Dank für Ihre Bereitschaft, uns Auskunft zu geben!

12.2 Kurzfragebogen – Angaben zur Person

Der Kurzfragebogen wird entweder vor oder direkt nach dem Interview eingesetzt.

Nun benötigen wir einige Angaben zur Person

Wir möchten, dass du bitte noch einige Angaben zu Deiner Person machst:

Welche Erfahrungsfelder in der außerschulischen Jugendbildung, im Verband/in einer Einrichtung etc. hast du?

1. Geschlecht:
❏ weiblich   ❏ männlich

2. Wie alt bist du ?
Ich bin ____ Jahre alt

3. Konfession:
❏ evangelisch   ❏ röm.- katholisch   ❏ keine   ❏ andere

4. Nationalität:_____ (bitte angeben)

5. Wohnst du in ....
❏ einem Einfamilienhaus
❏ einer Wohnung
❏ anderes, bitte nennen:_____ ?

6. Wie viele Personen wohnen in dem Haushalt?
Gib bitte die Anzahl an.
_____ Personen.

7. Was machst du zur Zeit?

❏ Schule besuchen ❏ Ausbildung
❏ Studium ❏ Wehr/Ersatzdienst
❏ Beruf ❏ arbeitslos
❏ sonstiges, und zwar:_____

8. Welche Schule besuchst du oder hast du zuletzt besucht?

❏ Hauptschule ❏ Realschule
❏ Gymnasium ❏ Sonderschule
❏ Berufskolleg ❏ sonstige: _____

9. Wenn du die Schule abgeschlossen hast, welchen Abschluss hast du?

❏ keinen Abschluss ❏ Fachhochschulreife
❏ Hauptschulabschluss ❏ Abitur
❏ Mittlere Reife

12.3 Kurzfragebogen Athletenbefragung

INTERVIEW Nr. ___

Für die Interviews wollen wir zunächst einige Basisdaten zur Person erfragen. Wir möchten dich deshalb bitten, uns zunächst einige Fragen zu deiner Person zu beantworten.

Geschlecht: (vermerkt Interviewer/in durch Ankreuzen)

❑ M
❑ W

Zuerst hätten wir einige Fragen zu deinem persönlichen Hintergrund:

In welchem Jahr wurdest du geboren?

19__

Wie heißt deine Heimatgemeinde?

_____

Hast du Geschwister und wenn ja wie viele Schwestern und Brüder?

Ich habe ____ jüngere Schwestern
Ich habe ____ ältere Schwestern
Ich habe ____ ältere Brüder
Ich habe ____ jüngere Brüder.

Welchen Schulzweig besuchst du aktuell?

❑ Hauptschule
❑ Werk-Realschule
❑ Gymnasium

In welchem Land wurdest du geboren?

_____

Bist du deutsche/r Staatsbürger/in?

❑ Ja
❑ Nein

Nun haben wir noch ein paar Fragen zu deinem sportlichen Hintergrund:

Welche Sportart übst du im Leistungszentrum aus?

_____

Seit wann bist du am Leistungszentrum?

Seit _____

Bist du der/die einzige deiner Familie, der/die ein Leistungszentrum besucht oder besucht hat ?
❑ Ja
❑ Nein
Wenn nein, wer noch: _____
_____

Wenn du an deine sportliche Laufbahn denkst, was ist dein oberstes Ziel?

_____

Wie stehen deine Eltern zu deiner sportlichen Laufbahn?

❑ Meine Eltern erwarten, dass ich im Sport erfolgreich bin.
❑ Meine Eltern haben mich immer gefördert, üben aber keinen Druck auf mich aus.
❑ Meine Eltern sehen es gar nicht so gern, dass ich soviel in den Sport investiere.

Denkst du, dass du deine sportlichen Ziele erreichen wirst, oder bist du dir unsicher?

❏ Ich bin fest davon überzeugt.
❏ Ich denke, dass die Chancen gut sind, es kann aber immer etwas dazwischenkommen.
❏ Ich hoffe es, habe aber Zweifel.
❏ Ich glaube nicht wirklich daran, aber man muss ja Träume haben.

Nachdem wir jetzt schon im Thema drin sind, wollen wir im Gespräch mit dir deine Vorstellungen und das Leben im Sportinternat näher kennenlernen.

(IMPULSFRAGE 1 und weiter mit Interviewleitfaden).

12.4 Leitfaden: Interview mit Sportler/innen im Olympia-Zentrum Freiburg
(Autoren: Jürgen E. Schwab, Werner Nickolai)

Der Leitfaden enthält neben den Fragen auch die Struktur der inhaltlichen Auswertungskategorien, wie Sport, Familie, etc., denen Buchstaben vorangestellt sind. In der analytischen Aufbereitung der Daten für die Auswertung wurden die Transkripte danach codiert.

A. Sport
- Wie kamst du zu deiner Sportart und zum Leistungssport?
- Hast du früher andere Sportarten betrieben? Wenn ja, welche?
- Wieviel Stunden trainierst du pro Woche? Welche Anteile haben aus deiner Sicht Sport und Schule in deinem Wochenablauf?

B. Familie
- Was hat die Entscheidung für diese Sportart mit deiner Familie zu tun? Hat deine Familie diese Entscheidung beeinflusst?
- Sportaktivitäten der Eltern bzw. Geschwister
- Wie kam die Entscheidung, ins Internat zu gehen, zustande?
- Wie steht die Familie deiner Entscheidung, ins Sportinternat zu gehen, gegenüber?
- Was meinst du, was deine Eltern von dir erwarten?

C. Schule
- Wie war dein bisheriger Werdegang in der Schule?
- Wie hat die Schule deine Entscheidung beeinflusst?

D. Freunde/Peers
- Wie hast du deine Freizeit verbracht, bevor du ins Internat gegangen bist? (Freundeskreis)
- Wie hat sich dein Freizeitverhalten im Hinblick auf die Zeit vor dem Internat verändert?
- Wie hältst du Kontakt zu deinen früheren Freund/innen (am Heimatort)?

E I. Internat
- Was glaubst du, welche Aufgaben das Internat für Leistungssportler/innen hat?
- Wie erlebst du das Sportinternat?
- Wie erlebst du den Kontakt zu den pädagogischen Betreuer/innen dort? Wie siehst du die Ziele und Aufgaben der Betreuer/innen? Was fehlt dir möglicherweise bei den Betreuer/innen hier?
- Was hat sich bei dir geändert, seitdem du im Internat bist? (Zeitstruktur) Erzähl mir bitte deine Erwartungen ans Internat. Wurden diese erfüllt oder wie ging es damit weiter?
- Kannst du dir einen Weg zum erfolgreichen Leistungssport in deiner Situation ohne das Internat vorstellen?
- Was würdest du gerne verändern, wenn du Internatsleiter/in wärst?
- Inwieweit unterstützt dich das Internat in der Bewältigung des Alltags – Schule, Sport?

E II. Internat
- Wie (und mit wem) gestaltest du deine Freizeit hier?
- Wieviel Zeit verbringst du im Internat?
- Inwieweit unterstützt dich das Internat in der Bewältigung des Alltags – Schule, Sport?
- Hat sich an deiner sportlichen Situation etwas verändert?
- Wie hat sich deine schulische Situation verändert?
- Wie ist der Kontakt zu anderen Sportler/innen?

F I. Gegenwart
- An wen würdest du dich wenden, wenn du ein Problem hast?
- Wie zufrieden bist du mit deiner aktuellen Situation?

F II. Zukunft
- Wo siehst du dich in zehn Jahren?
- Welche Berufswünsche hast du?

G. Bilanz
- Wenn du heute auf dein Leben zurückschaust – was würdest du anders machen?
- Fällt dir noch etwas ein, was du noch sagen möchtest?

12.5 Auswertung mit Thesen, Ankersätzen und Zusammenfassung

Evaluation Olympiastützpunkt (Werner Nickolai, Jürgen E. Schwab): hier zu Code A und zur Frage: „Wie kamst du zu deiner Sportart und zum Leistungssport?"

These: Für die Wahl der Sportart (sind in erster Linie) die Eltern maßgebend.

Ankersätze/Belegzitate:

„Äh ich habe drei Geschwister und meine Mutter war früher Trainerin bei der F-Jugend Fußball und die hat uns einfach immer überall mit hingenommen, weil sie nicht immer wusste, wohin mit uns (lachend), so sind wir alle dazu gekommen und dann hat mir das Spaß gemacht und ich bin einfach dabei geblieben" (Fußball/Interview 1).

„Also zum Fußball bin ich halt … mein Vater, der war früher selbst hat er Fußball gespielt und war dann halt immer auf dem Sportplatz und da bin ich dann immer mit und hab mit meinen Freunden gekickt eigentlich und irgendwann wollt ich dann auch mal in einen Verein" (Fußball/Interview 2).

„Also ich spiele seit meinem dritten Lebensjahr im Verein fast schon. Also durch meinen Bruder, der spielt Fußball und mein Vater spielt auch Fußball und dadurch …" (Fußball/Interview 10).

„Also das war so, dass meine Eltern sehr viel Zeit auf dem Fußballplatz verbracht haben, dass beide aktiv gespielt haben und somit war ich jedes Wochenende auf dem Fußballplatz irgendein Spiel anschauen und so ist das Interesse gekommen und dann habe ich halt angefangen in der F Jugend halt Fußball zu spielen …" (Fußball/Interview 18).

"Durch meinen Papa, der hat nämlich meinen Bruder trainiert und dann bin ich mit ins Training gegangen. Das hat mir ziemlich Spaß gemacht und dann habe ich selber angefangenen …" (Fußball/Interview 20).

"Und so kommt man halt dazu. Der Vater hat auch gerungen, ja und so bin ich ins Ringen gekommen" (Ringen/Interview 17).

"… Also es war eigentlich Zufall und ich wollte es mal ausprobieren, und meine Eltern haben auch gesagt, probier doch mal" (Triathlon/Interview 9).

These: Die Entscheidung wird auch durch die Geschwister mit beeinflusst.

Ankersatz/Belegzitat: "Also ich spiele seit meinem dritten Lebensjahr im Verein fast schon. Also durch meinen Bruder, der spielt Fußball und mein Vater spielt auch Fußball und dadurch …" (Fußball/Interview 10).

These: Die Entscheidung für eine Sportdisziplin kann aber auch durch Freunde beeinflusst werden.

Ankersätze/Belegzitate:

"Ähm, beide Male durch eine Freundin von mir, also jeweils unterschiedliche Freundinnen…" (Fußball/Interview 13).

"… ich habe früher Fußball gespielt und ein Fußballkollege, der war im Ringen, dann bin ich mit dem mal mitgegangen und dann habe ich eine Zeit lang mal beides gemacht und dann mit dem Fußball aufgehört, weil, ja beim Ringen ich da mehr Zeit in Anspruch genommen habe…" (Ringen/Interview 14).

These: Kontakte im Lebensumfeld können die Wahl der Sportart ebenfalls beeinflussen.

Ankersätze/Belegzitate:

S: "… mein Vermieter hat mich mal angesprochen und gefragt, ob ich mal Lust habe so ne Schnupperstunde, und ja seitdem hat es mir gefallen, halt mehr wie Fußball..."
I 1: "Also durch dein Vermieter?"

S: „Er war Trainer. Von der 1. Mannschaft, die waren da noch in der Bundesliga und jetzt sind wir eher unten. Jetzt ring ich halt auch in der 1. Mannschaft ..." (Ringen/Interview 12).

These: Ein Zugang zu einer Sportart kann auch durch die Bedeutung, die dieser Sport in der Gemeinde hat, gefunden werden.

Ankersätze/Belegzitate:

„... Ich wohne in einem Dorf und da war das eigentlich Gang und Gebe, dass man auf dem Sportplatz ist" (Fußball/Interview 10).

„Ja, also ich komme aus Urloffen, das ist ein kleines Dorf und da ist der Ringverein ziemlich groß, auch Vizeweltmeister und Vizeolympiasieger im Verein" (Ringen/Interview 17).

These: Der Zufall oder das Angebot des Vereins werden als weitere Gründe für die Wahl der Disziplin genannt.

Ankersätze/Belegzitate:

I 1: „Wie kamst du dazu, zu dem Triathlon?"
S: „... wie kam ich dazu? Das war eigentlich Zufall ..." (Triathlon/Interview 9).

„Ich war zuerst im Klettern, also im Deutschen Alpenverein, und dann hat der Verein einfach mal eine Triathlongruppe angeboten und dann war ich der erste, der da dabei war" (Triathlon/Interview 11).

Zusammenfassung:

Einen entscheidenden Einfluss, welche Sportart gewählt wird, haben neben den Eltern die Geschwister und Freund/innen. Dabei spielt sicherlich eine Rolle, wenn die Eltern selbst in der jeweiligen Disziplin aktiv waren. Hat die Sportart in der Kommune, in der der Athlet/die Athletin aufgewachsen ist und lebt, eine prominente Bedeutung, so kann dies die Entscheidung mit beeinflussen. Ein in der Nähe erreichbares Angebot einer Sportart sowie soziale Kontakte stellen auch relevante Faktoren für die Wahl der Disziplin dar.

12.6 Dokumentation im Lehrforschungsprojekt

(Autor: Jürgen E. Schwab)

Nach dem Modell der Phasen eines Forschungsprozesses, den im Projekt entwickelten und eingesetzten Methoden und dem Verlauf sind die Punkte am Konkreten zu präzisieren. Dokumentationen können zu verschiedenen Ergebnissen und Phasen im Forschungs- oder Evaluationsprojekt vereinbart werden. Die Texte u.a. Transkripte und Postskripte sind ausgedruckt (oder in Dateiformaten RTF oder DOC abgelegt) und als Datenfiles zu MAX QDA zu dokumentieren. Bestandteile sind:

1) ein Beitrag zur Vorbereitung des Forschungsprojekts, u.a. zu Recherche und Präsentation, zu Forschungsfeld und Forschungsstand, Kontakte herzustellen, Probeinterview führen;
2) ein Beitrag zur Dokumentation der Erhebung: Das transskribierte Interview im vereinbarten Datei-Format mit einer „sprechenden Bezeichnung" zu möglichen Gruppen, z.B. 1_migra_w_real.rtf für „Interview Nr. 1 Migrationshintergrund weiblich Realschule";
3) ein kommentierter Beitrag zur Situation der Erhebung; ein Postskript zum Interview, u.a. Anmerkungen zur Situation, zu eigenen Wahrnehmungen sowie eine (Selbst-)Kritik der Gesprächsführung mit Beispielen (nicht in die Auswertungsdatei und keine Codierung);
4) ein Beitrag zur Dokumentation der Erhebung: der ausgefüllte Kurzfragebogen zur interviewten Person;
5) ein Beitrag zur Ergebnisdokumentation: eine Auswertung mit Ergebnisthesen, ggf. zu dem eigenem Interview und/oder zu einer Kategorie (Codierung) und mit Ankersätzen belegt.

Als ein Gruppenbeitrag zur Dokumentation der Ergebnisse:
6) Ein Beitrag zum Forschungsbericht nach Modell, z.B. eine Kategorie (Codierung) über alle Interviews und befragte Personen ausgewertet. Die Ergebnisse werden in Ergebnisthesen gebündelt, mit Ankersätzen belegt und zusammenfassend kommentiert. Die Kommentierung soll eine (selbst-)kritische Reflexion des eigenen Forschungsprozesses beinhalten.

12.7 Repräsentative Befragungsformen im Vergleich

	Persönlich-mündliche Befragung	Telefoninterview	Postalische bzw. schriftliche Befragung
Untersuchungsinteresse	sehr detaillierte und variantenreiche Möglichkeiten der Erhebung	kompakt fassbare Themen, sehr schnelle Auswertungen durch direkte EDV-Erfassung möglich	Relativ detailliert zu erfassen
Zielgruppen und Beispiele für Einsatzbereiche	z.B. Jugendbefragung, Meinungen Einstellungen und Verhalten	z.B. Verbraucherverhalten, Meinungsforschung	z.B. Befragung von Institutionen, Jugendbefragung, Meinungen Einstellungen und Verhalten
Zeit für Vorbereitung, Erhebung und Auswertung	mindestens mehrere Monate bis über ein Jahr	relativ rasch in wenigen Wochen	mehrere Monate bis über ein Jahr
Struktur: Vorbereitung und Ablauf (nach Klärung der Forschungsfrage)	• Kontakt und Schulung der Interviewer/innen • schriftliche Vorinformation der Teilnehmenden • Pretest • Feldphase • Datenaufbereitung • Auswertung und Dokumentation	• schriftliche Vorinformation der Teilnehmenden (muss nicht sein) • Schulung der Interviewer/innen • Erhebung und Dateneingabe • Auswertung	• explorative Phase • Fragebogenkonstruktion • Pretest und Revision • Hauptstudie in der Feldphase • Datenaufbereitung • Auswertung und Dokumentation
Besonderheiten, Vorteile	• relativ gute Ausschöpfung • sehr detaillierte Befragung möglich • Kontrolle über die soziale Situation der Befragung • viele Varianten der Frageführung und Inhalte, z.B. Arbeit mit Filtern, abwechslungsreiche Präsentation z.B. mit Kärtchen	• beste Ausschöpfungsquote im Schnitt • hohe Aktualität, da relativ schnellste Form der Befragung • Distanzen und Befragungsräume sind unproblematisch	• relativ umfangreiche Daten • erfordert sehr gute selbsterklärende Fragen • Vorbereitung und Entwicklung durch Team von Expert/innen

Kritische Punkte	• möglicher Einfluss der Interviewer/innen • Gefahr der sozialen Erwünschtheiten	• Grenzen durch das Medium u.a. • die Befragungsdauer • nur kurze und prägnante Fragestellungen und Antworten	• relativ niedrige Ausschöpfungsquote • genaue Rücklaufkontrolle wegen Repräsentativität notwendig • (meistens) keine Kontrolle über den sozialen Kontext des Ausfüllens • Filter nur begrenzt einsetzbar
Finanzieller Aufwand	relativ am höchsten	sehr günstig	im mittleren Bereich

Literaturverzeichnis

ADM Arbeitskreis Markt- und Sozialforschungsinstitute (1999): Stichproben-Verfahren in der Umfrageforschung, Opladen.

Atteslander, P. (2008): Methoden der empirischen Sozialforschung, 12. Aufl., Berlin.

Benninghaus, H. (1993): Einführung in die sozialwissenschaftliche Datenanalyse, 2. Aufl., München/Wien.

Benninghaus, H. (1998): Einführung in die sozialwissenschaftliche Datenanalyse, 5. Aufl., München/Wien.

Beywl, W./Schepp-Winter, E. (2000): Zielgeführte Evaluation von Programmen. Ein Leitfaden, Berlin.

Bogner, A./Littig, B./Menz, W. (Hrsg.) (2005): Das Experteninterview. Theorie, Methode, Anwendung, Wiesbaden.

Bohnsack, R. (2008): Rekonstruktive Sozialforschung. Einführung in qualitative Methoden, 7. Aufl., Opladen/Farmington Hills.

Bordat, J. (2008): Zu Benedikts Bacon-Kritik, in: Kath-info. Das Portal zur katholischen Geisteswelt, http://www.kath-info.de (30. Dezember 2011).

Bortz, J. (1993): Statistik für Sozialwissenschaftler, 4. Aufl., Berlin/Heidelberg/New York.

Bortz, J./Döring, N. (2009): Forschungsmethoden und Evaluation für Human- und Sozialwissenschaftler, 4. Aufl., Heidelberg.

Brosius, G. (1988): SPSS/PC+ Basics und Graphics, Hamburg/New York.

Brosius, G./Brosius, F. (1996): SPSS: Base System and Professional Statistics, Bonn/Albany.

Clauß, E. (1989): Statistik für Soziologen, Pädagogen, Psychologen und Mediziner, Band 1, Frankfurt a.M.

Deutsche Gesellschaft für Evaluation (DeGEval) (Hrsg.) (2004): Empfehlungen zur Anwendung der Standards für Evaluation im Handlungsfeld der Selbstevaluation, http://www.degeval.de/ (30. Dezember 2011).

Deutsches Jugendinstitut Projekt ExE (2006): Aushandlungsprozesse zur Steuerung externer Evaluationen, http://www.dji.de/evaluation (20. September 2011).

Diekmann, A. (1997): Empirische Sozialforschung: Grundlagen, Methoden, Anwendungen, Reinbek bei Hamburg.

Flick, U. (2004): Triangulation. Eine Einführung. Qualitative Sozialforschung, Wiesbaden.

Flick, U. (2009): Qualitative Sozialforschung. Eine Einführung, 2. Aufl., Reinbek bei Hamburg.

Fried, L./Roux, S. (Hrsg.) (2009): Pädagogik der frühen Kindheit, Berlin/Düsseldorf.
Friedrichs, J. (1990): Methoden empirischer Sozialforschung, 14. Aufl., Opladen.
Galuske, M. (2009): Methoden der Sozialen Arbeit. Eine Einführung, 8. Aufl.,Weinheim/München.
Glaser, B./Strauss, A. (1965): Discovery of Substantive Theory. A Basic Strategy Underlying Qualitative Research, in: American Behavioral Scientist 8/6, S. 5–12.
Grohmann, H. (1986 a): Statistik: Skriptum zur Vorlesung, Frankfurt a.M.
Grohmann H. (1986 b): Statistik: Allgemeine Methodenlehre I, Frankfurt a.M.
Hamerle, A./Kemény, P. (1994): Mathematik: Einführung für Wirtschafts- und Sozialwissenschaftler, München/Wien.
Heil, K. (2001): Ziele, Probleme und systematisch-methodische Gesichtspunkte der Evaluation sozialer Arbeit, in: Heil/Heiner/Feldmann (2001), S. 17–26.
Heil, K./Heiner, M./Feldmann, U. (2001): Evaluation sozialer Arbeit. Eine Arbeitshilfe mit Beispielen zur Evaluation und Selbstevaluation, Frankfurt a.M.
Heiner, M. (2001): Planung und Durchführung von Evaluationen – Anregungen, Empfehlungen, Warnungen, in: Heil/Heiner/Feldmann (2001), S. 35–58.
Hopf, C. (1978): Die Pseudo-Exploration – Überlegungen zur Technik qualitativer Interviews in der Sozialforschung, in: Zeitschrift für Soziologie 7/2, S. 97–115.
Jäger, S. (2004): Kritische Diskursanalyse. Eine Einführung, Münster.
Keller, R. (2003): Diskursforschung. Eine Einführung für SozialwissenschaftlerInnen, Opladen.
Kennedy, G. (1985): Einladung zur Statistik, Frankfurt a.M./New York.
König, J.(2007): Einführung in die Selbstevaluation. Ein Leitfaden zur Bewertung der Praxis Sozialer Arbeit, 2. Aufl., Freiburg i.Br.
Kornmeier, M. (2011): Wissenschaftlich schreiben leicht gemacht für Bachelor, Master und Dissertation, 4. Aufl., Bern/Stuttgart/Wien.
Krämer, W. (1992): Statistik verstehen, Frankfurt a.M./New York.
Kromrey, H. (2002): Empirische Sozialforschung, Opladen.
Kury, H.(2004): Evaluation – woher wissen wir was wirkt?, in: Cornel, H./Nickolai, W.(Hrsg.): What works? Neue Ansätze der Straffälligenhilfe auf dem Prüfstand, Freiburg i.Br.
Lamnek, S. (1995): Qualitative Sozialforschung. Band 1: Methodologie, Band 2: Methoden und Technik, 3. Aufl., Weinheim.
Lamnek, S. (2005): Gruppendiskussion. Theorie und Praxis, 2. Aufl., Weinheim/ Basel.
Loos, P./Schäffer, B. (2001): Das Gruppendiskussionsverfahren. Theoretische Grundlagen und empirische Anwendung, Weinheim/Basel.
Ludwig-Mayerhofer (2008): ILMES Internet-Lexikon der Methoden der empirischen Sozialforschung, http://www.lrz.de (16. Februar 2012).

Mayring, P. (2002): Einführung in die qualitative Sozialforschung, 5. Aufl., Weinheim/Basel.
Mayring, P. (2005): Neuere Entwicklungen in der qualitativen Forschung und der Qualitativen Inhaltsanalyse, in: Mayring, P./Gläser-Zikuda, M.: Die Praxis der Qualitativen Inhaltsanalyse, Weinheim/Basel; S. 7–19.
Mayring, P./Gläser-Zikuda, M. (2005): Die Praxis der Qualitativen Inhaltsanalyse, Weinheim/Basel.
Merchel, J. (2010): Evaluation in der Sozialen Arbeit, München/Basel
Merton, R. K./Fiske, M./Kendall, P. L. (1956): The Focused Interview. A Manual of Problems and Procedures, Glencoe IL.
Merton, R. K./Kendall, P. L. (1979): Das fokussierte Interview, in: Hopf, C./Weingarten, E. (Hrsg.): Qualitative Sozialforschung, Stuttgart, S. 171–204 (zuerst erschienen 1945/46).
Meuser, M./Nagel, U. (2005): ExpertInneninterviews – vielfach erprobt, wenig bedacht. Ein Beitrag zur qualitativen Methodendiskussion, in: Bogner, A./Littig, B./Menz, W. (Hrsg.): Das Experteninterview. Theorie, Methode, Anwendung, Opladen, S. 7–29.
Meyer, W. (2002): Was ist Evaluation? Arbeitspapiere 5, Saarbrücken, http://www.ceval.de (10. Februar 2012).
Moser, H. (1995): Grundlagen der Praxisforschung, Freiburg i.Br.
Moser, H. (2003): Instrumentenkoffer für die Praxisforschung, Freiburg i.Br.
Müller-Benedict, V. (2007): Grundkurs Statistik in den Sozialwissenschaften. 4. Aufl., Wiesbaden.
Nickolai, W./Schwab, J. E. (2010): Kinderträume – Gesellschaftliche Potentiale des Fußballs. Elf Verbundprojekte der Offenen Kinder- und Jugendarbeit mit Schwerpunkt Fußball. Vorbereitung auf FIFA Frauen WM. Unveröffentlichter Projektbericht, Frankfurt a.M./Freiburg i.Br.
Oevermann, U. (2001): Die Struktur sozialer Deutungsmuster – Versuch einer Aktualisierung, in: Sozialer Sinn 2/1, S. 35–82.
Pfaff, H. (2000): Einführung der Bundesstatistik für Pflegeversicherung, in: Nachrichtendienst des Deutschen Vereins, Heft 4, S. 101–105.
Porst, R. (1985): Praxis der Umfrageforschung. Erhebung und Auswertung sozialwissenschaftlicher Umfragedaten, Stuttgart.
Przyborski, A./Wohlrab-Sahr, M. (2010): Qualitative Sozialforschung. Ein Arbeitsbuch. 3. Aufl., München.
Reinders, H. (2005): Qualitative Interviews mit Jugendlichen führen, München/Wien.
Rossi, P. H./Freeman, H. E./Hofmann, G. (1988): Programm Evaluation. Einführung in die Methoden angewandter Sozialforschung, Stuttgart.

Schaffer, H. (2009): Empirische Sozialforschung für die Soziale Arbeit. Eine Einführung, 2. Aufl., Freiburg i.Br.
Schmid-Urban, P. (2001): Sozialpolitische Anforderungen und fachliche Standards der Evaluation in der Sozialen Arbeit, in: Heil/Heiner/Feldmann (2001), S. 27–34.
Schütze, F. (1987): Das narrative Interview in Interaktionsfeldstudien: erzähltheoretische Grundlagen, Teil 1. Studienbrief der Fernuniversität Hagen, Hagen.
Schwab, J. E. (2012 a): Handlungsfeld Soziale Arbeit mit Jugendlichen und jungen Erwachsenen, in: Kricheldorff, C./Becker, M./Schwab, J. E.: Handlungsfeldorientierung in der Sozialen Arbeit, Stuttgart, S. 36–59.
Schwab, J. E. (2012 b): Zusammenarbeit von Jugendarbeit und Schule. Bedarfe, Herausforderungen und Entwürfe, in: Markowetz, R./Schwab, J. E.: Zusammenarbeit von Jugendhilfe und Schule. Inklusion und Chancengleichheit zwischen Anspruch und Wirklichkeit, Bad Heilbrunn.
Schwab, J. E./Nickolai, W. (2010): Kinderträume DFB Projekt. Unveröff. Projektbericht, Freiburg/Frankfurt a.M.
Schwab, J. E./Wegner-Steybe, N. (2012): Kinderschutz – Kooperation von Kinder- und Jugendhilfe und Gesundheitswesen, in: KVJS Baden- Württemberg: Wirkungsorientierte Weiterentwicklung von Kooperation und Netzwerken der Jugendhilfe. Teil A, Stuttgart, S. 48–73.
Schwab, J. (2006): Bildungseffekte ehrenamtlicher Tätigkeit in der Jugendarbeit, in: Deutsche Jugend. Zeitschrift für die Jugendarbeit, Jg. 7/8, Heft 54, S. 320–328.
Schwab, J./Nickolai, W. (2006): Bildung ehrenamtlicher JugendarbeiterInnen in biographischer Sicht, in: Kösler, E. (Hrsg.): Forschen und Weiterbilden für eine soziale Zukunft. IAF der Kath. Fachhochschule Freiburg, Konstanz, S. 141–170.
Schwab, J./Stegmann, M. (1999): Die Windows-Generation: Profile, Chancen, Grenzen jugendlicher Computeraneignung, München.
Selbstevaluation (2009), http://www.selbstevaluation.de (29. Dezember 2011).
Spiegel, H. v. (1995): Qualitätsentwicklung in Zeiten knapper werdender Mittel, in: Evangelische Jugendhilfe, Heft 3, S. 19–26.
Spiegel, H. v. (Hrsg.) (2000): Jugendarbeit mit Erfolg. Arbeitshilfen und Erfahrungsberichte zur Qualitätsentwicklung und Selbstevaluation. Ein Modellprojekt des Landschaftsverbandes Westfalen-Lippe – Landesjugendamt/Westfälische Schulen, Münster, S. 25–105.
Stangl, W. (1997): Arbeitsblätter, http://www.stangl-taller.at/ARBEITSBLAETTER/ (28. November 2011).
Statistisches Bundesamt (Hrsg.) (1960): Stichproben in der amtlichen Statistik, Stuttgart.
Stegbauer, C./Schwab, J./Stegmann, M. (1998): Blinde Flecken traditioneller Jugendhilfe. Eine empirische Studie zur Jugendhilfeplanung, Frankfurt a.M.

Stegmann, M./Himmelreicher, R. (2008): New Possibilities for Socio-Economic Research through Longitudinal Data from the Research Data Centre of the German Federal Pension Insurance (FDZ-RV), in: Schmollers Jahrbuch. Journal for Applied Social Science Studies 128, S. 647–660.

Stegmann, M./Rehfeld, U./Mika, T. (2010): Income Provisions and Retirement in Old Age, in RatSWD (Hrsg.): Building on Progress. Expanding the Research Infrastructure for Social, Economic and Behavioral Sciences, Opladen, S. 1107–1122.

Steinert, E. (2000): Sozialarbeitsforschung für Studium und Praxis. Einführung in die qualitativen und quantitativen Methoden, Köln.

Strauss, A. (1991): Grundlagen qualitativer Sozialforschung. Datenanalyse und Theoriebildung in der empirischen soziologischen Forschung, München.

Urban, D./Mayerl, J. (2006): Regressionsanalyse: Theorie, Technik und Anwendung, 2. Aufl., Wiesbaden.

Wellenreuther, M. (2000): Quantitative Forschungsmethoden in der Erziehungswissenschaft. Eine Einführung, Weinheim/München.

Witzel, A. (1985): Das problemzentrierte Interview, in: Jüttemann, G. (Hrsg.): Qualitative Forschung in der Psychologie, Weinheim, S. 227–256.

Wottawa, H./Thierau, H. (2003): Lehrbuch Evaluation, Bern.

Sachregister

A
Ad-hoc-Fragen 195
Adressatenorientierung 227
Alltagsgespräch 202
Aktionsforschung 14, 16, 25, 26
Amtliche Statistik 48, 50, 51
Ankerzitat 40, 205, 212, 217, 223
Arithmetischer Mittelwert 96, 104, 105, 111
Assoziationsmaße 133, 138, 141, 145, 150
Ausreißer 102, 159, 160
Ausschöpfung 57, 58, 59, 64, 65, 69, 182, 243
Auswahlverfahren 67, 68
Auswertungsverfahren 204, 209

B
Berichtswesen 48, 52, 53
Beta-Koeffizient 169
Blockaden 1991, 194

C
Chi-Quadrat 123, 133, 134, 145, 146
Codes, Codings 15, 40, 77, 206
Codeplan 77, 81
Codierung 40, 77, 84, 206
Cramers V 142

D
Datenerhebung 20, 38, 40, 55, 188, 197
Design 10, 19, 21, 222, 227, 228
Deutung 17, 21
Diskordant 149
Dispersionsmaße 97, 106
Dokumentation 186, 229, 231
Dokumentenanalyse 22

E
Effektivität 28
Einstiegsfrage 195

Ergebnisthese 205
Erzählimpuls 195
Evaluation 9 ff., 181 ff.
Experimentelles Vorgehen 16
Experteninterview 14, 176, 180

F
Feedbackschleifen 28
Feldstudie 22
Forschungslogik 12, 18, 37, 211
Forschungsmethoden 23, 27
Forschungspraxis 20, 23, 39, 185
Forschungsprozess 16, 25, 26, 38, 242
Fragebogen 76 ff., 233
Fragetypen 60 ff.
Freiheitsgrad 136, 148, 168

G
Gamma 138, 150, 155
Geschlossene Frage 63, 196
Gesprächsführung 176 ff.
Grundgesamtheit 15, 55 ff.
Grundreiz 185
Gruppendiskussion 183 ff.

H
Halboffene strukturierte Befragung 177
Halbstrukturierte Formen 175 ff.
Handlungsforschung 25 ff.
Handlungskonzept 9, 43
Histogramm 91
Hypothese 33 ff., 219

I
Index 73 ff.
Indikator 11, 73 ff.
Inhaltsanalyse 179, 211
Interaktionsprozess 186
Interpretation 12, 197, 222
Interpretationsgruppe 222

Intervallskala 73
Interview 175 ff.
Interviewer/in 40, 56, 189 ff.
Interviewerfehler 213
Irrtumswahrscheinlichkeit 111, 120, 137, 148, 168

J
Jugendhilfestatistik 51

K
Kategorie 40, 61, 70
Kategoriensystem 206 ff.
Kendalls Tau 150
Konkordant 149 ff.
Konstante 164
Kontaktaufnahme 189 ff.
Kontingenzkoeffizient 142 ff.
Kontrastierend 187
Kontrollvariable 129 ff.
Korrelation 157 ff.
Kreuztabelle 123 ff.

L
Lambda 138, 143 ff.
Längsschnitt 16, 22
Leitfaden 40, 176 ff.
Likert-Skala 74

M
Maße der zentralen Tendenz 96 ff.
Maximum 11, 96
Median 96, 101
Messniveau 71, 97, 141
Meta 22, 32, 218
Mikrozensus 51
Minimum 74, 96, 106
Mittelwert 71, 103, 116
Moderation 186
Motivationsstruktur 183

N
Nominalskala 72
Normalverteilung 92, 111 ff.
Nullhypothese 111, 120, 134, 148

O
Offene Frage 40, 63, 177, 195
Operationalisierung 20, 35, 64, 73, 219
Ordinalskala 72, 75

P
Panel 16, 54
Paraphrasierung 40, 213
Peer Review 217
Phasenmodell 38 ff.
Postskript 40, 197 ff.
Praxisevaluation 25, 181, 227
Probeinterview 177, 242
Problemzentriert 175, 179,
Problemzentriertes Interview 179 ff.
Prozessorientierung 179
Prozessproduzierte Daten 16, 48, 52
Pearsons R 151, 160 ff.
Pflegestatistik 51
Phi 141 ff.
Postskript 197 ff.
PRE-Maß 133, 138 ff.
Projektevaluation 43

R
Randverteilung 124, 135, 144
Range 96, 106
Rechteckdatensatz 80
Regression 157 ff.
Regressionsgerade 163 ff.
Reizargument 187
Rekapitulation 187
Repräsentativität 16, 55, 59, 68 ff.
Residuen 157, 167
Rolle 191 ff.

S

Schreibtechnik 218
Sekundäranalyse 53
Selbstevaluation 22 ff.
Selbstexploration 192
Signifikanz 120ff, 148, 153
Skala 72, 73, 75, 116, 152
Skalenniveau 61, 72, 81, 92, 100, 107, 146, 157
Skalierungsmodell 73
SMART 11
Somers d 150 ff.
Sondierungsfragen 195
Sprache 40
Statement 63, 187
Steigung 163 ff.
Stetige Variable 71, 98, 101
Stichprobe 18, 51, 58, 60, 64, 65 ff.
Stimulus 178
Streudiagramm 158 ff.
Streuungsmaße 71, 96, 106 ff.
Suggestiv 13, 64, 192, 196, 198, 207, 213
Suggestivfragen 64, 192, 196, 207
Summenscore 74

T

Thesen 17, 34, 40, 198, 203, 213, 217, 239
Ties 149
Transkription 187, 197, 198 ff.
Transkriptionsregeln 198 ff., 200
Triangulation 14, 228

V

Variablentypen 70, 86
Verknüpfungen 149, 150
Vertraulichkeit 190, 192, 232
Vorstrukturierung 176

W

Wirksamkeitsstudien 31 ff.

Z
Zielbeschreibung 43
Z-Werte 118, 169

Die Autoren

Schwab, Jürgen E., Prof. Dr. phil., Professor für Bildung und Sozialisation an der Kath. Hochschule Freiburg. Als Leiter des Zentrums für Bildung und Sozialisation (ZEBUS) forscht und veröffentlicht er u.a. zu Netzwerken, Jugendhilfe und Schule; Freiwilliges Engagement, Film- und Mediendidaktik, empirische Sozialforschung. Kontakt: Juergen.Schwab@kh-freiburg.de

Stegmann, Michael, Dr. phil., M.A., Regierungsdirektor, leitet das Referat Statistisches Berichtwesen und Forschungsdatenzentrum der Gesetzlichen Rentenversicherung. Kontakt: michael.stegmann@drv-bund.de